本书为教育部后期资助项目成果

法律与文学

可能性及研究视角

LAW AND LITERATURE
Possibilities and
Perspectives

[英] 伊恩·沃德 Ian Ward 著

刘 星 许慧芳 译

中国政法大学出版社

2017·北京

法律与文学
——可能性及研究视角

版权登记号：图字 01-2016-9251 号

"法律与文学"的基础：读伊恩·沃德的《法律与文学》(译序)

    学界普遍认为，美国学者怀特（James B. White）1973 年出版的《法律的想象》（*The Legal Imagination*）一书，是法律与文学运动的开篇宣言。如果将其视为一个起点，那么，法律与文学运动大致已有四十多年的历史。参与其中的学者背景可谓多样，既有法学的研究者，也有文学的研究者［如颇有影响的美国文学批评家费什（Stanley Fish）］。而就地域来讲，既有北美的学者，亦有欧洲大陆的学者，[1] 当然，也包括了今天的中国学者。[2] 目前来看，学者们的主要兴趣是从事法律与文学的具体学术实践，比如，从经典或重

---

    〔1〕 北美情形，参阅 Richard H. Weisberg, "Literature's Twenty-Year Crossing into the Domain of Law: Continuing Trespass or Right by Adverse Possession?", in *Law and Literature: Current Legal Issues* (*vol.* 2), ed. Michael Freeman and Andrew D. E. Lewis, Oxford: Oxford University Press, 1999, pp. 47-62. 欧洲大陆的情形，可注意几个目前颇为活跃的重要学术组织，如意大利的 Associazione Italiana di Diritto e Letteratura 和 Italian Society for Law and Literature，荷兰的 Erasmus School of Law 的 European Network for Law and Literature，挪威的 The Bergen School of Law and Literature.

    〔2〕 参见苏力：《法律与文学：以中国古典戏剧为材料》，北京三联书店 2006 年版，第 5~8 页。

要的文学作品入手，探讨其中的法律问题及与之相互纠缠的其他社会问题；或从重要的法律案例及争论入手，分析其中与文学分享开放性理念的结构，及其相关的语言问题。再如，从文学创作和法律规制的关系入手，思考两者此消彼长的关系及其理由；或从历史中的文学与法律实践的关系角度，考量作为意识形态控制策略的文学对法律实践的潜在支配。[1] 还有就是，考虑法律与文学的学术实践本身对法律教育的意义并身体力行。[2] 而针对法律与文学的基础问题展开的追究似乎是不多的，即使有也大约是浅尝辄止。[3]

从学术的操作和行规来看，如果存在规模化的具体学术实践，相关的基础问题追究便是必要的，而且需要深入。学界熟知，法律与文学运动从出现到现在，相比法律与社会学、法律与逻辑学、法律与哲学、法律与经济学和法律与其他××学，对法学研究的刺激及影响是较弱的，尤其是在中国。法律与法学职业群体具有自己的历史传承和学术话语惯习，当然，还有维护行业专业职业"独特性"的本能和强烈意愿，而维护"独特性"的重要目的，就是保持自我与他者的身份区别，比如，法学家与社会学家、逻辑学家、哲学家、经济学家还有文学家的不同。显然，在普遍的法律法学群体看来，一个号称法学的研究无论如何细致精湛，如果最后无法辨清究竟是否属于当今学术分工日益明确的法学学科的话，那么，对其法学研究的合法性，便会出现焦虑、质

---

〔1〕 参见 Kieran Dolin, *A Critical Introduction to Law and Literature*, Cambridge: Cambridge University Press, 2007, pp. 10–11, 21, 41, 75.

〔2〕 参见 Ian Ward, *Law and Literature*: *Possibilities and Perspectives*, Cambridge: Cambridge University Press, 1995, pp. 23–27.

〔3〕 冯象教授的研究可能是个例外，其曾讨论过法律与文学的学理基础。但其更侧重高屋建瓴的评论和推论。参见冯象：《木腿正义》（增订版），北京大学出版社2007年版，第10–33页。

疑，可能还会认为法学研究遭遇了背叛。即使现在时髦且风靡的跨学科偏好此起彼伏，法学研究总会保持矜持，甚至认为一定的拒绝，是不能含糊的。这未必是"纯情"的表现，但却肯定是发自内心的欲望。这从大量的法学研究还是颇为固执地集中于立法司法现象而不习惯于触角伸展，得窥一斑。其实，从学术操作和行规的外部视角去看，作为社会旁观者的一般人，对行业专业职业也有无形的束缚。可以想象，面对法学家、社会学家、逻辑学家、哲学家、经济学家和文学家聚集在一起，外人更多希望听到什么？如果在法学家口中听到了经济见解，在文学家口中听到了法学见解，在其他学者那里听到了对非其专业问题的思考，外人会是什么感觉？另外，法学业内的专业人士，如果利用其他学科知识，比如社会学、逻辑学、哲学、经济学还有心理学的，而且从法学角度看颇是言之成理，人们反倒容易出现一个疑问：这是否利用了法学行业内知识的信息不对称？换言之，许多法学人对其他学科知识不甚了了，所以对法学外的其他学科知识感到新奇，容易听信，而这里的其他学科知识是否正在发挥"普及的作用"？更直接来说，法学业内因为不知或不熟悉，所以易受到其他学科话语的常识性知识的支配，而这种支配的合法性却是存疑的。因此，如果试图推动某一跨学科或交叉研究，特别是针对法律法学群体，廓清"跨界"的理由、根据、可能、愿景等，在基础问题上作出一番努力，便是必须的。

英国学者伊恩·沃德教授的《法律与文学：可能性及研究视角》（*Law and Literature：Possibilities and Perspectives*，中译本即出）正是这样一本学术著作。沃德教授认为，法律与文学所以能形成一定规模化的具体学术实践，与某些基础性的理论预设关系甚为紧密。[1] 也就是说，学者沉浸其中，乐在其中，必是认为或感觉到了某些强劲的宏大理论能够为其背书，甚至可以成为内在的动力。首当其冲的基础性的理论预设，是晚近语言学理论的支持。其次，批判理论是不可缺席的。最后，法律与文学对法律教育的实践颇有益处，这不仅仅是潜移默化、寓教于乐，而是其能再塑人的心灵，激励人的责任感，因为，社会建设需要公民的积极参与、诚挚交流和友善团结，在此，我们可以看到文学的功能论。

一、语　言

法律必须借助语言，在语言中形成可辨识的文化符号并传递含义，从而转化为法律阅读者的规范意识的来源，这是一个常识性的见解。然而，如果接触的法律实践日渐增多，便会感觉语言在法律工作中颇是令人苦恼的。第一，面对一个法律文本的条款，明明认识每个字词，却完全有可能不明白其具体所指。第二，提起一个法律语句，有人会指出意思如何如何，有人则会异议，另外的人可能感觉这些不同见解都是正确的，或者都是错误的。例如，美国宪法修正案第14条规定，未经正当法律程序不得剥夺公民的生命、自由和财产。其中的任何字词均可被人理解，但有人还是会觉得难以理解"未经正当法律程序"的具体意思，什么是"未经正当的"？尤其遇到一个案件时，更可能发生这样的困惑，而对这条法律规定，也的确出现了不同甚至前后不一的见解。至今人们还在争论不休，在美国联邦最高法院的许多相关判决中，便能发现若干案例。这是什么原因呢？

---

[1] Ian Ward, *Law and Literature: Possibilities and Perspectives*, Cambridge: Cambridge University Press, 1995, p. 43.

仅就语言来看，传统法律理论包括法律实践常会使用"语言的一般化和具体化"方式，对之加以处理，并认为法律中的语言应当尽量具体化，如此，可防止模糊或歧义的发生。当然，传统法律理论也会指出，由于文化水平差异、社会分工的不同，职业或专业的必要准备成为了某些人的负担，使其无法像业内人士一样，作出较为一致性的理解。这样的解答，自然是解决了其中的一些疑惑，然而，却无法彻底解决问题。比如，即使是非常具体的法律规定，"早上8：00至10：00不得在这片区域停车"，有人还会困惑，"早上9点59分30秒开始，是否可以停车"（因情况迫不得已需要立即停车），而且，无论怎样学习专业知识，依然无法解决这种困惑。毫无疑问，所有人都知道"9点59分30秒"和"10：00"是不同的，但很多人会觉得，实际日常生活中，对其严格区别可能令人匪夷所思，究竟为什么要严格区分？为什么"10：00开始可以停车"，而"9点59分30秒就不可以"？

关于这一点，在沃德教授《法律与文学》一书中，我们可以看到一个重要的思路，即晚近的一种语言学观念或者说后结构语言学对语言的解释策略。[1] 根据这种观念或策略，作为一个语词的语言，对其理解，需要其他语词语言的支撑，而这种支撑需要且可以不断延续下去，甚至需要且可以相互回溯。例如，"停车"一词的理解，便需要对"停"、"开"、"制动"和"车"，甚至"驾驶员"、"停车场地"等语词的理解；进一步来说，对"停"也可以追溯"静止"、"移动"、"时间"等语词的理解，对"驾驶员"一词的理解，也需要对"乘员"、"驾驶规则"等语词的理解；再进一步，对"时间"、"驾驶员"等语词依然如此……需要且可以不断，甚至相互回溯。这就犹如翻阅词典查找字词，看到

---

〔1〕 *Ibid.*, pp. 15–20, 43–45.

一个词条的释义，必然会读到其他字词，其他字词同样可以读到对其解释的字词，如此追溯下去且可以不断继续，或相互映照。后结构语言学认为，这是语词的延宕关系。[1] 这样一种对作为语词的语言的理解，会引出一个有意思的结论：语词的意义如果不断追究，实际上恰恰是无法得到精确的意义，越是试图获得准确的意义，越是会变得无法准确，因为，语词的延宕可以且势必持续，语词的含义甚至还会因此"逃匿"了。[2] 那么，我们究竟如何获得作为语词的语言的理解的？实际生活中，如果对一个语词作出了解释，有时人们的确就认为这个解释是准确、正确的。然而，依照后结构语言的逻辑，此时不是准确、正确解释了语词，而是我们大体默认了这一语词的含义。仍以"停车"为例，如果说"停车"就是"将车制动并放在一个地点"，那么，我们只是默认了"制动"、"放"、"地点"的含义，没有深究其意义而获得了一个"停车"的理解。

现在，需要对比这种语言学的思路和上述传统法律理论的语言观。显然，后者在强调法律语言可以并能够精确化、具体化，而且强调提高专业化水平可以且能够解决语言理解的时候，其所预设的是一种"科学"的基础逻辑。换言之，运用"科学"的方法，可以克服法律语言的模糊、歧义，化解人们的疑惑。这就很有一些弗雷格（Friedrich Ludwig Gottlob Frege）的"规范语言学"的遗风。[3] 反之，后结构语言学却预设了一种"文化"的基础

---

〔1〕 参见 Jacques Derrida, *Of Grammatology*, Baltimore: Johns Hopkins University Press, 1974, pp.46-47.

〔2〕 Gary Peller, "Metaphysics of American Law", *California Law Review*, 1985 (73), pp.1167-1169.

〔3〕 参见 [德] 弗雷格：《弗雷格哲学论著选辑》，王路译，商务印书馆 2006 年版，第 37-38 页。

逻辑。其意味着，我们从来就没有也不可能在科学意义上精确运用法律语言。如果期待一种法律语言的理解，显然需要的是"默认"的概念，而"默认"，与语言使用的参与者的社会、生活、价值等诸语境——包括"所谓科学"语境——的分享必然存在关联。进一步的推论是，如果我们分享了共同的社会、生活、价值和"所谓科学"的语境，在传统法律理论看来的"抽象化、一般化的语言"，依然可以获得没有异议的理解，比如"未经正当的"。相反，如果我们缺乏共同的社会、生活、价值和"所谓科学"语境的分享，在传统法律理论视野中的"具体化、精细化的语言"依然会面对疑义。比如"早上10：00不得停车"的规定，有人会认为，"早上9点59分30秒开始停车"（因紧急情况迫不得已需要停车）与"早上10：00开始停车"，没有什么区别，有人却会认真地说"差一秒也是不同"。停车的例子，不是本文的随意设想，在美国一个电视真人秀法治节目中，罗德岛州普罗维登斯市法院的一名很是吸引观众的法官——弗兰克·卡普里奥（Frank Caprio）——所审理的一个违章停车案子，恰是与此相关。案中行政执法的官员，就坚持认为"10：00就是10：00"，要处罚，而停车者和其他人，却困惑"差一两分就10：00"与"10：00"究竟有何区分，非要处罚?[1]

推进这里的辨析。后结构语言学的观点隐含了一个重要路径：对思想的认识，应该与对语言的认识同步。语言无处不在，语言是"存在之屋"（海德格尔语），而作为人之特殊能力的思想，也自然是由语言构成的。这意味着，如果可以且必须通过"延宕"这一关键词来理解语言，那么对思想也只能如此。一个

---

[1] 参见 The video titled "car clock", ABC's Caught in Providence, at abc6. com, posted（on You Tube）：Feb 09, 2017 11：37 AM CST.

思想，就是由一个或多个思想来支撑的，而后者亦为 N 个思想延续支撑，并且可以是相互支撑。[1] "未经正当法律程序不得剥夺公民的生命、自由和财产"这一宪法修正案便表达了一个思想，而这一思想，依赖"程序十分重要""公民生命自由财产权利至上"等思想的支撑，当然还有"政府公权力不加限制则危险"的思想。后面的思想，依然可以继续追溯且可以看到相互垫衬。在此，人们明确理解了一个思想，比如，"未经正当法律程序不得剥夺公民的生命、自由和财产"中的思想，不是因为这个思想精确以及科学意义上的准确、正确，而是因为经过社会、生活、价值和"所谓科学"的语境的分享，酝酿了对这个思想的"默认"。

如果法律实践中的问题实际上也意味着相关思想的问题，那么，传统法律理论的认识同样会倾向于"科学"的基础预设，期待运用"科学"来解决法律的思想问题。与之相对，后结构语言学的思考，却会走向"文化"的基础预设，期待面对法律的思想问题时运用"文化"来构建或重建。

本文不认为后结构语言学的语言观没有瑕疵，现在的语言哲学包括解释哲学，对此已有颇多讨论。当然，外行人不宜过多卷入，况且沃德教授亦是概括论及而已。本文也不认为，传统法律理论的语言观就注定困难了。但我们的确可以发觉，后结构语言学的语言观似乎可以切开一个界面，让人们看到在传统法律理论的语言观之外，存在另外的可能。或者，也许我们需要重新考量传统法律理论的语言观，及其和后结构语言学的潜在的复杂关联，寻求一种妥协，或新的洞见。

---

[1] 参见［美］乔纳森·卡勒：《论解构》，陆扬译，中国社会科学出版社1998年版，第95页。

二、文　学

这里的讨论和"法律与文学"的关系是什么？显然，若认可语言及由之构成的思想，不是"科学"问题而是"文化"问题，就会接近"文学"，便会觉得法律与"文学"之间存在了一个通道。沃德教授提醒我们，[1]要记住法律与文学运动的发起者怀特的一句旗帜断言："法律不是一门科学（science），至少不是某些人所说的'社会科学'（social science），而是一门艺术（art）。"[2]

作为法学教材，而且作为法学思想的重要阐发，怀特《法律的想象》这本书的显著特点在于，将法律的经典学术叙述、案例分为片段，也将大量的文学经典文本叙述包括其他书信随想之类的叙述分为片段，然后交叉着排列。书中自然也有怀特本人的"夹叙夹议和问题激发"略作引导，而旗帜性的断言，就在这本著作的导论中。怀特设想，交叉排列，便是意在引导"学生像艺术家一样"体会法律的想象。[3]怀特就像无意中传递了美国法律现实主义的核心教义"法律由法官所说而定，却没有什么可以约束法官"一样，明确提到"法律人的艺术是没有什么规则约束的，就像雕塑家和画家法无定则"，[4]并且断言，法律人的职业生涯，在任何时候都与文字或者说语言联系在一起。[5]《法律的

---

[1] Ian Ward, *Law and Literature: Possibilities and Perspectives*, Cambridge: Cambridge University Press, 1995, p. 7.

[2] James B. White, *The Legal Imagination: Studies in the Nature of Legal Thought and Expression*, Boston: Little, Brown and Co., 1973, pp. xxxiv-xxxv.

[3] *Ibid.*, p. xxxv.

[4] *Ibid.*.

[5] *Ibid.*, p. 3.

想象》的副题，则是"法律思想和表达的性质研究"（Studies in the Nature of Legal Thought and Expression）。非常明显，在怀特的思想中，包括其他法律与文学运动的参与者，通过语言的中介，有必要而且应该有信心将法律与文学联系起来。

众所周知，文学的特点之一在于创作和鉴赏的高度开放性及宽容性。文学参与的主体尽管也会"开撕"，争论谁是真正的文学，比试高低甚至意欲你死我活，也会出现权力的运用和管制，如同法律斗争一样，但是，其又会自然地、并被他人谅解地展示任一创作和鉴赏的独特性。例如，一首诗，怎样写或怎样文字排列，只要创作者乐意且是由自在的内心驱使，无论再有什么非议者甚至鄙夷者，被看成"惨不忍睹"，再有什么既存的创作行规的压抑甚至排斥，还被视为了文化"残废"，依然可以启动和继续下去，自娱自乐。与此类似，一首诗创作出来，即使许多人无法认同甚至不会称之为一个说得过去的文学文本，也可能会被某个人视为"心有灵犀一点通"（试想爱人之间的幼稚诗歌）。当然，这里提及的高度的开放性及宽容性，又逻辑地暗示了一个现象，即文学作品几乎具有最丰富的解释空间。作为例子，与法律问题关系密切的，如卡夫卡的《审判》、刘震云的《我不是潘金莲》，包括中国法学研究早已献出无数膝盖的电影《秋菊打官司》，解释路径和边界可以说是多彩繁茂，正像国外有学者提到的，研究《哈姆雷特》的人觉得"《哈姆雷特》的阅读可以存在许多具有说服力的结论"。[1]

因此，文学非常典型地凸显了"文化"中"默认"概念的重要。是否文学、是否产生了鉴赏力，以及是否解释得合理或使人

---

〔1〕 Sanford Levinson, "Law as Literature", *Texas Law Review*, 1982（60）, pp. 373, 391.

膜拜，取决于我们的会心认同。在文学中，如欲运用"科学"的方式去作出断定，极可能是不明智甚至不幸的。而当后结构语言学传播开来，发现语言学也可以向"科学"发出一箭，甚至有可能是致命一箭，且在法律法学中同样可能令人惊异，将法律与文学联系起来便是情理之中了。为什么法律问题不能分享开放性和宽容性？为什么法律只能依赖"科学"，只能是"科学"？为什么是否法治、是否产生可接受性，以及是否法律解释得合理或直戳要害，不能取决于社会的"深得人心"？

毫无疑问，文学的另一特点，在于利用"情感的打动"来操纵"默认"，用"情感的调动"来进一步诠释"默认"的逻辑依据。文学，无疑总要强调吸引进而青睐叙事策略，人们也总会设想文学从产生那一天起，重要目的之一就在于"感动"。显然，同样一个人物、事件、场景，不同的人来讲述，会产生不同的倾听效果，而文学的方式比起非文学的方式引发的感受会有天壤之别。由此，在文学的机制中，如欲吸引，怎样说往往要比说什么更重要。完全可以想见，对于熟悉法律实践的人，包括偶尔接触法律实践的人，《审判》、《我不是潘金莲》和《秋菊打官司》里的人物、事件和场景，并非是陌生的，然而却总会习以为常，不经意地将其略去不顾，但在这些被标示为文学的作品中，类似的人物、事件和场景，似乎是发生了重要的转变，成为了我们乐意阅读观看的对象，甚至激发了我们社会参与式的讨论，仿佛我们可以置身其中不能自拔。在这些作品的阅读观看中，我们会疑惑、困惑、焦虑、激动、宣泄、舒展、畅快、爱与恨，甚至降低泪点，我们不仅仅是追踪、问询、讲理和辨析。文学是在利用叙事策略，来分解、拆卸、重组、重建、推动我们的疑惑、困惑、焦虑、激动、宣泄、舒展、畅快、爱与恨，包括降低泪点。在此，一个要点凸出展现：作为人的我们的内在构成一部分即是情感，所有的疑惑、困惑、焦虑……即为其具体表现；内在构成中当然存在着理性，但绝不仅仅是理性。所以，文学的谋略得以乘机而入。也是在这里，"文化"中的"默认"，正是因为无法完全通过"科学"来促成，也时有不是通过"科学"来达成的情况，这便为情感的打动留下了发挥作用的余地。进而言之，文学的这一特点提示了一个启发，这就是，既然社会意见的认同来自"意思清楚了"的默认，默认总有可能内置着情感的协作，那么，重视并利用不可回避的人之情感便为题中之义。

再回到前面提到的美国真人秀法治电视节目。该违章停车案中，当执法的官员表示"10：00 就是 10：00"，停车者感觉无奈，并且情不自禁地向法官微笑，似是在说"法官大人，您看，这么计算时间是否也是让人醉了？"而法官看了案情，摇着头自言自语，表情幽默且边笑边说："停车时间和罚单开出时间就差了一分！哦，哦，我们的执法官真是全美最牛的！停车违反了本市的法律哦（举起法律书本），执法官你真要把她（停车者）投入监狱吗？嗯，哈……可是，两个时间之间太 CLOSE 了，哦，哦，哈哈……"这时，在场人包括执法官都会心地笑了，法官顺水推舟，自信地笑称"撤销罚单"。[1] 法官的法庭叙事，无疑通过了情绪还有情感的调动，来化解当时对时间观点的分歧和"较真"，当执法官也开始笑了的时候，表明其也可以放弃自己的"执着"，可以接受"近人情的处理办法"。究竟怎样定义"10：00"的语言问题，在这里，原本只能依赖"默认"来达成共识，当然也有可能最终实现，比如，要么"一丝不苟"的处罚，要么"差不多免于处罚"，但情绪渲染却能够提前一步，铺垫"默认"的

---

[1] 参见 The video titled "car clock", ABC's Caught in Providence, at abc6. com, posted (on You Tube)：Feb 09, 2017 11：37 AM CST.

平台，甚至成为"默认"的前置机关，以消融不同意见。

如果我们认为，这个例子中，法官的处理的确是个不错的选择，尽管不是那么"法治"，处理的结果大体看来合乎情理且没有明显突破人们心里的法律认定底线，尽管对是否突破有人可能会有异议，那么，在法律中运用文学化的手段也就具有了讨论价值。同时，这个例子表明，法官的权威没有受到损害，相反却可能提升了，因为，至少在场人包括执法者，觉得法官幽默不失智慧，注意情理也未置法律于不顾，大家都用笑声表达了对法官的赞许，而法律审判实践似乎也更顺畅了。于是，执意拒绝法律与文学之间可能出现的默契呼应，断然宣称法律之中不能存在文学的元素，是否是过分拘泥于法律原教旨主义了？是否意味着抛弃了法律的一个可能有益的帮手？

在沃德教授《法律与文学》一书中，我们可以清晰地看到，法律与文学运动正是在文学的开放性、宽容性，以及文学叙事策略的分析中，尤其是通过后结构语言学的基础，尝试将法律与文学嫁接起来，[1] 并分享了同样赞扬这种语言学且强调情感作用才重要、还有一定感召力的女性主义法学理念，[2] 因为，女性主义法学也明确宣扬，"法律并不纯粹属于二元对立中的理性、客观这一方面"。[3] 就此而言，"法律不是科学而是艺术"的断言，不是简单地基于文学青年的阅读体验有感而发，而是基于后结构语言学的刺猬式挑战来有的放矢。

----

〔1〕 Ian Ward, *Law and Literature：Possibilities and Perspectives*, Cambridge：Cambridge University Press, 1995, pp. 52-53.

〔2〕 *Ibid.*.

〔3〕 Frances Olsen, "The Sex of Law", in *The Politics of Law*, 2nd, ed., David Kairys, New York：Pantheon Books, 1990, p. 462.

三、批　判

法律不仅要借助语言表现自我，更重要的，还要借助解决社会问题的具体方式和细微过程来彰显自己的正当性，令人臣服，正所谓"看得见的正义"。因此，法律诉讼就成为了一个受人瞩目的焦点。以往看待和研讨法律诉讼的重要偏好，或说正统倾向在于，从法律人的"规范伦理"立场——遵守或尊重法律规定的"应当"——出发，不甚重视诉讼斗争的视角。即使是关注诉讼对立方比如当事人之间的争执，包括当事人与法官之间的争执，也依然倾向于不越出"规范伦理"。这意味着，如果关注或评论诉讼，法律人大致理解的法律语境则是基本的边界。

但从当事人的"期待赢得胜利"的立场看问题，就会发生有意思的变化。当事人当然关心法律的规定，然而，几乎却不会被法律规定所束缚，其总会思考并提出对己有利的自认为是有理的诉求。当事人的一个基本心理，便是"推出优先"，这就是凡诉求及理由先提出后再视情况而定，即首先要秉持试探的态度。而律师基于职业伦理（为当事人服务），更是基于赢得当事人欢心的心态，亦会推波助澜。有经验的律师都知道，法庭上的裁决存在或然性，就像霍姆斯（Oliver Wendell Holmes）和法律现实主义学家早就指出的，这一认知结构势必强化律师关于诉请的"有备无患"的心理。

当事人的立场以及律师的协助，源自一个棘手问题：当仅仅阅读法律规定时，我们一般知道面对的是什么问题，而当诉请和证据提出后，对比法律规定，我们却常常并不确定究竟面对的是什么，尤其是从当事人或一般外行人的视角来看。这与前面提到的法律语言的棘手存在关联。例如，直系亲属间的继承，法律一般规定了继承人若承担更多的赡养义务，便可以多分得被继承人的遗产。看到这样的规定，一般人通常会明白"承担了更多的赡养义务"的意思，这是一个"贡献多少"的问题。但诉讼中，继承人经常会提出诸如这样一些诉请理由：更多陪伴了被继承人，更多给予了被继承人经济上的帮助，在被继承人患病期间花更多时间守护在了其身旁，被继承人在世时更多地赞扬了其孝敬之心……。这里，如果继承人人数较多，同时考虑时间因素比如"很多年了"，作为当事人包括其他一般人，他们查看了各自的理由之后，再对照法律规定，时常会困惑：一个人的确经常陪伴了被继承人，但另一个人虽无陪伴却经常给予了经济上的重要帮助比如装修房屋，还有一个人，没有经常陪伴也没有给予经济上的重要帮助却在被继承人患病临终期间日夜守护其身旁，还有一个人被被继承人赞扬为最具孝心，如此，究竟怎样权衡"贡献较多"？一般人也会疑惑怎样计算贡献为宜。我们并不确定究竟遇到了什么问题。因此，较优选择即是尽量提出所有的诉请和理由。

仔细思考，可以发现，试图纯逻辑地解决这里的问题显然颇为棘手，甚至容易陷入公说婆说。因此，很多败诉一方会抱怨为何自己的诉请和理由被驳回，他们通常不服气，似乎也没有服气的理由。

实践中，法律人特别是法官，也深知这里的疑惑甚至奥妙。但从实用主义出发，法律人尤其是法官，会宣称我们可以也需要摸索地估量所谓一般人的常识感受，或者说大致的共识。法律人特别是法官，也会说，这里可能需要更多依赖司法方法的行规，即以往法律诉讼中形成了什么样的一般化解决公式，来宜粗不宜细地处理问题。有时，像法官这样的法律人还会宣布，我们可以运用社会科学的方法，以择优判定。显然，从历史到今天，法律法学的方法面对这样的疑惑，已经使出了浑身解数，也的确有所推进，可是我们依然知道，也可以面对未来继续知道，当事人或一般人还是会疑惑，特别是参与诉讼的败诉一方，而如果我们的胆量足够大，将其诉争抛入社会广泛的讨论中，那么我们也会深深感受到疑惑的弥漫。

从批判的法律理解角度看，这里的问题，实质上是一个"被忽略"或"被压抑"的社会建制如何得以确立的问题。批判的法学家认为，无论是运用规范的法律方法，还是运用社会科学的法律方法，都是法律意识形态的一种"有套路"的表达。[1] 即使假定存在着一种所谓的常识感受，或者说大体的共识，其依然是化过妆的且貌似知识收集的，表现的则是被具有决定权的法律人拿过来即用的"思想领导权"，因为，常识感受或大体的共识，在不同人群不同时段会有不同的内容，即时的常识或大体感受只是一种社会心理流动过程中的暂时停顿，完全可能时过境迁、经过再理解再认识后出现反转。[2] 在这里，败诉一方成为了牺牲品，遭遇了"没有办法"、"只能如此"这类背后藏有"大多数人利益"之类的功利主义话语的说辞而被忽略或被压抑了。[3] 进而言之，如果允许无休止的论辩，即便面对的是常识或大体的共识，诉讼一方依然可以继续论证自己的诉请和理由，仅仅因为争

---

〔1〕 Alan Hunt, "The Critique of Law: What is 'Critical' about Critical Legal Theory", in *Critical Legal Studies*, ed. Peter Fitzpatrick and Alun Hunt, Oxford: Basil Blackwell, 1987, p. 6; Jack Balkin, "Deconstructive Practice and Legal Theory", *Yale Law Journal*, 1987 (96), p. 743.

〔2〕 Kimberle Crenshaw, "Race, Reform, and Retrenchment: Transformation and Legitimation in Antidiscrimination Law", *Harvard Law Review*, 1988 (101), p. 1373.

〔3〕 Allan Hutchinson and Patrick Monahan, "Law, Politics and Critical Legal Scholars: The Unfolding Drama of American Legal Thought", *Stanford Law Review*, 1984 (36), p. 306.

议必须在一个时段内解决，所以，"被忽略"或"被压抑"是不得已的公共选择。也可以这样认为，裁判之际，胜诉一方或受到常识感受和大体共识支撑的一方，实际上，不过是将诉请和理由说得"让人觉得更有道理"、"让人觉得漂亮"，貌似强大，根本上却是"趁了一时之机"。这就如同辩论，有时失利一方事后会发觉，所谓失利，是因为当时"没有想到"，现在想到了，而当时己方是可以站住脚的，如果发挥得更好、更精彩。

　　沃德教授提醒我们注意，法律与文学的逻辑源流之一，就是批判的社会理论，特别是那些对反叛的话语霸权理论兴致颇高的批判法学家对法律诉讼解决方式的深度怀疑。因为，"法律与文学的研究总是纠缠于'法律政治性'问题的探讨"，[1] 而且，批判的法学理论的背后也有后结构语言学的抓手。[2] 批判法学家秉持的一个理论框架，便在于将法律诉讼回溯至社会，揭示其中任何参与者的身份、地位、关系、知识，包括思想偏好和价值取向的社会根源，用社会的固有等级结构，其中的控制与反控制、压迫与反压迫、征服与反征服，还有法律话语的迷惑，来阐释法律诉讼发生的一切。[3] 批判法律理论十分认同一个预设：社会用来解决问题的"普遍"与"个别"的概念，尤其是法律中的"一般纠纷解决方案"及其所针对的"个别倾诉"，是社会建构的，不是理所当然的，亦非不可推翻。[4] 深入来说，在法律层

〔1〕 Ian Ward, *Law and Literature: Possibilities and Perspectives*, Cambridge: Cambridge University Press, 1995, p. 22.

〔2〕 *Ibid.*, pp. 54-55.

〔3〕 Peter Goodrich, *Reading the Law: A critical Introduction to Legal Method and Techniques*, Oxford: Basil Blackwell, 1986, p. 20.

〔4〕 Alan Hunt, "The Critique of Law: What is 'Critical' about Critical Legal Theory", in *Critical Legal Studies*, ed. Peter Fitzpatrick and Alun Hunt, Oxford: Basil Blackwell, 1987, p. 11.

面，批判法律理论仿佛希望我们再次重温早已耳熟能详的一个来自十九世纪的政治指控：你们的法律不过是你们这个阶层意志的体现。

现在的问题是，批判法律理论如此以"破坏"为能事，究竟为了什么？批判法学家经常炫耀的一个关键词，就是"重新解放"。[1] 这个意思是说，近代启蒙完成了近代法律的解放，使法律摆脱了神的束缚，真正体现了人的理性、权利、程序等价值的意义，打破了忽略、压抑还有压迫，但启蒙的结果却是陷入了新的束缚，即奉人的理性、人权、程序等为不可怀疑的，似又穿上了"神"的外衣，形成了新的忽略、压抑和压迫。因此，社会法律若期待不断进步，便必须再次启蒙，而新启蒙的具体方式，就是启动新的社会追问和认识，展开新的社会谈判，形成新的常识和共识，增进相互可以理解的团结，并且是可更新的，即"重新解放"。[2]

我们当然不能认为批判法律理论完全正确，就像它的对手一样，其也有自己的疏漏，比如，每个社会参与者若不在一定程度上坚守自己的信念，如何能使社会的追问、认识、谈判具有深度而不轻浮，具有诚恳而不敷衍？但其显然需要认真对待。否则，我们的确很难理解，为什么有的法律问题，比如我们中国的许霆盗窃案，开始时法律人认为判决盗窃金融机构罪成立，无期徒刑自然而然，可后来随着广泛的社会讨论及公众参与，却可以认为

---

[1] Robert Gordon, "Unfreezing Legal Reality: Critical Approaches to Law", *Florida State University Law Review*, 1987 (15), p. 201.

[2] Jack Balkin, "Deconstructive Practice and Legal Theory", *Yale Law Journal*, 1987 (96), p. 782; Alan Hunt, "The Critique of Law: What is 'critical' about Critical Legal Theory", in *Critical Legal Studies*, ed. Peter Fitzpatrick and Alun Hunt, Oxford: Basil Blackwell, 1987, p. 5.

更短期的有期徒刑较适宜，其中，为什么一个具体法律问题的变化可以、也不可避免地深深扎根于了社会语境的变化；[1] 更广泛来看，我们会很难理解，为什么我们的法律人，时常自诩手握法律的圣典真经，宣称自己的专业智识牢不可破，却不知不觉地站到了社会大众的对立面，或在职业群体内部争得面红耳赤并暴露于天下，欲建立权威而结果却是饱受指责，不仅自己权威未立，还连累了法律的权威。

那么，文学在此怎样进入？

四、"故事"

沃德教授指出，批判理论，尤其是法学编队的，完全可能、也可以开启法律与文学联姻的大门，因为，文学所擅长的"讲故事"正是一把发光的金钥匙。[2]

诉讼中的诉请和理由有 N 个，无论当事人、律师，还是法官，作出一个编排以准备开赴法庭，都是在讲述或准备讲述一个"故事"。因为他们需要"选材"，并将其串联起来，也是为了诉讼的胜利，或为了判决更具有说服力，他们需要谨慎地在 N 个诉请和理由中查看，择其要者，先后排序，使其有线索、有目标，使之形成一个有逻辑的系列且看起来、听起来是合理的，同时还要好看好听，即"特别的符合法律规定"，令人跪服。不难看到，像有的学者提醒的，这就贴近了文学的"讲故事"，至少会让我

---

〔1〕 详情叙述，参见刘星："多元法条主义"，载《法制与社会发展》2015 年第1 期，第 129 页。

〔2〕 Ian Ward, *Law and Literature: Possibilities and Perspectives*, Cambridge: Cambridge University Press, 1995, pp. 34–38.

们联想到这种"讲故事"的意思。[1] 进一步来说，因为贴近了，会让人们联想到，所以，我们便能够将法律的"讲故事"和文学的"讲故事"对比起来，并将在后者中发现的秘密推送至前者，作为深入理解前者的一个路径。

众所周知，文学的"讲故事"尤为拥有委婉道来的执着，特别喜好人物、事件、情节、问题、理由的微观细节的动员，并在所有微观细节中展开叙事。无论阅读狄更斯的《呼啸山庄》、卡夫卡的《审判》、加缪的《异乡人》，还是阅读莎士比亚剧本《威尼斯商人》，观看中国电影《秋菊打官司》和《我不是潘金莲》……，我们都能发现文学秉持的细致化是怎样发挥吸引作用的，是怎样逐步引导读者，利用读者的生活经验细节与阅读对象细节的并置体验，推动读者走向一个文学目标。

而在这种细节的执着中，我们应该注意一种特殊的捕获能力，即天赋敏锐地揪出个体化、边缘化的微缩世界，同时还应该注意一种特殊的演绎能力，即将这样一种微缩世界逻辑地扩展为新的伸广世界，让人们从中发现，一个具体的人物、事件、情节、问题、理由，是如何成为被个体化、被边缘化、被特定时期的大词式政治正确意识形态树为自己对立面的，而这一他者，自身又是如何可以具有"合理"的自在的，可以自我倾诉。例如，当社会信奉等级、富裕、修养、宁静、雅致，并将其视为理所当然的品格时，优秀的革命文学就可以反其道而行之，通过细节化的叙事，将平等、穷苦、直率、跃动、粗放逐步释放，使之成为另类的同样享有合理诉求的存在，让人们注意，那些理所当然的品格，可能是"虚伪"的；掉转过来，当社会沉浸在人无差异、

---

〔1〕 参见 Peter Goodrich, *Reading the Law: A Critical Introduction to Legal Method and Techniques*, Oxford: Basil Blackwell, 1986, p.91.

一无所有、不拘小节、奔放热情、随性而为，并将其看作天经地义的品质的时候，优秀的反思文学就能够逆潮流而动，运用微观化的陈说，将"人是社会的"、"经济是基础"、"应以礼待人"、"需沉着冷静"和"要慎重从事"加以渐次凸显，使之成为对立的同样拥有合理诉求的存在，让人们警惕，那些天经地义的品质可能是"冲动"的。正是在这里，文学的"讲故事"，可以令人不知不觉地使事物由弱变强、由小变大或者反之，让人相信甚至确信，一个描述对象既可以解构也可以重构。在文学的"讲故事"中，我们可以清晰地看到"解放"的文本实践，而且可以体会，几乎任何事物都存在"自我解放"的潜在能力。

概言之，相对法律，文学的"讲故事"的秘密，就在于"化沉寂为惊天"的叙事动能。在这种动能中，由于附着于细节，我们可以特别清楚地被吸引并被说服，可以更为深入地理解，一个具体的人物、事件、情节、问题、理由，究竟是在什么意义上属于社会建构，所有这些与人的身份、地位、关系、知识，包括思想偏好和价值取向的社会根源，究竟存在了怎样的细节逻辑渊源，以及，所有这些如何可以在细节的重新搜索和链接中表达自我的合理性和正当性。

为进一步理解，我们可以注意一个经典的法律与文学运动喜欢持续品味的例子。在莎士比亚的《威尼斯商人》四幕一场中，观众或读者最关心的剧情之一，便是怎样理解夏洛克和安东尼奥所定契约（违约割胸前一块肉）引发的，由装扮成法律博士的鲍细娅提出的"割肉不能流血，也不能多一点或少一点"的法律问题的玄妙。法律人，也尤为关注这里的要害。但法学语境中，讨论这样的问题颇为枯燥，我们看到的，无非就是鲍细娅的"夏洛克，你可以也必须割肉，但不能流一滴血，也不能多一点或少一点"，是绝顶的智慧表现，或纯粹是一种诡辩，或犹如波斯纳

（Eric A. Posner）所说的，是一种怪异的法律形式主义，[1] 再或者，将这个问题稍作扩展并一般化，讨论契约究竟怎样解释才是合适的，契约究竟怎样签订才是完备的，契约的隐含条款到底是什么……而且，有的时候，如果单独提到"割肉不能流血，也不能多一点或少一点"，有些法律人会觉得，这种要求实在是无法理喻，与常识相去甚远。法学的讨论，对此几乎没有什么成效，甚至有时会变成无休止的口号争斗。因为，法学的讨论总是集中于问题本身，试图在一般化而非与语境化的普遍规范命题上，作出判断。但在莎士比亚的笔下，特别是在其构筑的文学化的社会微观语境中，这样一个法律问题，可以具有"存在感"，而且还能具有难以抵御的吸引力。剧中，第一，夏洛克和安东尼奥签订的契约是自愿的；第二，契约经过了公证；第三，违约后，安东尼奥自己也认为不能还钱便应割下自己胸前的一块肉，这表明，契约和违约事实是不可争论的；第四，法庭上，有人愿替安东尼奥数倍还钱，有人提到夏洛克不应逼人过甚，主审案件的公爵更希望夏洛克仁慈一次，但均被夏洛克拒绝了，整体氛围，再次渲染了夏洛克的法律要求没有可疑之处；第五，鲍细娅出现后也再次希望夏洛克能够仁慈一些，但又被拒绝，人们至此觉得在法律上已无其他出路了，只能看到悲剧；第六，夏洛克一直要求严格履约，甚至宣称，不能履约，所谓威尼斯的法治那就"见鬼去吧"；第七，在前面几个情节的铺垫下，读者或观众只能深信，法律上已经没有挽回的余地，而恰恰就是在这种集体心态下，鲍细娅出其不意，顺着夏洛克"严格依法履约"的逻辑，宣布"你要公道，就给你公道，而且比你想要的还要公道"，这就是"不

---

〔1〕 Eric A. Posner, "New Perspectives and Legal Implications: The Jurisprudence of Greed", *University of Pennsylvania Law Review*, 2003（151），p. 1132.

能流血，也不能多一点或少一点"。[1]

显然，莎士比亚建构的情节语境清晰地表明，原本孤立看上去没有什么讨论价值或几乎无法理喻的要求，是可以特别认真对待的，甚至，可以具有无法阻挡的诉辩冲击力。因为，在这种语境中，我们的思路、感受、情绪，都被凝聚在一个特定的通道里，无法转向或者回头，只能沿着这个特定通道，要么去见证一个"割肉既无法避免流血又无法避免多点少点"的悲剧，要么去期待一个"针锋相对且能峰回路转"的奇迹。因此，正是通过颇有意思的叙事动能，经典的文学"讲故事"，将被个体化或边缘化的一个法律问题，"割肉是否不能流血，是否也不能多一点或少一点"，解放出来，将其单薄的个体世界逻辑地扩展为一个丰富的社会世界。也是在此，一个被法律的政治正确话语树立为对立面的"屌丝"法律问题，也可以呈现出"高大上"的一面。

那么，这一文学"讲故事"的秘密，如何可以提供一个深入理解法律"讲故事"的路径？

文学"讲故事"的文本实践已经足够表明，几乎任何的具体人物、事件、情节、问题、理由，只要将其与微观的社会关系联系起来，都有可能重新证明自己的合法性，论证自己存在的合理性，在法律"讲故事"的进程中，不断复活。反之，以往法律"讲故事"已表现出的压抑，尤其是功利主义的法律诉讼意识形态表现出的使一个法律主张被个体化，被边缘化，恰恰在于，其总是切离或试图切离微观社会关系的语境，使人们失去复原微观社会关系的能力。因此，文学的"讲故事"，再次提醒有必要深入洞察法律的"讲故事"的傲慢，而且说明了，需要重视被个体

---

[1] 具体内容参见［英］莎士比亚：《莎士比亚戏剧经典·威尼斯商人》，朱生豪译，中国国际广播出版社 2001 年版，第 37–163 页。

化、被边缘化及被大词式政治正确法律话语压抑的对立面的"委屈"、"苦难"和"挣扎",需要反思法律"讲故事"中呈现的正义是否存在"谁之正义"的问题。也因此,法律与文学联姻就存在了必要性和迫切性。

总体上看,文学"讲故事"的叙事动能,毫无疑问,可以更为精致地实现批判法律理论的释放个体、拯救边缘的政治愿景。而在"暗接"批判法律理论之际,文学的"讲故事"又常乐意在涉法叙事中施展身手。因此,法律与文学运动将批判法律理论作为基础之一,是顺理成章的。也正是在这个意义上,沃德教授认为,法律与文学运动实际上完全可以视为批判法学理论的"小伙伴"。[1]

五、教 育

在《法律与文学》中,沃德讨论了大量的文学作品,比如《理查德二世》、《侍女的故事》、《兔子彼得的故事》,还有克利玛(Ivan Kalima)的《审判中的法官》和艾柯(Umberto Eco)的《以玫瑰之名》,并在这些文学作品的分析中,阐述并实践了法律与文学的学术逻辑。他明确提到,"文学总是希望让人感到精神上的愉悦",[2] 并暗示情感打动是十分重要的,而这些又可以集中体现为他反复说明的,法律与文学的重要价值之一,就是法学教育。[3]

---

〔1〕 Ian Ward, *Law and Literature*: *Possibilities and Perspectives*, Cambridge: Cambridge University Press, 1995, pp. 9-10.

〔2〕 *Ibid.*, p. ix.

〔3〕 *Ibid.*, p. 23.

法学教育的特点，在一般人的感受中，包括许多法学教师和学生，也往往认为是枯燥乏味的，像沃德教授感叹的，有时"简直就是一种折磨"。[1] 现在来看，法学教育通常被赋予了职业教育的品性。既然是职业性的，便意味着理解法律条文、知晓法律原理、掌握法律技能（如怎样查找法律条文，怎样推理适用之），是学习的基本内容，其中直线、逻辑的思维是不可避免的。秉持"科学、理性"观念的法学教育者，认为这是职责所在，也是法学教育本身的内在逻辑。从人格塑造的角度看，这样的法学教育者往往相信，法学教育正是应该将未来的法律从业者培养成冷静、严谨、中立的社会行动者，法律学生，或者未来的法律从业人士，当然需要心怀正义的理想，但这种正义应该是法律的正义，一种不受其他各类人各类群体影响或左右的、只能在法律文本中寻求根据、来源的正义，而且，这种正义，是法律职业者自己依照逻辑证立的。进一步而言，法律职业人最好是与"热情"保持必要的距离，因为，"热情"显然不是法律的一个内在元素，它可能影响我们的准确判断、角色恰当，而在社会越是热情的时候，法律职业人就越应该对之加以警惕。一句话，法律人在某种程度上应该"冷酷"。因此，法学教育如果活泼、灵动、激发，使学生情不自禁地投身于社会的大热潮时，便是法学教育离失败不远之日。

但是，凡熟悉法学教育理论历史的，都知道在传统的法律教育思路内部已然存在分歧，比如，究竟填鸭式教育为宜，还是启发式教育较好。填鸭式教育似乎是死板的，使学生仅知道固守既成，缺乏质询创新，但如果学生真能如此，并克制审慎，未来对法律的稳定性、统一性不正是一个福音？反之，启发式教育固然

---

[1] *Ibid.*, p. ix.

让学生具有了追问的勇气和智慧，但进入未来的法律职业，除了律师可以如鱼得水，法律的社会事业会不会异见蔓延，对许多法律的解决过程和结局疑窦丛生？而早在19世纪70年代，美国的法学院就逐渐开始推动至今依然盛行的苏格拉底教学法。[1] 这种教学法，最初无意抵抗法律条文、原理的灌输，也没有企图劝说法律教育摆脱普遍化的法律讲述，只是期待在案例或先例的讨论中，总结概括一般性的法律原理和知识，培养一种号称"法律思维"的想问题方式。[2] 然而，其却不知不觉地走向了"启发"。

苏格拉底教学法，毋庸置疑，可以调动学生的积极性和主动性，因为，按照这种教学方法，教师会要求学生自己课前阅读大量材料，准备思路，然后在课堂上主张观点，投入讨论，[3] 学生于是就有了兴趣并变得亢奋。正是这样一个特点，使得法学教育的思路可以接通法律与文学的理念。苏格拉底教学法，特别强调附着在具体的案情、理由、推论上展开法律的理解，而法律与文学，亦尤为喜好"具体"，从"具体"出发走向"具体"的集合式开放，或走向一个"具体"集合透露出来的"一般"。苏格拉底教学法，隐含了讨论和辩论的督促，而法律与文学在强调叙事策略、修辞技艺的同时，包裹了情绪的调动。如果法学教育的语境中已经存在了苏格拉底教学法这样的尝试，而且也有人是乐意

---

〔1〕〔美〕罗伯特·斯蒂文斯：《法学院：19世纪50年代到20世纪80年代的美国法学教育》，阎亚林、李新成、付欣译，贺卫方校，中国政法大学出版社2003年版，第2-3页。

〔2〕〔美〕罗伯特·斯蒂文斯：《法学院：19世纪50年代到20世纪80年代的美国法学教育》，阎亚林、李新成、付欣译，贺卫方校，中国政法大学出版社2003年版，第67-68页。

〔3〕〔美〕罗伯特·斯蒂文斯：《法学院：19世纪50年代到20世纪80年代的美国法学教育》，阎亚林、李新成、付欣译，贺卫方校，中国政法大学出版社2003年版，第71页。

的，并希望法律人"聪明"，而不仅仅是"墨守成规"以备为未来的法律稳定性和统一性添砖加瓦，法律与文学在法学教育上游弋过来，表现自己的娜姿，便丝毫不会让人感到意外了。法律与文学的一个基本法学教育理念，就是"活跃"，让学生在愉悦中学习法律，变枯燥为乐趣，化心塞为翱翔。

但如果认为法律与文学的教育企图仅仅是这样的一个"愉悦"，就大大低估了其更有诱惑力、期盼重建社会的格局。因为，在法律与文学的预期中，文学的"讲故事"所寄托的一个目标，就是使人感动，不仅仅是寓教于乐，它希望吸引、影响读者，让读者随着"故事"和故事中的一切事物人物同呼吸、共命运，走入那个"语境"，进一步来说，同情他者，培育关爱社会的参与感和责任感，如此，慢慢地感受到心灵的净化和洗礼，感受到积极参与、诚挚交流和友善理解的激励。从这扩展，法学教育在培养未来的法律人之际，就需要跨越一步，视野更应放在社会如何摆脱压抑、如何持续相互理解乃至团结的目标上。[1] 在这里，作为未来法律人的学生，是要学习法律知识、揣摩法律原理、体验法律技艺，理解法律作为社会治理事业的意义，快乐地学习，只是更要小心地关注法律在发挥它的一般作用时，被个体化、被边缘化或被大词化的政治正确话语树为对立面的那个"他者"的无奈、期待的眼神。关注的目的，便是等待、欢迎来自各方面的对法律进程的不满和意见，并在观察和倾听社会不同声音的同时，自己也投身其中，参与对话，使法律进程更有平衡性和建设性，且使社会面对法律时更具有协作的精神。也是由此，在法律与文学的眺望中，通过法学教育，学生应该具有了解并懂得设身处地

---

〔1〕 参见 Ian Ward, *Law and Literature*: *Possibilities and Perspectives*, Cambridge: Cambridge University Press, 1995, p. 25.

反思的品格。概括而言，"愉悦的学习法律"是重要的，而"启迪学生的另一层面的法律心灵"更重要，这是法学教育的最终目的在于构建法律人的主体自觉性的缘故。我们需要学习过程中的"愉悦"，可能更需要培育社会含义的"关爱"。这意味着有句话是必须标示出来的：法学教育应该有态度。

不难觉察，在法律与文学的法学教育憧憬中，批判法律理论的精髓是身影相随的。法律与文学，将"兴趣"、"打动"、"同情"、"分享"视为法学教育的灵魂，并将涉及法律的经典文学作品的阅读体验，视为极其重要的方法，这就再次接通了与批判法律理论相会的路径。因为，法学学生，作为未来的法律人，在学习法律过程中可以也应该进入文学构筑的世界，并将这种世界与法律行业传统建立的教科书式的法律世界对比起来，从中在可以发现快乐地领略法律知识是种何等妙不可言的学习经历的同时，更可以发现一种紧张、焦灼的必要，发现一定意义的怀疑和追究的必要，还可谓之时不我待，进而反躬自问，为何学习过来的法律知识在面对文学世界的开放性和复杂性时，却时常会是心安理得。在这个意义上，沃德教授越是强调、青睐法律与文学的教育功能，越是不经意地传递了批判法律理论需要回味的信息。

当然，从教育能力的角度看，几乎没有人会否认愉悦激发式地传授知识总会事半功倍。即便承认法律知识的宣讲必须逻辑、理性、严谨，不可随意嬉戏，也少有人会抗拒"需要调动兴趣"的建言，否则，难以想象法学学生会怎样名副其实的"认真学习"。学习的激励，自然需要自觉，可也从来无法抛弃兴趣，因为学生总会理性伴随情绪，法律学生亦不会例外。由此，法律与文学的教育动议，就有了逻辑基点。更何况，其又能打开人之法律心灵的另一面，使法学学生更易走进、融入、关注他者的法律世界。于是，理解沃德教授为何特别强调法律与文学的法学教育功能，其为何不断在文学作品的分析中声称"学生会乐趣丛生"，就不会存在任何困难了。同样是在这里，我们从另一层面可以发觉，法律与文学为何有必要联系起来。

六、结　语

本文主要讨论的是法律与文学的基础，当然，是伴随阅读沃德教授的《法律与文学》来展开的。沃德教授强调，特别希望在具体的涉法文学作品中推进自己这本书的写作，而且，法律与文学的实践，不应过多卷进作者、读者、文本之类的概念纠缠中，不应陷入纯粹的理论研究的陷阱。[1] 笔者认为，这种思想准备是健康的。法律与文学如欲真正地逐步拓展，使更多学者和学生感受到其中的价值和意义，就必须要通过具体文本或具体现实的相关写作实践展现自己的"能力"。同时，"基础"的问询和剥离，是不可或缺的，而知道一项学术实践的主要理由何在，其所依附的各种学说，以及其自身的逻辑渊源是什么，这一切又是可以细化地清晰浮现，也即通过具体的涉法文学作品和具体现实事件的分析来营造，那么，这便既能使学术实践者充满必要的信心，也能使对之有所怀疑的人心存谨慎。因此，在书中前两章，包括后面的各个章节，沃德教授无一不在持续不断地旁征博引，在法律与文学的基础问题上反复徘徊，提到不同观点。前两章，基本上主要讨论的是关于法律与文学的各种正反观点的学术争论，及其涉及的基础理论，而后面章节，是在涉法文学文本的层面不断具体地实践法律与文学的各种理念。以此而言，《法律与文学》一

---

〔1〕 *Ibid.*，pp. ix-x.

书最明显的一个文本特点，恰恰就是在法律与文学的基础问题上提供了阅读的经验和情绪准备。我们也因此，就可以理解，为什么《法律与文学》的副题是"可能性及其研究视角"。如果法律与文学重视"语言"的敏感性，重视"讲故事"的重要性，那么，通过各种具体涉法的文学作品展现"语言"，凸显"讲故事"，或说一种教育，并从中使读者体会文本实践的意义，对基础问题便会更有较佳把握的可能。

沃德教授的《法律与文学》深入浅出，本身就践行着寓教于乐。对中国读者而言，其定位的意义值得重视。其中，我们可以读到法律与文学的产生、过去和现在，得一概览，可以读到来自各方面的持续批评和法律与文学运动参与者的辩解，明晓要点。自然，在笔者看来，最重要的是可以读到法律与文学运动的学理线索，体会基础问题的关键和启发。任何人对法律的各种跨学科式学术尝试，均应保持开放的心态，法律与文学自是不应例外。我们首要的坚持，不是也不应是抱守法学学科的高傲的所谓自治。从历史的平台看去，现代法学学科既非从来就有的，也不是一成不变的。在古希腊，它曾是政治、伦理问题讨论的附庸，在近代启蒙时期，它又是如此，几乎没有自我。但之后，它也曾像奥斯丁（John Austin）那样，发觉政治优势者的问题似乎是不能回避的，故而法学要涉及政治学；它也曾像萨维尼（Friedrich Carl von Savigny）那样，感受历史惯习的问题似乎是需要认真对待的，故而法学要涉及历史学、社会学（今天含义的社会学），它更曾像现代自然法学派思想家那样，深感正义的问题是必须要严肃思考的，故而法学要涉及伦理学和政治哲学……言说至此，再结合本文前面的分析，一个反问就可以成立了：为什么法律与文学就不应存在且需继续发展呢？

中文版序

　　20 年前《法律与文学：可能性及研究视角》首次出版，我很高兴有机会为这部著作的中文译本作序。1996 年在这部书首次出版的时候，现代"法律与文学"运动还是一个新兴的研究领域。当时，学者们在这一领域已经进行了大量重要而且深入的开创性研究，例如彼得·古德里奇（Peter Goodrich）的《法律语言》（*Law as Language*）（剑桥大学出版社 1990 年版），詹姆士·伯艾德·怀特（James Boyd White）的《翻译正义》（*Justice as Translation*）（芝加哥大学出版社 1990 年版）和理查德·威茨伯格（Richard Weisberg）的《法律与文学的诗学及其他策略》（*Poethics and Other Strategies of Law and Literature*）（哥伦比亚大学出版社 1992 年版）。时光荏苒，这些著作已经成为法律与文学研究中的经典之作。同时正如我所期望的，我的这本著作也有幸成为这一研究领域中的经典著作之一。

　　与此同时，"法律与文学"研究已经继续向前发展。学术研究必将不断推进。批判法学研究是"法律与文学"研究的强大推动力。批判法学在 20 世纪 80

年代先后在北美、英国的法学院中兴起并获得认可。在这一背景下，"法律与文学"研究只是在 20 世纪 90 年代期间逐步形成的众多跨学科研究中的一支。

在最近 20 年中，随着更多研究具体问题的专著出现，"法律与文学"研究更加多样化，例如女权主义和跨文化的"法律与文学"，同时也将"法律与文学"置于一个更广阔的研究领域——"法律人文化"研究中。这些新的发展使"法律与文学"研究再次复兴。关于"法律与文学"和"法律人文化"研究的新的期刊不断增多，关于这一研究的专著大量出版，关于这一主题的学术会议频繁举行，同时学术网络交流日益活跃，而且很多都在寻求国际间的学术交流与互动。事实上，我的这本专著首次被翻译成为中文这一事实最好地证明了"法律与文学"这一学术研究领域的欣欣向荣。

最后，我需要强调的是法律与文学研究的学术兴盛和繁荣取决于在最近的 20 年间它所取得的长足进展，而且它最初的研究目标从未改变过。"法律与文学"研究的目的是教育。它始终坚持对于法律文本的文学化研究将有助于法律人不仅精于法律实践，而且能够更好地回应法律的伦理需求。

伊恩·沃德

2016 年 11 月

前言

　　我希望这本书能够让读者乐在其中，这本书正是这样来写作的。正如卡夫卡（Kafka）在他的日记中所记述的，根据他在法学院的学习经历，在绝大多数时候，法律学习味同嚼蜡，枯燥无趣。法学学习简直就是一种折磨，而从教育和政治的角度来看，这正是法律的目的。通常，当然是绝大多数时候，对于像我这样的法律人，似乎在法律或者法律学习中没有多少乐趣可言。而另一方面，文学是可以有趣的。文学总是希望让人感到精神上的愉悦。这是它独特的目的。这本书论述的主题之一是文学阅读能够让法律人，甚至是不从事法律职业的人们受到更好的法学教育，这是因为它的素材是新鲜的和有趣的，而且它能够拓展读者的学习视野。在第一章中，我将讨论法律和文学的各种目的，尤其是其教育目的，但从我以及其他法律与文学教师的教学经验来看，将文学引入法学课堂无疑是一种积极的，并将广受欢迎的教学方式。法律不必像锯末一样枯燥无味。法律并不必然就是它常常表现出的那样复杂，无法理解或者极度无聊。法律学习可以使人感到愉悦。这本书的目的之一，事实上或许它的最主要的目的就是建议学生们可以通过文学阅读更好地认识、理解法律文化，例如通过阅读《理查德二世》（*Richard II*）回溯英国宪政思想的起源，通过阅读《侍女的故事》（*The Handmaid's Tale*）探究关于强奸的法律的缺陷，甚至是仅仅通过研究《兔子彼得的故事》（*The Tale of Peter Rabbit*）中的插图分析英国财产法中的心理学原理。

X 　　法律与文学研究是近期交叉学科研究中最引人关注的学术分支之一，而且它的发展前景巨大。尽管它为我们提供了多样化的研究可能，我们不应将这一研究过于理论化，尤其是不能让除了熟知繁复多样的文学理论或者法学理论的学者之外的其他人无法理解。在当代法学研究中过度理论化分析是普遍存在的一种学术弊端，法律与文学研究必须避免掉入这个理论研究的陷阱中。法律与文学研究应当牢记它的目的在于拓宽学术视野，而不仅仅是拓深理论研究。同样重要的是，它必须建立起自身的学科地位，为此，它要回归文本，关注文本。在本书中，尽管在第二章和第三章我介绍了当代文学理论中的一些主要的理论问题，但我仅仅是对本文用到的理论观点进行必要的、最低限度的介绍。我所力图避免的是撰写另一部作品来研究文学法律词汇中出现的各种"主义"所谓的价值和缺陷。本书旨在研究文学和文本自身，而不关乎理论。在第二章和第三章中，我对作者、读者和文本三者所进行的探讨，只是为了强调我们的研究应当回归文本。对于作者、读者和文本哪一个更为重要，我没有什么倾向性的观点。对于与这一讨论相关的理论，我认为是毫无意义的。作者、读者和文本在不同程度上都是重要的，但是我对它们各自重要性的差别没有研究，而且我想其他研究者同样对此没有研究。因此，在后面的六章中，我安排了对于文学的讨论。在第四章中我讨论了作为法律史学家的莎士比亚，在第五章中讨论了儿童文学，在第六章中讨论了几部女性文学作品，在第七章中研究了当代文学作品中的几个主题。在最后两章中，我对最近出版的两部小说进行了深入的研究，分别是伊万·克利玛（Ivan Kalima）的《审判中的法官》（*Judge on Trial*）和安伯托·艾柯（Umberto Eco）的《以玫瑰之名》（*The Name of the Rose*）。如果最终我让您确信文学阅读可以使您更好的理解法律，那么我会感到非常欣慰。即使您偏离了本书所探讨的法律与文学问题，而是去阅读我在本书中所讨论的文学作品，那么这也将是本书的成功。当然，如果您最终认为无论从法学教育或者任何其他方面来看，法律与文学彼此并不相关，那么我的研究是失败的，但是我希望这将被认为是一次让读者感到愉悦的失败。

正如前言所述，我首先最应当感谢的是我有幸教授过的学生。同样，这本书的写作也应感谢那些阅读本书各章并提出宝贵建议的同事们。在这里，我尤其要感谢的是桑德拉·弗兰卡（Sandra French）、彼得·古德里奇（Peter Goodrich）、迈克尔·罗班（Michael Lobban）、克莱尔·麦格林（Clare McGlynn）和帕特·涂安密（Pat Twomey）。我也要感谢《法律与评论》（*Law and Critique*）、《法学研究》（*Legal Studies*）、《女性法律研究》（*Feminist Legal Studies*）、《人权研究》（*Studies in Humanities*）和《苏格兰-斯拉夫评论》（*Scottish Slavonic Review*）等学术期刊，感谢它们允许我再次使用已经公开发表过的资料。

xi

第一部分

可能性

法律与文学：一场持续的争论

> 学生想获得的好的教学方式不是学习规则，而是学习文
> 化，因为每个地方的规则都是相同的。[1]

这一章将对本书的内容进行概要性的介绍。事实上，在学者们对复兴后的法律与文学问题进行了一个多世纪的争论后，对于很多争论者而言，现在看上去似乎是对法律与文学运动进行回顾并重新评估较为合适的时候了[2]。但这并不意味着不会出现新的观点或者会让目前热烈进行的讨论降温，相反，正如布鲁克·托马斯（Brook Thomas）和理查德·波斯纳（Richard Posner）最近指出的，这是因为法律与文学运动现在在变得更加"严肃"[3]。自从艾伦·史密斯（Allen Smith）提出"法律与文学运动重新复兴"的预言至今，已经 16 年了，因此在第一章中，我不仅将探究学者们在"争论"中各种不同的立场，而且将强调法律与文学运动所产生的持久的影响力[4]。在法律与文学研究中最常见的分类是"文学中的法律"（law in literature）和"作为文学的法律"（law as literature）。一般来说，"文学中的法律"研究的是文学文本中存在的可能的相关性，尤其是那些适于法学学者进行研究的讲述法律故事的文学文本。换句话说，卡夫卡的《审判》（*The Trial*）或者加缪（Camus）的《堕落》（*The Fall*）能够告诉我们关于法律的内容么？在另一方面，"作为文学的法律"旨在将文学批评的技术应用到法律文本分析中。尽管对于研究者而言，这种分类方式是非常方便的，而且通常来说很有

效，但是它并不总是能够清晰地勾勒出这两个分支的研究概况，或者说它并不可能完成这样的任务。事实上，越来越多致力于法律与文学问题研究的著名学者们都认为这两个学术分支是相辅相成的关系。无论何时我们讨论法律与文学研究的价值，或者其研究的局限性，一个基本规则是同时讨论这两个学术分支，因为如果其中一个学术分支是合理的，那么也意味着另一个学术分支是合理的。同样的研究者在同时从事着这两个学术分支的研究，游戏规则可能是不同的，但是参与者是相同的。

文 学 中 的 法 律

在文学形式中，一种普遍应用的区分方案在于隐喻和叙事的使用方式。例如，理查德·波斯纳断然否认法律叙事的重要性，但却愿意承认隐喻可以促进司法文书水平的提升。[5] 尽管这样，文学形式的区分方式对于法学研究的意义仍然是值得探讨的。例如，尽管保罗·利科（Paul Ricoeur）将这种分类方式作为一种较为便利的分析工具，他仍然强调事实上隐喻和叙事仅仅是故事讲述的不同方式。利科认为写作是"讲故事"而不是"科学研究"。"讲故事"的特点是历史性的叙述，如果一个文本试图展现顺序发生的事情，并对事件发生的语境进行描述，那么这就是一个"故事"，同样，我们可以通过这种方式来界定故事中的叙事和隐喻。[6] 因此，根据利科的观点，如果法学学者试图对事件所发生的语境进行描述，那么用文学的术语来说，法律文本与隐喻和叙事并没有显著的区别。[7] 当然，法律文本的历史性一直都是学者们所争论的焦点问题之一，而且正如我们在本书中所看到的，在整个历史学和诠释学研究领域中，这一问题是批判理论的核心问题之一，是当代法律写作中学者争论尤为激烈的问题之一。在语言的创造和使用方面赞同利科观点的另一位当代著名哲学家是理查德·罗蒂（Richard Rorty），他在法学研究的某些方面有着非常重要的影响。根据罗蒂的观点，如果我们要理解

20世纪社会的基本问题，我们必须阅读海德格尔（Heidegger）、杜威（Dewey）和戴维森（Davidson）的哲学理论，同时阅读纳博科夫（Nabokov）、卡夫卡和奥威尔（Orwell）的小说。根据罗蒂的观点，批判理论、批判法学或者与之类似的理论的特点是，它认为任何类型文本中的隐喻都可以被创造性地解读，同时它认为叙事小说可以为现有理论文本的研究提供有益的补充。罗蒂在描述语言在对社会进行界定中所扮演的角色时使用"对话"（conversation）作为隐喻，他认为任何社会的目的只是在"持续商谈"，并且通过这种方式来实现"人类团结"（human solidarity）的社会理想。[8] 当然，无论对于法哲学家还是对于其他哲学家而言，关于文学形式和文艺批评的理论并不是学术理论中的创新。利科将亚里士多德（Aristotle）的思想及其哲理寓言作为自己隐喻理论的研究起点。[9]

或许和法学理论更具相关性的是亚里士多德关于"黄金分割"（the Golden Mean）的隐喻，它被认为是《伦理学》（*The Ethics*）第五章的基本理论；同时关于圆柱的隐喻仍然是描述形式与实质最形象的隐喻之一，这一隐喻在当代法律形式主义理论中仍在被使用。[10] 亚里士多德有意在他的写作中将分析和隐喻结合起来，他认为分析和隐喻都可以被用于解释和描述，希腊语称之为 phronesis；分析用于做出判断，希腊语称之为 telos；隐喻被用于建议，希腊语称之为 mimesis。根据亚里士多德的观点，和其他研究者一样，法学学者在研究中可以综合运用隐喻和分析。[11] 学者们对隐喻的关注和使用，尤其是关于叙事小说的研究对于当代法学理论而言在某种程度上仍然是陌生的，它更像是利科所描述的科学讨论的优势地位的影响之一，而科学讨论本身是启蒙运动的遗产之一。[12] 同时，欧美法律传统之外的其他法律传统一直都认为隐喻、寓言和小说式的叙事是法律文本的基本形式。在北美的土著居民中，寓言仍然是法律理念的基本来源。[13] 在伊斯兰法和犹太法律中也是如此，伊斯兰教教法和犹太法典都是由一系列的隐喻和寓言组成的。[14] 当然，这都是因为同北美土著人一样，伊斯兰人和犹太人的法学理念事实上都是源

5

于他们所信奉的神学思想。在某种程度上，西方的法学传统仍然同时受到苏格拉底-托马斯思想（the Socratic-Thomist synthesis）的影响，它不仅继承了基督教的神学思想，而且保留了基督教教义使用隐喻和寓言的传统。阿奎那（Aquinas）的法学思想深受他所接受的犹太传统教育的影响，尤其是迈蒙尼德（Maimonides）著作的影响。[15] 迈蒙尼德所著的《迷途指津》（*The Guide to the Perplexed*），是中世纪犹太哲学中最基础的法理学读本，它是由各种隐喻和寓言组成。这本书的主题是创世纪，这同样也是阿奎那所著《神学大全》（*Summa*）的主题。[16] 正如我们将在第二章中所看到的，迈蒙尼德关于创世纪的记述为后世留下了很多似是而非的论题，这些论题自 13 世纪开始一直困扰着西方法理学，同时也恰恰证明了人们在很早的时候就已经开始关注关于语言和讨论的研究。就在霍布斯（Hobbs）和洛克（Locke）在法理学研究中倡导分析哲学的理论优势之前的数十年，培根（Bacon）就在法律和政府中使用创世纪的故事，以及其中关于真理和美德的评判标准，就像他在所有场合使用的一样，将其作为他哲学思想的主要内容。[17]

其实，使用隐喻、寓言或者叙事小说作为描述法律论题的方式并不是创新，法律和文学的争论已经使得学者不仅对隐喻的本质特点进行研究，而且对法学院课堂教学中运用寓言的积极作用进行研究。约翰·博思格诺（John Bonsignore）曾经引用克尔凯郭尔（Kierkegaard）的观点指出"无论教师如何进行引导，我们都不能无视法律中的重要问题"[18]。尽管如此，无论法学学者之前或者现在如何使用文学形式，都不能使这一结论成立。也正是这个适合性问题在近几年法律与文学研究中引发了最为激烈的争论。其中斯坦利·费什（Stanley Fish）认为：

> 法律文本可以写成诗或者采用叙事或寓言的形式……只要如此写的潜在根据是适当的，法官提供的避免危机的法律救济方式能够为双方所理解，那么按照这种方式完成的法律文本就肯定是清晰的，会产生法律要求的明确的无可置疑的结果。[19]

费什最初的观点和詹姆斯·伯艾德·怀特（James Boyd White）的观点是相近的，怀特是法律与文学运动最坚定的支持者之一。正如我们将在第三章所看到的，怀特所关注的是阅读和理解的方法，正是对于方法论的研究不仅使他成为批判法学研究中的主要学者，而且使法律与文学运动的两个同源学术分支，文学中的法律和作为文学的法律注定将彼此相关。根据怀特的观点，当我们阅读叙事小说时，我们最直接感受到的是小说的风格及其所运用的修辞，从很多方面来看，怀特论文中所研究的基本问题正是小说中所运用的修辞。[20] 怀特所使用的论证修辞力量的文本，例如荷马（Homers）的《伊利亚特》（*Iliad*）、修昔底德（Thucydides）的《伯罗奔尼撒战争史》（*History of the Peleponnesian War*）和柏拉图（Plato）的《高尔吉亚篇》（*Gorgias*）等，都不是现代小说，而且也不像其他学者，例如理查德·维茨伯格（Richard Weisberg）所选择的直接与法律相关的小说。当叙事小说为我们展现文学修辞魅力的同时，由于叙事小说建立在社会、历史、政治、伦理等各种语境之上，它以其独特的故事内容为我们的研究提供了丰富的素材。因此，显然叙事文本，较法律或者政治文本更能让我们深入地了解社会。正是语言的独特性质界定了我们和其他人之间的关系，事实上，也界定了我们和文本之间的关系。[21] 在强调小说偶然性和历史性的问题上，怀特提出了与罗蒂和利科类似的观点。他突出强调了叙事能够讲述故事，而且认为它在社会构建中扮演着主要角色。因此，方法又一次成为怀特论文论述的核心内容，这和与怀特关注相同问题的学者们的观点极为相近。同时，这一理论是怀特的主要思想，并使得他的论文具有了较强的倾向性，作为文学的法律成为怀特主要的研究兴趣。[22] 在他最近发表的论文《翻译正义》（*Justice as Translation*）中，对于叙事作品的具体研究已经尽可能地减少了。正因为如此，对于怀特而言，在某种意义上，文学中的法律是辅助性的研究，它的学术意义在于它能够描述作者所采用的叙述的特点和风格。根据怀特的观点，简·奥斯丁（Jane Austen）的《傲慢与偏见》（*Pride and Prejudice*），是要引导读者如何在阅读中成为小说所期望获得的读者群中的一员，这样的读者能够理解每一个语气的转折，分享文本希望读者所获得的观点以及所作出的判断，能够体验到故事语境中人物的感受。对于小说中的角色和读者而言，这本小说的内容在某种意义上是关于阅读和阅读意味着什么。[23]

叙事文本能够展示两个相反论题之间的紧张关系，尤其是法律和非法律论题之间的关系，并在这两个论题之间建立起联系，这一观点当然获得了学者的支持。邓禄普（Dunlop）同意怀特的观点，他指出"小说鼓励人们去想象其他社会领域的人们的生活"，他认为"当一名律师或者法学学生读过查尔斯·狄更斯（Charles Dickens）的《荒凉山庄》（Bleak House），他将再也不会对桌子另一侧的当事人完全漠视或者绝对'客观'"。[24]

怀特关于文学文本相关问题的广泛研究获得了很多学者的支持。尤其是理查德·维茨伯格，他专注于强调"作为文学的法律"和"文学中的法律"两个学术分支之间的互补性。然而，和怀特相比，在将文学文本用于法学研究这一问题上，他的态度更为坚定。和怀特相反，维茨伯格所选用的文本更倾向于现代小说，尤其是加缪、卡夫卡、陀思妥耶夫斯基（Dostoevsky）和格拉斯（Grass）等作家的小说。[25] 当怀特认为这些小说的价值主要在于小说的风格以及它所使用的修辞时，维茨伯格认为这些小说适于法学研究仅仅因为它们所描写的情境，以及它们所意指的社会和政治语境。在《语词的失败》（The Failure of the Word）一书中，维茨伯格研究了他所理解的从事律师工作的文学作者所创作的当代文学作品的影响。在这本书的开篇讨论中，维茨伯格对在纳粹占领时期一位法国律师所撰写的一篇短文进行了评论。在这篇文章中，这位律师对政府有责任建议只要拥有两名犹太祖父母的人就是犹太人的提案的人性基础提出了质疑。维茨伯格将语言遮蔽的道德犯罪概括为"语词的失败"，例如将大屠杀归因于尼采（Nietzsche）所提出的"愤懑"（ressentiment）思想所造成的持久影响。愤懑基本上是一种建立在真实或者想象的侮辱之上的持久的被伤害的感觉，用维茨伯格的话来讲，是"根深蒂固的理性化的不满"。正是这种"愤懑"渲染了加缪的作品，维茨伯格认为，他在《堕落》中所塑造的英雄律师克莱蒙斯（Clamence）是这位法国律师在文学中的翻版。[26] 正如我将在第七章中讨论的，这是一个强有力的论据，在 19 世纪末和 20 世纪涉及哲学和心理学，以及文学的更为广泛的批判理论运动中被认为是真实的判断。在维茨伯格两年之后的一篇论文中，他将文学更为紧密的和包括哲学和文学的广义的批判理论运动相联系，尤其是海德格尔、德里达（Derrida）和德·曼（de Man）为代表的批判理论，从而重申了文学在法学研究中的重要地位。[27] 维茨伯格再次将大屠杀作为他研究的核心问题，在一定程度上被认为是伴随尼采式的愤懑，并从中衍生出的焦虑和绝望的代表。通过这一研究，他不仅将和海德格尔与萨特（Sartre）类似的哲学思考置于历史的语境中思考，同时他也提出了和乔治·斯坦因（George Steiner）类似的联系的观点，后者认为死亡集中营是"一个经过长时间酝酿和精心设计的设想的有意地实施"[28]。根据维茨伯格的理论，陀思妥耶夫斯基、卡夫卡和加缪所创作的作品同时再现并重构了这一"设想"。[29]

在最近出版的论著中，主要是为了回应波斯纳以及和维茨伯格同名的罗伯特·维茨伯格（Robert Weisberg）所提出的批评，理查德·维茨伯格再次强调他的立场，指出"我们必须教授和思考这些文学文本，因为当前它们是指导我们和学生关于我们所研究问题的最佳媒介……我们需要通过对文学文本的学习去实践，（至少对于我而言，这是更为重要的）去理解我们的理论假设是什么和我们在做什么"[30]。事实上，和怀特相比，现在维茨伯格认为，总之，对于律师而言，文学作品比文学理论更具有价值。文学已经从法律与文学运动中先前的"有趣的因素"，变成了重要的研究素材："从法律与文学研究的角度来看，我建议从现在开始应当强调文学作品而不是文学理论在辩论中的核心地位……正如我所提出的，涉法小说，尤其是'关于法律程序的小说'是促进人类理解的媒介。"[31] 维茨伯格关于法律与文学运动的两个学术分支之间基本联系的最终结论，和怀特所得出的结论是相同的，然而维茨伯格的初衷却与之相反。[32] 维茨伯格和怀特之间的分歧最为明显地体现在维茨伯格最新的著作《法律与文学的诗学及其他策略》（*Poethics: And Other Strategies of Law and Literature*）* 一书中。正如我们将在第三章中所读到的，根据维茨伯格的观点，怀特对文学的研究返回到对关于"纯粹修辞"（pure rhetoric）理论的研究标志着他的研究不再关注文学中的伦理问题，或者说"诗性伦理"（Poethics）问题。《法律与文学的诗学及其他策略》被用于再次强调维茨伯格所致力于进行的关于康德式伦理的研究，他对很多文学文本进行了分析，不仅包括巴斯（Barth）的《漂浮剧院》（*The Floating Opera*）等现代文学，而且包括狄更斯的《荒凉山庄》（*Bleak House*）和莎士比亚的《威尼斯商人》（*The Merchant of Venice*）等很早的小说，从而重申他所提出的关于海德格尔-康德（Heideggeria Kantian）的基本的存在主义论题。维茨伯格坚持"诗性伦理关注的是法律交流和'他者'的生活，旨在重新激发法律中的伦理关怀"[33]。我将在第八章中对维茨伯格的"诗性伦理"进行讨论，在这章中，我将以"诗性伦理"的方式对伊凡·科利玛（Ivan Klima）最近出版的小说《审判中的法官》（*Judge on Trial*）进行分析。

和维茨伯格一样，罗宾·韦斯特（Robin West）强调在法理学争论中作为媒介的文学作品的价值，她最著名的例证是使用卡夫卡的《审判》批判理查德·波斯纳的法律经济学理论。根据韦斯特的理论，卡夫卡所塑造的文学人物形象揭示了波斯纳所提出的纯粹科学分析在实践上和伦理上都是不可接受的。韦斯特认为，卡夫卡所描绘的是权威本质上的自相矛盾和人们在现代世界中对权威的屈从，以及随之而来的人类生活情境的疏离和异化：

---

* 沃德教授著作原文为 *Poethics*，书的原名全称为 *Poethics: And Other Strategies of Law and Literature*. ——译者注

遵从我们同意的法律规则使得我们不再对我们行为的道德性和谨慎性进行评估……使我们遵从专制权威合法化的冲动同时也蕴含着悲剧发生的因子。这种冲动使得我们极有可能成为被伤害的人，正是通过这种冲动使得那些利用我们的人得以毁灭我们。[34]

韦斯特所意识到的对于屈从的敏感和对于人类生活的疏离恰恰就是维茨伯格在他关于"愤懑"的论文中所强调的内容。韦斯特认为，波斯纳的世界只是太"幸福"了，而且太理性了。[35] 韦斯特所做出的许多陈述和批判法律研究运动（the critical legal studies movement, CLS）中提出的关于政治和社会的表述是截然不同的。韦斯特强调的是人们生活中的自由和权威之间存在的基本矛盾，和现代分析型法律世界中个人的疏离。特别是她对于作为法律秩序基础的理性主义存在的可能性的抨击是典型的批判法律研究运动学者的论调。[36] 这逐渐成为她之后著作中的经典分析，即更专注于研究社会的政治和伦理重构中的语言和文学所扮演的角色。在这一研究中，韦斯特坚定地支持詹姆斯·伯艾德·怀特对于波斯纳的批驳。尽管这样，她比怀特走得更远，她认为在研究过程中，怀特过于专注将文本作为文本进行研究，因此所提出的社会批评过于拘泥于它所评论的文本内容。韦斯特得出的更令人担忧的结论是由于这种局限，怀特将可能得出和波斯纳论文所提出的"非人化结论"类似的观点。[37]

为了避免发生这种情况，韦斯特强调将文学作为一种促进"互动社区"（interactive community）形成的媒介，这一概念显然溯源于盖贝尔（Gabel）和肯尼迪（Kennedy）在 1984 年法律批判运动兴盛时期所提出的"主体间性批判"的概念。[38] 韦斯特在做出"当我们创造、阅读、批评或者进入文本，我们事实上是在进行某种形式的社区重建"的论断时，她所使用的修辞正是数不清的批判法律学者在探究法律的"生活体验"新途径中所使用的修辞。我们绝不是简单地阅读一个文本，我们必须在阅读中"理解它是如何感受到的"。[39] 韦斯特的结论是提出这样的期望"我们需要像怀特所提出的那样，研究我们关于法律的文学文本，但是我们也需要制造、倾听、批评和参加关于法律条文和法律制度对那些被法律文本社会所排斥的主体生活的影响的叙事文本的生产中"。[40] 韦斯特最新的著作重申了她更为激进的政治立场，学者们认为这本著作也体现了她之后将不再关注法律与文学运动的倾向。在她的著作《叙事、权威和法律》（*Narrative*，*Authority and Law*）中，她明确地批评法律与文学运动远离了真正的政治斗争，明确地表示不愿意再将文学用于法学研究。她认为我们需要的不是关于文本内容的辩论，而更多的是"对权力的真正激进的批评"。"通过集中于对裁判独特的专制性内核的研究，而不是对其法律解释的分析"，韦斯特进一步指出，"我们释放了关于法律的有意义的批评。"[41] 尽管她得出的结论认为在批判法律理论中应当肯定文学作为法学研究补充资料的价值，但是韦斯特的最新论著显然对法律与文学运动不再认同。[42] 她的研究更加侧重政治性，而不仅仅是文本研究。尽管这样，不考虑韦斯特对于法律与文学运动的保留态度，其他的批判法律学者们仍然倾向于在他们的论著中使用隐喻和寓言，换句话说，扮演"故事讲述者"的角色。其中最著名的是帕特丽·威廉姆斯（Patricia Williams）的《炼金术的笔记》（*Alchemical Notes*）[43]。艾伦·哈钦森（Allan Hutchinson）也常常使用隐喻和叙事来描述法律问题。然而一般来说，除了法律批判运动的支持者们关于非正式讨论的可能性所进行的辩论，相对而言他们在这一研究中没有做过更多的努力。[44] 关于文学文本任何政治的或者社会的研究更多是由法律与文学学者进行探究和使用，而不是批判法律学者。

和支持在法理学学术研讨中使用文学评论的学者的学术立场相反，最强有力的对此提出批判的学者是理查德·波斯纳，他所著的《法律与文学：被误解的关系》（*Law and Literature*：*A Misunderstood Relation*）至今仍然是对怀特、理查德·维茨伯格和韦斯特观点的最有影响的批判性著作，它对从1985年韦斯特首先提出的对波斯纳的批判观点进行了综述性的概括。针对韦斯特关于他对卡夫卡著作解读的批评，波斯纳认为韦斯特从根本上误解了"偶然事件和隐喻"的涵义，以至于"小说具有了自己的意义"。他认为这就像"将《动物庄园》（*Animal Farm*）作为农场管理手册来阅读一样"。[45] 如果韦斯特认为波斯纳的世界有些太过于"幸福"，波斯纳则认为韦斯特的世界太过于严肃。当卡夫卡的小说被用于"文学阅读……它和《德拉库拉伯爵》（*Dracula*）或者《一桶阿蒙蒂亚度酒》（*The Cask of Amontillado*）一样为我们展现的是20世纪80年代的美国生活"。[46] 尽管做出这样的论断，波斯纳马上运用卡夫卡的小说对韦斯特关于自由选择伦理问题的研究进行了否定，正如韦斯特在对此做出的回应中指出的，波斯纳的这种方式其实是对他最初提出的卡夫卡的小说不适于法学研究观点的否定。正是这样，卡夫卡的文学事实上在韦斯特和波斯纳之间建立起了彼此沟通的"桥梁"，使得他们彼此之间形成了建构性的对话或者"社群"。卡夫卡诱使波斯纳进入关于权威和屈从之间的争论中，而使得波斯纳忽视了自己原本的立场。[47] 波斯纳的文章《对韦斯特教授的回应》（Reply to Professor West）中的基本观点一直是他之后关于法律和文学论著中的核心论点。他坚持认为，法律与文学是两个独立的学科，有着自己独特的研究语境。他指出文学和法律作者的研究目标也是完全不同的。在1986年发表的一篇颇有影响的论文中，波斯纳重申了自己的主要观点"尽管我们评论的文学作家常常将法律用于他们的作品中，这并不意味着这些文学作品中所描述的主题就是法律人所阐释的法律问题"。[48] 波斯纳再次将批评的焦点指向了作为法理学研究素材的卡夫卡的《审判》的适格问题，他认为这部小说对我们理解"奥匈帝国的刑诉程序"（Austro‐Hungarian criminal procedure）是没有什么帮助的。[49] 一个显而易见的反对理由可能是卡夫卡从来没有想到要通过小说对这一刑诉程序进行描述。但正是他对于理查德·维茨伯格关于"愤懑"的论文的批评，波斯纳对他所主张的不同观点的基本点进行了界定。当维茨伯格和怀特一样，关注讨论所采用的不同方法的研究时，对波斯纳而言，"法律是主体间的事务，而不是技术"。方法当然是重要的，但真正有意义的是法学方法，而不是文学方法，坚持文学方法对于法学研究意义的观点违背了美国现实主义研究传统。[50] 尽管波斯纳可能同意维茨伯格提出的文学文本中有着有益于法学研究的有趣内容，他拒绝接受维茨伯格将文学中的"有趣内容"作为法律讨论的核心问题。

关于这一问题波斯纳的主要理由是我们不能获得文本的语境或者进入其中，更不用说了解作者的思想。这是他在对"作为文学的法律"所进行的补充性批评中提出的观点。[51] 波斯纳最新的著作《法律与文学》*是以他 1986 年的论文为基础创作的，而且他关于"文学中的法律"的独特评论是与不适合和不能获得作者意图的观点是相近的。他认为，一部文学作品是由它作为小说的语境来界定的，因此无论我们在小说中找到什么样的法律，这些对于法律的描述都是小说的辅助性材料。小说从来都不是以法律为主要内容的，因此"具体的法律问题"应当与小说所要强调的关于"人类生活"中更为广泛的关注内容相区别。因此，无论是怀特和维茨伯格，还是其他法律与文学学者，他们所选取的各类小说最多是偶然和法律相关的。[52] 波斯纳认为，加缪的《局外人》（*The Out-sider*）事实上并不是关于大陆法系刑事诉讼程序的小说，而更多的是默尔索（Mersault）自我意识成长的故事。[53] 当然这不仅仅是假设自我意识的成长不是法律人所关心的内容，波斯纳认为至少加缪不是因为法律情境是代表人类生活和现代社会的特殊概念而有意识的选择法律现状作为寓言或者故事语境。波斯纳在解读《局外人》中所提出的"缺乏现实主义"的观点同样被用来论证不应当将卡夫卡、狄更斯、莎士比亚以及其他被法律与文学学者选用的许多作家的作品用于法学研究。[54] 在"文学中的法律"研究中，波斯纳主要批驳的是理查德·维茨伯格关于尼采式"愤懑"的观点。维茨伯格对小说《局外人》的分析，和他对福楼拜（居斯塔夫·福楼拜，Gustare Flaubert）和陀思妥耶夫斯基作品的分

---

* 波斯纳教授在 2009 年修订、再版了《法律与文学》［Richard A. Posner, *Law and Literature* (Cambridge, Mass.: Harvard University Press, 2009, third edition)］。——译者注

析一起再一次被指责为将法律与心理学、哲学、历史学、文学等学科相混淆。维茨伯格在很多小说中所研究的治安法官这一角色基本上不是一个真实的法律人的角色，相反他所体现的是人们的生存状态。像《卡拉马耶夫兄弟》（*The Brothers Karamazov*）这类小说，是维茨伯格最常用的文学资源之一，是"哲学"的、甚至是"理论性"的小说，而不是"现实主义"小说，因此也不适宜用于法理学讨论。[55] 在对维茨伯格的观点进行批驳之后，波斯纳继续依据同样的理由对韦斯特的观点进行了批驳。由于维茨伯格和韦斯特都质疑波斯纳对文本的解读过于拘泥于文字本身，他批评这两位学者都是将文学看得过于严肃了，这只能导致这样的结论，即所有人都会过于严肃得看待周围的其他人。[56]

罗伯特·维茨伯格曾对波斯纳的观点表示赞同，他对怀特，尤其是理查德·维茨伯格的观点提出了与波斯纳相同的批评。尽管这样，罗伯特·维茨伯格同时强调他并不赞同波斯纳所主张的极端化观点。文学中的法律为法学研究提供了"丰富的可能"，维茨伯格批评波斯纳不能因为《审判》不能为我们研究奥匈帝国民事诉讼程序的本质提供指导就认为它对法律人的价值是有限的。根据罗伯特·维茨伯格的观点，这基本上"误解了……关于法律的现实主义"。同时，维茨伯格同样拒绝接受基础主义的研究思路，他认为这种思路主要体现在怀特的论著中，同时他拒绝接受关于"推理"和"情感"的严格区分，尤其是怀特和韦斯特似乎是从文本分析中得出的结论。[57] 他看到了波斯纳提出相同的问题，尤其是文学和法律文本的创作目的之间本质上的不同，但是，和波斯纳仅仅认为它们不适于和不能作为可能的法理学研究文本不同，维茨伯格认为即使我们从这些文本中了解的法律现状的内容很少，甚至是没有，它们仍然能够通过法学教育使法律人了解到人们的生活现状。因此，尽管理查德·维茨伯格认为在加缪和陀思妥耶夫斯基的作品中能够找到关于"愤懑"的研究素材，理查德·维茨伯格认为愤懑存在于文本之外，因此也最好在文本之外去寻找。在最新的研究中，波斯纳的观点获得了德尔加多（Delgado）和斯特凡契奇（Stefancic）的支持，他们撰写了一

14

篇主要针对怀特以及他对美国历史上某些著名司法判例进行分析的文章。怀特在他的文章中指出，美国著名司法判例中的司法意见至少部分上是当代叙事文本中所体现的文化哲学的代表。[58] 和波斯纳的观点一脉相承，德尔加多和斯特凡契奇认为当代文学作品对于司法意见的影响是有限的，原因很简单，法官将法律义本和其他文本相区别，而且先例优先。德尔加多和斯特凡契奇认为最为重要的是法官的道德立场是由制度化的社会和政治力量决定的，而不是文学，而且法官所表现出的对于"反叙事"（counternarratives）的认同也并不必然有益于他们的决定过程。和普遍的社会语境相对应，他们的"反叙事"立场不会被法官群体所接受。[59] 这两位学者虽然没有指明，但其论文的一个隐含的观点是文学文本不能被用于法律人理解规范性文件的历史性媒介。德尔加多和斯特凡契奇当然不是不理解"反叙事"出现和发展的理由，但是对于他们而言，经典叙事文本的使用并不是发展"反叙事"的最为直接的方式。[60]

作为文学的法律

作为文学的法律主要研究两个问题，这两个问题初看起来似乎是相互矛盾的。从某种意义上来说，它希望强调我们在语言中存在的必要性，语言就是生命的力量。这里的基调或许是海德格尔常常为人们所引用的格言"语言是存在之屋"。语言不必被具体化，尽管它可以被具体化。语言是我们所有人都在使用的，因此语言也是我们所有人都可以设计的。语言是社会的建筑物，而不是某种抽象的力量。也正是这一点使得语言成为社会变化的基本媒介，正如我将在这一章的最后一部分所讨论的，这赋予了法律与文学研究的政治意义和教育意义。在当代哲学家中，对这一理论研究最为权威的学者或许应首推理查德·罗蒂。根据罗蒂的观点，民主的英雄是"诗人"，而不是政治家。他们与未来相通，因为他们清晰地表达了为了社会利益的呼声。[61] 当它希望强调语言的一般性研究的同时，"作为文学的法律"也希望促进法律研究的知识化发展。它要拓宽和拓深法律研究。换句话说，"作为文学的法律"认为老师和学生应当了解文学理论中的各种"主义"，结构主义、后结构主义、解构主义等理论，这些理论将帮助作为法律人的我们能够更好地从功能上和解释上理解文本的内涵。作为法律与文学学术研究的补充，法律期刊在逐渐增加刊发论述德里达、福柯（Foucault）、海德格尔和维特根斯坦（Wittgenstein）等著名语言哲学学者思想的论文。在另一方面，法律与文学学者逐渐倾向于复兴对修辞艺术的研究。在这一学术寻源的过程中，学者们回溯到两千年前柏拉图和亚里士多德的研究，他们坚持修辞是逻辑的一种形式。或许法律与文学研究基本矛盾的解决在于作为法学教育基本内容的修辞艺术的复兴。对于法律与文学运动的批评者来说，16尤其是对于理查德·波斯纳，法律与文学研究唯一的目标就是对修辞和语言风格价值的肯定。[62]

也正是如此，"作为文学的法律"的本质被认为是将文学理论和分析的技术和方法用于法学研究。对于法学学术研究而言文学中的各种"主义"是很熟悉的，这些研究的范围远远大于已经被认为是法律与文学研究的论著。例如学者道格拉斯·卡曾斯·霍伊（Douglas Couzens Hoy），他的理论既不属于批判法学研究，也不属于法律与文学研究，然而他对文学阐释技术用于宪法解释的合法性问题进行了令人信服的论证。在这一研究中，他驳斥了他所认为的各种法学学者相当落后的关于阐释学理论的研究，他毫不掩饰地认为现在应该是正确使用阐释学的时候了。他认为，阐释学不仅仅是一种将"先验性知识"用于法律文本解释的方法。它是"关于意义的理论"，这种理论不仅要求从历史角度这个外部视角来探究理解的本质，而且要求对它自身局限性进行内在反省。[63]正如霍伊对阐释学的哲学本质所进行的重新探究，杰克·巴尔金（Jack Balkin）对解构主义和符号学的本质也进行了研究。[64]在他最新发表的关于符号学研究的论文中，巴尔金表现出和霍伊类似的研究倾向，他提出符号学可以用于法学研究，而与此同时他强调符号学理论是附属于文学解构理论的。他认为，正是解构主义的历史品格揭露了追求政治无涉的符号学。在提出这一观点的时候，巴尔金并不想否定符号学，或者被视为激进的批评理论的解构主义思想，但他确实想要重新探求符号学和解构主义中的基本文学渊源。[65] 通过坚持符号学的部分研究目的是建立主要由商谈来界定的关于文本解释的基础理论，巴尔金提出了为"作为文学的法律"的众多支持者们所认同的一个研究思路。[66]

斯坦利·费什是一位具有特殊的文学背景，并对文学解释理论颇有研究的学者，正如我们将在第三章中所看到的，与巴尔金类似，他认为应对解释持一种怀疑主义的立场。在他最新的论文《在这个课堂中存在文本么?》（Is There a Text in This Class?）中，他坚持认为"解释不是翻译的艺术，而是构建的艺术……我们在阅读中所形成的不同认识最终是因为阅读的人是不同的"。[67] 正如我们将在第三章中所看到的，这种怀疑主义理论再一次引发了来自欧文·费斯（Owen Fiss）和罗纳德·德沃金（Ronald Dworkin）等自由主义解释理论学者的回应，他们认为这种"解构主义理论"简直就是文学"虚无主义"理论的翻版。尽管这样，费什看起来还是非常乐于沉醉在这种文学虚无主义中。当然，文本的不确定性问题是法律批判研究兴起的重要学术动因之一，尽管这一问题已经超过了本章的研究范围。本章主要是对关于这一问题的本质和可能的解决方案的各种学术观点的综述性研究，我将在第三章重新回到对这一问题的讨论。[68] 一些著名的法律批判运动学者，例如马克·图什内特（Mark Tushnet），基本上是对解释不确定性的语言问题进行政治批判。在 1982 年，图什内特从伦理学和语言学的双重角度对法律规则"中立适用"的可能性进行了否定。如果法官在进行解释和裁判的时候受限于某些因素的话，那么这些限制纯粹是偶然性的因素。他认为对中立规则的批评已经指出从历史或者法律原则中不能推导出具有限定性和具有连续含义的规则内容。和大多数批判法律理论中的法律现实主义思路相反，图什内特所得出的结论是法官决定将使用哪一个概念。图什内特最终认为有必要建立一个"理解共同体"（community of understanding），因为"我们无法仅仅因为人们使用同一种语言，就假定互相对话的双方是属于同一个社会群体"。[69] 1984 年，图什内特在发表其颇具影响的论文《论权利》（An Essay on Right）的同时，发表了他的论文《论解构》（An Essay on Deconstruction）。在这两个论著中，图什内特介绍了激进的法律学者关于对关键术语例如"权利"（right）的不确定性的研究，在这一研究中，他主要对文学符号学中所提出的可能性研究进行了探讨。与此同时，图什内特也介绍了其他的解释理论，或者，正如他所说的一些"时髦的标签"，和法学学者相比，文学学者所更为熟悉的解构主义理论。这不仅仅是关于"权利"的研究，而是关于"权利的讨论"，正是"语言的权利使得人们陷入相互矛盾的困境，同时处于个体和群体的生活空间，独立却又必须和其他人进行合作，虽然是一个一个的个体，却只能在社会中确定自己生命的意义"。[70]

各种文学分析技术的引入，促使批判法学学者更加专注于对不确定性理论的研究，在研究中更加依赖于文学理论的指导。最初由费什，其后怀特和理查德·维茨伯格提出了相对独立的"作为文学的法律"这一学术分支，对文学技术以及将其用于文本和解释问题的分析进行了更加深入的研究。当批判法律研究运动的政治性论题日益失去了它们的吸引力时，作为法律的文学的学者们对于语言和解释的各种应用技术进行了更为细致、精确的研究。在法律与文学的研究者们中，最为关注并致力于"作为文学的法律"的研究者是詹姆斯·伯艾德·怀特。就像我们之前提到的，对于怀特而言，法律与文学运动两个分支的意义在于研究的便利，而不是内容的差别。文学方法可以被应用于法律文本的分析，这一理论同时也意味着文学文本可以作为法律文本的相关素材，成为法律人的研究材料。法律与文学之间不可分割的联系是怀特著作中始终如一的研究主题。在他 1982 年的文章《作为语言的法律》（Law as Language）中，怀特综合运用包括解构主义、符号学和阐释学在内的文学技术来论证"作为语言的法律"。[71] 他认为，法律和文学一样，是属于大众的，因此阅读法律文本的过程是一个分享的过程。怀特的修辞学理论和批判

18

法律研究运动中部分激进的观点再次不谋而合，事实上，在最近的一段时间，一些激进的文章认为法律推理中的争论以及法律推理中的修辞是重构法律社会的一种方式。杰瑞·弗拉格（Jerry Frug）认为"我们应该放弃探索法律争论基础的努力，因为并不存在法律争论所依赖的共同基础。我们应当将研究的重点放在法律争论本身，尤其是关于法律争论所做的期望获得建议性后果的努力上。换句话说，我认为我们应当将法律争论看作是修辞术的一个典型个案来研究。"[72]

在怀特看来，我们所熟悉的法理学中的不确定性的问题是一个不相关的命题。法学研究者们应当关注的是他们如何写作以及如何阅读文本，而不是如何获得某种隐藏在文本之后的含义。[73] 怀特认为，"我们不可能发现作者的写作意图，因为写作是一种创造行为。他认为，对于作者意图的研究，似乎是一个根本难以预料的研究过程，可能导致概念体系的瓦解。"[74] 因此，阅读是一个"经验交流"的过程，和文本进行交流，和社会以及和"生活经验"交流的过程。他进一步认为，语言的使用是一个涵义不断充实的过程。[75] 文本在不断地和它周围的文化进行交流，使其内容更加充实。怀特不同意怀疑主义理论的观点，他认为这并不是否认文本含义存在的可能性，它只是重新界定了法律学者获得文本含义的方法。作者创造文本，读者建构含义。这样，像文学作品一样，法律文本的真正含义不在于它所传递的信息，而在于它为读者提供的经验。[76] 正如我们在本书第三章中所指出的，这一读者反应理论是怀特重构理论的核心。[77] 读者所组成的社会是读者通过文本阅读所获得的含义，从而建立起这一社会的理性基础。这样，尽管"法官"的角色完全是"创造性"的，但是这一创造受到读者通过阅读法律文本所共同"分享的经验"的限制，法律文本的阅读者们能够建立起关于法律文本含义的"公认的、确定的判断"。[78] 怀特建议，正是为了理解这个法律推理的过程，法学院现在应当重视，并在将来继续重视文化而不是规则的教育，正是基于这个理由，法学院的教育中应当包括叙事文学作品所提供的关于社会发展所产生的各种可能性的内容。[79]

19

怀特在 1982 年文章中所提出的观点，在他后来的系列著作中被反复强调。在《当语言失去了它们的意义》（*When Words Lose Their Meaning*）和《翻译正义》两部论著中，怀特再次将"论辩的文化"（culture of argument）作为他理论的核心。[80] 这一思想的阐释使怀特比以前更加强调，在任何时候对法学研究都应该是一种跨学科的研究。[81] 他着重指出，司法意见的研究涉及美学、伦理学和政治学。[82] 他重新提出福柯的观点，不能将法学作为一门专业性知识来进行研究。在强调法律的后结构主义语言时，怀特最直接的目的是批驳波斯纳的法律经济学理论，他认为这一理论的建立基础，即概念化的语言和经济文化是不存在的。正是概念主义理论使语言结构化，并抑制了语言的创造性和重构的潜在可能性。这样，经济学的语言基本上是存在于社会之外，并且不能为社会所创造性地使用。[83] 怀特所做的努力试图重新使法学研究者意识到法学研究"本身"，或者其本身所具有的"跨学科"的特质。[84] 作为这一理论的权威，怀特多次使用了关于语言创造性的隐喻，这一隐喻首先为约翰·杜威（John Dewey），后来又为杜威的崇拜者，理查德·罗蒂所使用，即作为"对话"的语言创造。[85] 因此，一个法律文本常常是对话中的一个有组织的阶段，正是这一对话界定了讨论的文化。在运用修辞和需要劝导方面，和罗蒂一样，怀特认为法理学已经不仅仅是一种实践，文化决定了自身的语言以及社会的语言的不确定性，并被其所决定：

> 在这种意义上，法律教育我们所有人如何在世界中生存，在这个世界中，由于语言和人类生活都有各自的发展脉络，所有文化都拥有各自存在的基础，并从中得以发展。由于我们是由我们所使用的语言来塑造的，因此从这个角度来看，对于司法意见的理论研究应当承认语言及其自身的偶然性，承认社会事件发生的偶然性。[86]

和之前主张的观点一脉相承，怀特所坚持的是学科之间的融合，而不是相互之间的区别。这样，这就不仅仅是倡导法律与文学研究的一个例证，而是强调法律就是文学，这样任何对于文学或者法律文本的阅读，同时就是论辩之间的创造和翻译的行为。[87]

在某种程度上，理查德·维茨伯格支持怀特的观点。在一定意义上，维茨伯格或许比怀特更加强调"作为文学的法律"的知识来源。在他1986年发表的文章《理论中的文本》（Text Into Theory）中，维茨伯格进行了大量的研究，追溯了盖勒（Guller）和费什的读者反应理论、德里达和德·曼的解构主义理论、伽达默尔的阐释学理论以及海德格尔、尼采的理论，并通过尼采的理论，他最终确定了愤懑的来源，以及20世纪人们之间彼此疏离的关系的内容。他进一步认为，这是法律批判运动真正的起源。[88] 这样，至少在文本意义上，维茨伯格的立场较怀特而言，缺少基础主义的色彩，更加倾向于怀疑主义。海德格尔自相矛盾的理论不可避免地导致这样的结论，解释是一个我们自己反对自己的行为。[89] 对于他而言，解释法律文本的责任在于读者，他最终的立场认同了他的导师德·曼，以及盖勒和费什。[90] 然而，在《法律与文学的诗学及其他策略》一书中，维茨伯格同样认为对于纷繁复杂的文学理论的过多关注将使法律与文学运动偏离其最初应用文学文本进行研究所要期望达到的目的。[91] 理查德·波斯纳再一次对作为文学的法律研究予以质疑和反对。波斯纳认为，就像文学作品不能作为法律文本一样，文学方法不适用于法律文本的解释。波斯纳最基本的观点是，小说和法律写作的角色以及期望达到的目的是截然不同的。在1986年，他提出"法律和文学的功能是如此不同，这两种脑力劳动成果的读者所期望获得的目的是如此多样，以至于各自所形成的规则和方法不能适用于另一方"。[92] 在他两年之后的著作《法律与文学》（Law and Literature）中，他再次重申了他的观点。在书中，他尤其强调了某种"解释"的专属性，尤其是演讲者对于读者的权威。除了现实的考虑，"在法律解释中，'解释者'依法从属于立法者"。[93] 换句话说，最初的含义约束着创造性的解释。波斯纳对"作为文学的法律"所做出的妥协是，尽管法律人从各种文学理论技术中学不到什么内容，但是他们可以从修辞学的研究中获得很多需要的知识。在他1986年的文章，以及两年之后的文章中，波斯纳更加强调修辞学在提高司法意见写作风格中的重要性。他认为，司法意见不可避免地要采用修辞。他所做出的最重要的让步是"修辞在法律中很重要，因为许多法律问题不能通过逻辑推理或者经验的总结来解决"。[94]尽管这只是部分的让步，但是它却使法律人有必要研习文学，甚至在波斯纳关于法律研究的著作中，文学也开始占据了一定的位置。例如，他选用霍姆斯（Holmes）法官在"洛克纳诉纽约州"（*Lochner v. New York*）一案中的判词作为研究修辞作用的个案，它使读者忽视了争论所发挥的作用。[95]这样，尽管波斯纳坚持文学与政治之间的区别，但是他已经接受存在这样的可能，"文学可以通过增加一个人对人类境遇的了解来获得更准确的判断力"。[96]即使是对法律与文学运动最坚定的反对者和怀疑者也开始认识到文学对于法律理论研究的有益价值。

法律与文学的研究目的

随着法律与文学运动越来越"严肃"，关于法律与文学研究目的的讨论也越来越多。对于一些学者而言，例如罗宾·韦斯特，文学的价值仅仅在于它可以揭示法律的政治内涵，文学研究的目的是为了阐发不同的政治见解。很显然，这一观点有其内在的合理性，很难否认法律在某种程度上既是文学的，也是政治的。对于其他学者而言，例如理查德·维茨伯格，他认为文学仅仅是代表了一种具体的道德哲学，在他看来，它体现的是康德（Kant）的哲学观点。这两种观点在某种程度上都面临着一种难以避免的危险。韦斯特的观点将直面这一危险，维茨伯格的观点在某种程度上也同样面临着类似的挑战。讨论法律的政治性是一件很危险的事情，如果我们想继续研究法律与文学，我们必须非常警惕这一点。法学学者曾经，甚至是直到最近一段时间都在讨论这一问题。法律与文学常常纠结于关于"法律政治性"问题的探讨。在早期社会政治学研究的法律批判运动中，对于法律的政治性的研究是一个主要的命题。它最初的目的是引导法学学生认识法律的政治性。[97]但是直到这一运动结束，也没有达成一个具体的目标，或者一个事实上的共识，法律反而在越来越小的学术圈子中被讨论，学者们在大量毫无意义的讨论中耗费精力，大量假设的提出以及毫无价值的语词创造最终并没有达到教育意义，反而使最初热衷于这一问题讨论的学者们更加困惑，并且彼此疏远。法律批判运动的发展警示法律与文学研究的支持者们：什么都有可能发生。使用文学来描述政治是一回事，而将其作为一种政治教条取代另一种政治教条则是另外一回事。在面对同样的诱惑时，当代法律与文学研究的学者中，或许最具代表性的是韦斯特和理查德·维茨伯格，他/她们都已处于这一危险的边缘。这是一个很明显的诱惑，在某种程度上，法律与文学运动需要随时准备去迎接这一挑战，但这并不意味着，它应当主动去介入到这一危险之中。

正是基于这一原因，我认为应当强调法律与文学研究的其他目的。虽然法律与文学可能会介入到法律与政治的讨论中，但是这一研究最基本的目的是法律教育。和其他研究法律问题的理论不同，法律与文学所期望实现的目的是教育，任何政治上的目的都是第二位的。这是因为，首先执政者的政治宣言是通过文学作品的教育作用来体现的，其次在最早的法律与文学研究中，政治并不是其目的之一。詹姆斯·伯艾德·怀特的《法律的想象》（*The Legal Imagination*）最初是作为法学教材而撰写的。他认为文学将有助于法学教育。最近，邓禄普认为文学可以使法学师生不再局限于单纯法律规则的技术性、语境化解读，而是在更为广阔的文化语境中认识和理解法律，将会使师生双方都受益。对于法律教学，邓禄普认为北美的法学院过于将法律作为一项"职业训练"，而不是将它作为自由教育的实践。至少英国和美国是这样的。[98]换句话说，文学的重要性不仅在于它所传授的"知识是什么"，而且在于它"如何传授知识"。关于法律与文学研究的潜力，他认为"关于法律"的研究将比"法律中"的研究提出更多的问题。文学能激发教师和学生共同的兴趣，也将是他们共同致力于研究的方向。同时，他指出，关于文学的研究不能成为对法律与文学的"过度的知识性"的研究，这也正是爱德华·萨义德（Edward Said）在文学批评理论研究中所着重强调的观点。法律与文学的优势在于它易为参与者所接受，这一点不应被忽视。太多、太长的词语都是危险的。正如邓禄普所指出的，法律已经被太多对于法律人或者其他人而言都没有真正意义的词所重新设定了。[99]

24

在近期刊发的一篇文章中，南希·库克（Nancy Cook）再次强调了她对法律教学中可能存在的问题的担忧，她认为法律与文学的研究将有助于解决这些问题，她认为可以采用更好的方式引导学生认识并理解真实的世界。[100] 在库克看来，法律与文学研究的学者有时对自己的研究缺乏信心，但其实没有必要讨论法律与文学研究的合理性。她认为，教育的艺术常常在于对类比和隐喻的使用。和理查德·维茨伯格的观点相仿，她认为法律与文学最重要的观点，也是目前法学院中最缺乏的认识，是法学教育可以很有趣。库克着重对作为教学方法的文学进行研究。她认为，采用文学作为教学素材可以打破师生之间的隔阂。学生对文学有着各自的认识。文学不是一门关于是非对错的学科，因此关于文学的所有认识都是教师可以用来作为讨论素材的。没有"危险"的小说，尤其是幽默小说，可以使课堂教学变得更为有趣，并受到学生的欢迎。约翰·博西格诺（John Bonsignore）最近提出了同样的观点，他认为每一堂法律理论课都应当从讨论卡夫卡的语言开始。[101] 库克赞同邓禄普的观点，他认为目前的法学学习太过于科学化，太过局限于兰德尔（Langdell）所提出的案例教学法，以及卡尔·卢埃林（Karl Llewellyn）等学者的现实主义观点。然而，邓禄普认为文学可以使法学院转变过度职业教育的模式，库克则认为，职业训练本身需要文学研究所提供的技术，文学可以给学生展示一个真实的生活场景，促使学生关注现实生活中的案例分析和问题处理。[102]

法律与文学所期望达到的教育目的，以及传统案例教学法的局限性在最近出版的题为《法律讨论中人的声音》（*Human Voice in Legal Dis-*

course）一书中再次被着重指出。作者朱勒·盖特曼（Jules Getman）在其中一篇重要文章中指出了"职业化"的认知和"人类"的认知之间的分裂。[103] 他认为这种分裂是法学院的教育造成的。在这里学生被培训成为法律研习者，而不是社会人。这一观点在批判法律研究运动中被提出过。在 1984 年批判法律研究运动发展的鼎盛时期，它的支持者如彼得·盖贝尔（Peter Gabel）就提出了这一观点，他认为法学院的学生在概念体系认知和语言训练两个方面都经历了一种不可思议的"分离"。[104] 现在批判法律研究运动单纯的政治倾向已经不再提及了，但是这一观点所关注的基本问题仍然存在。在盖特曼看来，法律语言的使用"对于法律人的思想是危险的"，因为它能够使他或她"不再关心普通人的生活"。"法律职业教育中这种短视的教育观念只能使学生获得成为法律人的部分知识……在法律知识之外，成功的法律研习者更多的是需要对人类的理解。"[105] 和邓禄普一样，盖特曼认为要警惕 20 世纪初批判法律研究运动所曾经陷入的过度知识主义的困境，这使得批判法律研究运动事实上成为一个"由脱离情感、语言和对大多数人生活的理解"的无意义语词所构成的不可预测的讨论。[106] 盖特曼认为，至少在课堂教学中，文学研究可以起到法学所无法起到的作用。它能够提供一个需要社会人，而不是法律研习者去解决的道德困境。职业训练将学生变成法律研习者，而不是社会人，法学院难以让他们的学生做出真正具有意义的决定。[107] 在他最近的评论中，盖特曼集中讨论了法律与文学所期望达到的目的：

> 用大众所能够理解的语言来描绘现实问题，对于期望从自由的方面来影响社会政策的我们而言非常重要。我不否认，对于复杂思想的表达需要一种特殊的词汇，但是这种时候比一些人所认为的时候要少得多。在更多的案例中，我们的这种表达方式使我们和大多数人分离开来，我们几乎是在完全地模糊他们的意思，限制他们所期望达到的目标，降低他们存在的重要性。[108]

伊丽莎白·佩里·霍奇（Elizabeth Perry Hodges）对盖特曼所提出的对目前法学教育的担忧表示认同，她指出和非法学专业的学生相比，法学专业的学生"在努力使自己不受任何非法学学科的影响，然而，同时他们的语言并不能反映他们存在于更广阔的社会生活这一客观事实，而正是他们所存在的这个社会赋予了他们最基本的语言能力，作为来自法律世界的调解人，他们必须和他们所处的这个社会进行交流"。[109] 霍奇强调法律人们要认识到语言的生命力，取消对法律语言的特殊限制。学生，尤其是法学院的学生应该学习语言的基本知识。目前的问题是学生们"将法律讨论作为一个相对独立的、理性的体系，是由反映客观现实的固定概念构成，而不是将其作为复杂的历史的、社会的和个人因素相互作用的产物"。这样，严格地说，"他们没有认识到讨论本身是包含着多种声音，是关于丰富的人类生活经验，并需要借助于丰富的社会经验而进行的讨论"。[110] 由于语言总是在发展变化的，因此松散的社会需要一个有强烈责任感的职业群体。尤其是法律人对于法律语言的运用有着特定的责任。语言可以激活法律，同时也能改变法律。不教授关于法律的语言，就是"放弃了"我们作为教师和作者的"语言权威这一重要的角色"。[111] 最近，最先提出法律与文学所可能发挥的教育作用的詹姆斯·伯艾德·怀特重新强调教育法律人和法学专业的学生使用语言是最基本的课程，他认为文学的学习是法律学习中不可分割的一个部分，而不是将文学作为法学之外的学科进行学习，这一观点是法律与文学理论的核心观点。[112] 怀特认为，我们一生中都在"学习语言"，并且在语言中生活。令怀特所困扰的是，法律人和法学教师并不愿意承认这一研究。

　　法律与文学，以及法律与文学所期望达到的目标一方面得到了大量的支持和肯定，同时也受到了一些学者的批判和否定。然而，除了波斯纳等学者指出法学教师和学生都应当意识到法学区别于文学研究的独特的学科性质，我认为在法律与文学的复兴中，除了潜在的政治意义，这一学术运动的重大意义在于它所具有的法学教育价值。同时我们需要再次强调的是，作为法律与文学的两个分支，作为文学的法律和文学中的

26

法律，都不是严格限定的学术流派，他们都是和文本的使用密切相关
的。正如南希·库克所指出的，法律与文学最终通过关于法律的文本分
析，来阐释在法律现实中那些或许仍然尚未清晰的重要命题。通过这种
方式，学习者在潜移默化中就获得了新的思想。这一过程又被称为"浸
入式学习"（leaning by osmosis）[113]。即便如波斯纳所指出的法律与文学
之间的学科界限应当界定清楚，法律与文学的作用也不必如此界限分
明。法律与文学理论所期望达到的教育目的是可以实现的，也是应当得
到支持的。而且，如果法学教师珍视培养法律研习者这一神圣的责任，
而不是单纯的使学生成为法律研习者，那么他们不应该对此有所争议。

27

注释

1. J. White, "Law as Language: Reading Law and Reading Literature", *Texas Law Review*, 60 (1982), 437.

2. 参见最近发表的系列概要性文章：Brook Thomas, "Reflections on the Law and Literature Revival", *Critical Inquiry*, 17 (1991), 510-537, 以及 C. Dunlop, "Literature Studies in Law School", *Cardozo Studies in Law and Literature*, 3 (1991), 63-110. 以及罗伯特·维茨伯格 (Robert Weisberg) 在此之前发表的一篇论文：Robert Weisberg, "The Law-Literature Enterprise", *Yale Journal of Law and the Humanities*, 1 (1988), 1-67.

3. 参见上注托马斯的文章，第510-511页，他提到了越来越多不仅关于文学而且关于作为整体的人文学科的跨学科研究的杂志的出现，尤其提到了《耶鲁法学与人文科学杂志》 (*Yale Journal of Law and the Humanities*) 和《卡多佐法律与文学研究》 (*Cardozo Studies in Law and Literature*)。相关内容也可参考 R. Posner, *Law and Literature: A Misunderstood Relation* (Cambridge, Mass.: Harvard University Press, 1988).

4. J. Allen Smith, "The Coming Renaissance in Law and Literature", *Journal of Legal Education*, 30 (1979), 13-26. 学术界普遍的观点是法律与文学运动的复兴源自詹姆斯·伯艾德·怀特 (James Boyd White) 的文章 *The Legal Imagination* (Boston, Mass.: Little, Brown and Co., 1973). 现在越来越多北美的法学院开设了法律与文学课程，正是基于这一事实，

邓禄普（Dunlop）认为"法学教师关于文学的研究是一个正在发展的研究领域"。See "Literature Studies", 63.

5. See Posner, *Law and Literature*, chapter 6, particularly 271–81.

6. 参考保罗·利科的著作《隐喻的规则》（*The Rule of Metaphor*）（London: Routledge and Kegan Paul, 1978），尤其是该书第 3~5 和第 8 部分的研究。关于文本历史性研究的发展，参见保罗·利科的著作《阐释学与人文科学》（*Hermeneutics and the Human Sciences*）（Cambridge University Press, 1981），尤其是该书第 5–11 章的内容。关于保罗·利科最近出版的著作的详细介绍，可以参考他的文章《关于解释的研究》（On Interpretation），载于 A. 蒙蒂菲奥里（A. Montefiore）主编，剑桥大学出版社 1983 年出版的《当代法国哲学》（*Philosophy in France Today*），175–96. 在这些著作中他详细地阐释了关于"故事"的观点。

7. Ricoeur, "On Interpretation", 180–1.

8. See R. Rorty, *Contingency, Irony, and Solidarity*（Cambridge University Press, 1989），尤其是第 1 章关于语言的讨论和第 9 章关于团结的讨论。

9. See *The Rule of Metaphor*, study 1 and "On Interpretation", 177–81.

10. 关于亚里士多德在正义讨论中对隐喻的使用，参见 *Ethics*（Harmondsworth: Penguin, 1976），171–202. 关于在当代形式主义研究中亚里士多德隐喻的使用，参见 E. Weinrib, "Legal Formalism: on the Immanent Rationality of Law", *Yale Law Journal*, 97（1988），949–1016.

11. 关于他对隐喻的使用，参见 *Rhetoric*（Cambridge University Press, 1909），book 3, chapter 2. 利科关于隐喻的评论参见 *The Rule of Metaphor*, study 1.

12. See Brook Thomas, "Reflections", 525. 关于法律讨论本质的启蒙任务的影响，参见 P. Goodrich, *Language of Law: from Logics of Memory to Nomadic Masks*（London: Weidenfeld, 1990），尤其是第 2 章和第 7 章。

13. See generally K. Llewellyn and F. Hoebel, *The Cheyenne Way*（Norman: University of Oklahoma Press, 1941）. 对于地方民族法理学中的隐喻和象征研究的一个尤其有价值的个案研究参考 Goodrich, *Languages of Law*, 179–86. See also F. Hoxie, "Towards a 'New' North American Indian Legal History", *American Journal of Legal History*, 30（1986），351–7.

14. See O. Leaman, *An Introduction to Medieval Islamic Philosophy*（Cambridge University Press, 1985），and H. Englard, "Research in Jewish Law: Its Nature and Function", *Mishpatim*, 7（1975–6），34–65.

15. See I. Ward, "Natural Law and Reason in the Philosophies of Maimonides and

St Thomas Aquinas", *Durham University Journal*, 86 (1994), 21-32.

16. See Maimonides, *The Guide to the Perplexed*, trans. M. Friedlaender (London: Dover, 1956), book 1, chapter 2, 23-7, and Aquinas, *Summa Theologiae*, ed. T. McDermott (London: Methuen, 1991), Questions 90-108 and 276-307.

17. See Bacon's essays "Of Truth" and "Of Judicature" in *The Essays* (Harmondsworth: Penguin, 1985), 61-3 and 222-5, and also *The Advancement of Learning* (Oxford University Press, 1974), chapter 23, 170-299.

18. See J. Bonsignore, "In Parables: Teaching Through Parables", *Legal Studies Forum*, 12 (1988), 191-210.

19. S. Fish, *Doing What Comes Naturally: Change, Rhetoric, and the Practice of Theory in Literary and Legal Studies* (Oxford University Press, 1990), 138. 费什将隐喻和寓言作为描述法律问题的一种方式。或许最为明显的是在他的文章: "Dennis Martinez and the Uses of Theory", in *Ibid.*, 372-98.

20. See *The Legal Imagination*, *When Words Lose Their Meaning: Constitutions and Reconstitutions of Language, Character and Community* (University of Chicago Press, 1984), *Heracles' Bow: Essays on the Rhetoric and Poetics of the Law* (Madison: University of Wisconsin Press, 1985) and *Justice as Translation: An Essay in Cultural and Legal Criticism* (University of Chicago Press, 1990).

21. 在这方面有一些非常好的例子可以参见詹姆斯·伯艾德·怀特的著作《当话语失去意义》(*When Words Lose Their Meaning*), 尤其是在本书的前言介绍中, 参见 Introduction, ix-x, 8-9, and 275-89.

22. 邓禄普做过同样的研究, 参见 "Literature Studies", 63 and 70-1. 威廉·佩奇 (William Page) 也做过同样的研究, 参见 "The Place of Law and Literature", *Vanderbilt Law Review*, 39 (1986), 408-15.

23. White, "Law as Language", 430-1.

24. Dunlop, "Literature Studies", 70.

25. See generally Richard Weisberg, *The Failure of the Word: The Lawyer as Protagonist in Modern Fiction* (New Haven: Yale University Press, 1984).

26. See *Ibid.*, particularly 1-9, 19-20 and 181-2.

27. Richard Weisberg, "Text into Theory: A Literary Approach to the Constitution", *Georgia Law Review*, 20 (1986), 946-79.

28. G. . Steiner, *In Bluebeard's Castle* (London: Faber, 1971), particularly 47-8

and 61.

29. Weisberg, "Text Into Theory", 979–85.

30. 引用选自 "Family Feud: A Response to Robert Weisberg on Law and Literature", *Yale Journal of Law and the Humanities*, 1 (1988), at 72.

31. Richard Weisberg, "Coming of Age Some More: 'Law and Literature' Beyond the Cradle", *Nova Law Review* 13 (1988), 121.

32. See *Ibid.*, 123.

33. Richard Weisberg, *Poethics: And Other Strategies of Law and Literature* (Columbia University Press, 1992), 46.

34. R. West, "Authority, Autonomy and Choice: The Role of Consent in the Moral and Political Visions of Franz Kafka and Richard Posner", *Harvard Law Review*, 99 (1985), 384–428.

35. *Ibid.*, 387.

36. 韦斯特关于基础主义理论最明确的批评请参见《权威、自治和选择》(Authority, Autonomy and Choice), 尤其是第388~391页。

37. R. West, "Communities, Texts, and Law: Reflections on the Law and Literature Movement", *Yale Journal of Law and the Humanities*, 1 (1988), 138–40, 146–156.

38. *Ibid.*, 146–56. 跨学科研究 (Intersubjective zap) 是盖贝尔和肯尼迪提出的, 参见 Gabel and Kennedy, "Roll Over Beethoven", *Stanford Law Review*, 36 (1984), 1–52.

39. West, *Ibid.*, 153–6.

40. *Ibid.*, 156.

41. See "Adjudication is Not Interpretation", in West's *Narrative, Authority, and Law* (Ann Arbor: University of Michigan Press, 1993), 96 and 174–5.

42. West, "Narrative, Responsibility, and Death", in *Narrative*, 421–6.

43. See P. Williams, "Alchemical Notes: Reconstructing Rights from Deconstructed Ideals", *Harvard Civil Rights–Civil Liberties Review*, 22 (1987), 401–34.

44. See A. Hutchinson, *Dwelling on the Threshold* (Toronto: Carswell, 1988), particularly the essays, "In Training", "Indiana Dworkin and Law's Empire" and "And Law". 在另一篇文章 "论解释者们" (Doing Interpretive Numbers) 中, 他在第126页评论道, 批判法律学派对相反的论题进行了大量的讨论, 但是却没有对此做出更多有意义的研究。

45. R. Posner, "The Ethical Significance of Free Choice: A Reply to Professor

West", *Havard Law Review*, 99（1985），1433.

46. *Ibid.*, 1438.

47. *Ibid.*, 1439–48. For West's observations see "Submission, Choice and Ethics：A Rejoinder to Judge Posner", *Harvard Law Review*, 99（1985），1456.

48. Posner, "Law and Literature：A Relation Reargued", *Virginia Law Review*, 72（1986），1356.

49. *Ibid.*, 1358.

50. *Ibid.*, 1359–60. 学者们认为波斯纳的观点主要是关于方法和"技术"，参见 Brook Thomas, "Reflections", 515.

51. Posner, "A Relation Reargued", 1367.

52. Posner, *Law and Literature*, chapters 2 and 3, particularly 75–131.

53. *Ibid.*, 87–90.

54. 波斯纳通过各种论据来论证他的观点。他认为卡夫卡和加缪的作品不能引导我们理解民事诉讼程序，但是他承认《呼啸山庄》是更准确地描述了 19 世纪英国的司法系统，而《水手比利·巴德》则为我们再现了审判的场景。See *Ibid.*, 94–131.

55. *Ibid.*, 132–75.

56. 主要对韦斯特观点的驳斥，See ibid.，179–205. 对于严肃的两难困境的论述，See 200–1.

57. Robert Weisberg, "Law-Literature Enterprise", 1–67.

58. R. Delgado and J. Stefancic, "Norms and Narratives：Can Judges Avoid Serious Moral Error?", *Texas Law Review*, 69（1991），1929–83.

59. *Ibid.*, 1933.

60. *Ibid.*, 1957–60.

61. Rorty, *Contingency*, 60–1.

62. Posner, *Law and Literature*, 269–316.

63. D. Couzens Hoy, "Interpreting the Law：Hermeneutical and Poststructuralist Perspectives", *Southern California Law Review*, 58（1985），135–76.

64. J. Balkin, "Deconstructive Practice and Legal Theory", *Yale Law Journal*, 96（1987），at 763–786.

65. J. Balkin, "The Promise of Legal Semiotics", *Texas Law Review*, 69（1991），1831–52. 在这篇论文的第 1837 页巴尔金着重论述了这两种文学技术的使用目的。关于符号学以及它与法律文书写作之间关系的更为实质性的研究，参见 Goodrich, *Language of Law*.

66. Balkin, "The Promise of Legal Semiotics", 1839-40.

67. S. Fish, *Is There a Text in This Class? The Authority of Interpretive Communities* (Cambridge, Mass.: Harvard University Press, 1980), 43.

68. See generally K. Kress, "Legal Indeterminacy", *California Law Review*, 77 (1989), 283-337.

69. M. Tushnet, "Following the Rules Laid Down: A Critique of Interpretivism and Neutral Principles", *Harvard Law Review*, 96 (1982), particularly 824-7.

70. M. Tushnet, "An Essay on Rights", *Texas Law Review*, 62 (1984), 1363-403, quotation at 1382. 关于解构主义理论的论文参考 M. Tushnet, "Critical Legal Studies and Constitutional Law: An Essay on Deconstruction", *Stanford Law Review*, 36 (1984), 623-47.

71. White, "Law as Language", 415.

72. J. Frug, "Argument as Character", *Stanford Law Review*, 40 (1988), 871.

73. White, "Law as Language", 416-17.

74. *Ibid.*, 419.

75. *Ibid.*, 425-6.

76. *Ibid.*, 420. 在这篇文章的第433页再次论证了相同的观点。

77. *Ibid.*, 419.

78. *Ibid.*, 434-6.

79. *Ibid.*, 437.

80. White, *Justice as Translation*, xiii.

81. *Ibid.*, chapter 1, particularly 12-21.

82. *Ibid.*, 100.

83. 这是第2章讨论的核心主题，并在第3章中进行了具体研究。怀特关于语言被外化的观点是对彼得·盖尔所界定的"外化"的语言这一概念的回溯。See P. Gabel, "Reificatiion in Legal Reasoning", in S. Spitzer, ed., *Research in Law and Sociology*, 3 (1980) 25-38, and "The Phenomenology of Rights-Consciousness", *Texas Law Review*, 62 (1984), 1564-98.

84. White, *Justice as Translation*, 19-20.

85. 怀特援引杜威的观点作为他的第四章"民主源于商谈"（Democracy begins in conversation）的引言。See *Ibid.*, 91.

86. See *Ibid.*, chapter 10, particularly 215-217 and 223-4. 引用参见第217~218页。

87. See *Ibid.*, particularly chapter II.

88. Richard Weisberg, "Text Into Theory", 946-76.

89. See *Ibid.*, 976-8.

90. See Weisberg, "Coming of Age Some More", particularly 123-4, and "Family Feud", 76-7.

91. See *Poethics*, chapter 3.

92. See Posner, "A Relation Reargued", 1361-75. 引用参见第 1374 页。

93. Posner, *Law and Literature*, 245. 他在本书的 254 页至 263 页再次重复了这一观点，即文学理论不适于作为法律文本翻译的一种技术。

94. See Posner, "A Relation Reargued", 383, and *Law and Literature*, 372.

95. 波斯纳所做的对比是关于朱丽斯·凯瑟（Julius Caesar）一案中霍姆斯和马克·安东尼（Mark Antony）的观点。在对霍姆斯的观点进行分析之后，波斯纳将他的修辞理论和很多美国首席大法官的修辞进行了对比。See *Law and Literature*, 281-96.

96. Posner, *Ibid.*, 302.

97. 彼得·盖贝尔（Peter Gabel）在文章《颠覆经典》（Roll Over Beethoven）的第 26 页对批判法律学派的教育目的进行了详尽的研究。

98. See Dunlop, "Literature Studies", 63.

99. *Ibid.*, 63-109. 关于萨特对于过度智识主义理论的评论，参见 *The World, the Text and the Critic* (London: Vintage, 1983), 1-53 and 140-57.

100. N. Cook, "Shakespeare Come to the Law School Classroom", *Denver University Law Review*, 68 (1988), 387-411.

101. Bonsignore, "In Parables", 191-210.

102. Cook, "Shakespeare Comes to the Law School Classroom", 411.

103. J. Getman, "Voices", *Texas Law Review*, 66 (1988), 577-88.

104. Gabel and Kennedy, "Roll Over Beethoven", 26.

105. Getman, "Voices", 579-82.

106. *Ibid.*, 580.

107. 尤其是盖特曼引用了《哈克费恩历险记》作为其研究个案，这是法律与文学学者所广泛使用并深入研究的一个文学文本。See "Voices", 587-8.

108. *Ibid.*, 588.

109. E. Perry Hodges, "Writing in a Different Voice", *Texas Law Review*, 66 (1988), 633.

110. *Ibid.*, 638.

111. *Ibid.*, 639.

112. See White, *Justice as Translation*, 19.

113. Cook, "Shakespeare Comes to the Law School Classroom", 410-11.

第二章 ◀◀◀
法学研究中的文本、作者和文学的运用

　　1968 年法国符号学家罗兰·巴特（Roland Barthes）指出，"由于写作并不是要赋予文本终极涵义，这直接使反理论运动，或者说反理论革命成为可能。反对文本具有终极涵义其实也是从根本上拒绝上帝和上帝的假设、理性、科学和法律"。[1] 在巴特看来，法律的概念，和理性、科学和上帝一样，尤其是法律宣称存在着客观的解释，对文本涵义的阐发和读者对文本的解读提出了挑战。巴特的研究结论是"读者的诞生恰恰是作者的死亡"[2]。在文学理论的某些领域，在文本阅读中，不再考虑作者对文本所赋予的涵义已经成为部分学者的共识。我将在本文中重新评估当代文学理论中作者的地位。我认为，在法律和文学研究中，即使不是在解释学领域，但至少是在文本的实践应用中，我们应当重新认识作者的地位和作用。正如巴特所指出的，读者可能是文本解释中的主导者，但至少在文本的应用中，作者仍然拥有决定权。在本文的第一部分中，我将对近期文学理论中关于作者角色的各种研究进行整体上的梳理，在对文献的梳理中，我将指出，学者们一直都很关注作者在文本使用中的功能性角色。在本文的第二部分中，我将通过提出文学文本中三个相近的论题来证明对于作者功能性角色的肯定将便于对法学研究中的文学运用的研究。最后，我将指出法律与文学运动目的的实现，将依赖文本使用的语用学研究和作者功能性角色作用的发挥。

作者和读者

〰〰〰〰〰

　　在 1968 年发表的论文《作者已死》（The Death of the Author）中，巴特指出作为资本主义哲学的实证主义哲学，将作者的角色置于首要的地位，同时，在文学理论中，作者一直是一个备受推崇的角色。但这一观点先后遭到了马拉美（Mallarmé）、普鲁斯特（Proust）的质疑和颠覆。之后，超现实主义学者和语言学研究者们也对这一观点进行了颠覆，他们的研究指出语言并不需要作者。如果将作者从作者与读者之间的天平一端移走，那么同时我们也就丧失了破译文本的机会，也就是通过推究文本涵义来发现文本所要表达的真实涵义。写作的特点消解了作者的角色，因此文学理论的未来只能依靠读者对于阅读材料的理解。[3]这种观点已经被证明是学者们的共识。安伯托·艾柯（Umberto Eco）就运用了同样的隐喻修辞认为，尤其是创作小说的作者，正是通过写作让作品获得了自在的生命，而作者本人则退居在文本之后，默默无言。[4]巴特在另一篇同样具有重要影响的论文《从作品到文本》（From Work to Text）中再次重申了这一观点。在这篇文章中，巴特认为，由于文学本身就是一门跨学科的实践，因此文学研究需要打破固有的结构。他进一步指出，文学研究需要重新界定它的研究对象，应当用"文本"来取代"著作的概念"。文本是有生命的，而著作的概念则是与作者密切相连，甚至是从属于作者。巴特认为文本是一种活动，是创作的产品，这一观点是非常重要的。所有的文本都是被使用的，正是文本的这种实践性使巴特提出了文本的分类问题。文本使用的实践需要某种分类。然而对于巴特而言，文本的分类是为了给不同的读者群提供相应的文本，而不是根据作者对于文本的最初构想。[5]巴特最后的结论是，对文本内容的唯一限定来自于该文本之前的文本。这一观点也得到了学者们的普遍认同。斯坦利·费什（Stonley Fish）就认为所有学科的规则都是源自该学科的文本，因此认为文本的含义受限于文本之外其他因素的观点是难以成立的，他同时以此来反驳欧文·费斯所提出的关于文本解释有限性的观点。[6] 另一位学者，安伯托·艾柯同样认为所有的书其实都只是其他书籍的补充，在他备受赞誉的小说《以玫瑰之名》中，这一观点被反复加以论证。

30　　和巴特持类似观点的学者是米歇尔·福柯，他同样以作者的角色作为自己研究的重点，揭示作者在文本自由表达中的局限性。福柯认为，作者的概念是过分个性化的产物。福柯使用了巴特的隐喻，他认为写作必须允许"超越它自己的规则"，"突破"它自身的"限制"。写作可以做到这一点，因为，在文本中，"作者的签名除了表征着他/她的存在之外没有任何其他的意义，作者必须正视这一事实，在写作的游戏中，作者扮演的是死者的角色"。[7] 在文学理论中，这一角色就是通过文本来探究文本内在的含义。更重要的是，尽管这样，福柯继续指出由于文本使用的需要，作者的概念依然有着存在的价值，写作的概念看起来已经将作者在文学实践中的具体地位转换为一种超越于文本之外的默默无名者。没有了作为上帝的作者，写作已经成为神圣的超自然的力量。尽管作为个人的作者死亡的事实可能会使文本充满了各种创造性解读的可能性，在文本的具体应用中，作为作者的作者已经取代了作者本身。因此，和巴特一样，福柯再次指出作为作者的标签只是一个单纯的分类功能，它被用来确定所讨论的问题的形式：

> 作者的名字是为了表征某种讨论存在的具体模式，也就是这样一个事实，某个讨论由于有了作者的名字，我们就可以说，这是由某某人创作的，某某人是它的作者，这样就表明了这个讨论不是我们日常所进行的毫无意义的聊天，也不是仅仅为了消遣而进行的讨论。相反，它是一个在特定的文化背景下，所进行的具有某种特定模式，并具有一定理论意义的问题研讨。[8]

福柯或许对过分强调"作者作用"的理论并不认同，但作为研究思想谱系的历史学家，他承认它的实用主义功能。他认为"作者的功能"：

> 表征社会中某个具体论题的存在、传播和功能的具体模式的特点。文本的传播和使用的方式是在社会关系中表达出来的，福柯认为对作者构思的推究及修正，比单纯的对文本理论中所提出的论题的主题或概念的分析更容易理解文本所要表达的内涵。[9]

这是一种强制性的力量，它"限定了小说的自由流通，对小说的任意解读，以及对小说的再创作，分解和改编"。但是，正像福柯所指出的，尽管作者对于小说的限制可能不利于小说的传播和再创作，但是作者的存在是必要的，对小说的传播和再创作应当存在限制。文本的使用需要这样一个限制。福柯进一步辩解道，文学中的关键性问题不应当是围绕着作者在文本中所发挥的作用，与研究作者的地位和作用的问题相反，我们需要进行研究的理论性问题应是将文本作为文本来加以研究。[10]最近，特里·伊格尔顿（Terry Eagleton）重新提出了"作者已死"的命题。伊格尔顿的观点在很大程度上从属于他的政治主张，具有很强的历史主义色彩。在他看来，文字总是社会压迫的工具。他提出文学理论的发展存在着三个基本阶段。在 19 世纪，对于作者意图的推究曾一度是文学理论研究的热点，但之后又不再为学者所关注；随后，以文本研究为核心的新批评学派占据了主导地位，现在文学研究的重心又转向了对读者的研究。然而，尽管奥斯汀（J. L. Austin）指出符号学对于演讲的重要意义，伊格尔顿仍然强调作者可以将文本符号化，并作为意义的表征，换句话说，作者限定了对文本涵义的解读。[11]和福柯一样，伊格尔顿至少肯定了作者的指导性角色，即使他将作者的角色严格限定在文本解读的功能意义上。

在尚未重新肯定作者意图这个传统概念之前，很多当代文学理论家都倾向于从文本使用的角度来建构自己的文学理论。这一观点的代表人物是安伯托·艾柯，和福柯不同，他认为文本的作者和读者之间的关系在很大程度上是由文本的使用决定的。根据艾柯的观点，文本之所以对读者的阅读构成了一定的限制，是在于文本自身的符号意义，这也正是伊格尔顿理论中所提出的观点。近期在泰纳的演讲中，艾柯提出这样一个观点，文本的阅读类似于案件的侦探。他以两部小说为例来进一步阐释了这一观点，《以玫瑰之名》和《博科摆》（Foucault's Pendulum）。在解读一部作品时，过于关注作者在文本创作中的地位和作用是导致读者对文本内涵误读的一个主要原因。然而艾柯并没有完全消解作者在文本中的地位和作用。在文本创作时，作者一般都会设想一个读者，或者一群读者，甚至是具有相当阅历的多样化读者群。这样，尽管读者不能真正了解作者想要表达的创作意图，作者仍然在文本的使用中扮演了一个关键性的角色。[12] 在艾柯的符号学理论中，文本使用的语用学理论是核心内容。他认为阅读一直都是一个积极的创造性过程。[13] 他认为，作者则保留着对"我们要讨论什么"的最终控制权，即使他并不能决定讨论所要解决的问题。文本是作者所创作的，用以"制造"文本的作者的工具。文本不仅制造了它的读者群，而且也对它的读者进行了限制。同时，在文本阅读中，读者也通过在文本应用的讨论中对作者的引用重新构建了作者的形象。[14] 和福柯、伊格尔顿一样，爱德华·萨义德（Edward Said）认为，作为一个整体的文学理论已经变得太过于专业化、精英化了，并为文本研究的主题所困扰。文学理论已经从专注于作者意图推究的某种客观的历史主义转入过度的知性主义研究中。他认为，文学理论已经被拖入法国人所设计的文本迷宫之中，无法找到出路。这是"导向迷途的想法"。[15] 萨义德更加强调文本的力量和文本的政治。文字是一种武器，为了更好地理解这一武器的作用，有必要对语词的作者进行研究。文本总是世俗的，存在于特定社会历史情境中，并反映它所存在的特定社会历史情境。相反，文学理论已经远离现实世界。和一些学者相同，萨义德明确表示质疑福柯所提出的过分知性主义的理论，同时，他进一步提出了一个完全不同的命题。他同样运用"从属性"这一概念，指出文学批评应当有助于对具体文本和特定作者的理解。[16] 换句话说，文学批评应当通过承认作者的作用来确立对于文本的讨论。文本一旦完成，它就"不再受到作者的控制"，但是它"仍然保留了作者的风格"。换句话说，作者的风格决定了作品的风格。

　　在 20 世纪 70 年代和 80 年代之间，至少在法理学研究中，或许最具影响力的翻译理论家是汉斯-格奥尔格·伽达默尔（Hans-Georg Gadamer），他认为萨义德所坚持的历史性必须回到文学理论中，并对此展开了大量的论证。1975 年伽达默尔的论著《真理与方法》（*Truth and Method*）英译版出版，立即受到了批判法学派的欢迎，伽达默尔的理论成为批判法学派驳斥法学界普遍接受的对文本"自由"中立和客观解释的"迷信"的一个有力的理论支撑。[17] 伽达默尔着重强调了作者、文本和读者各自的角色，并且通过他的阐释理论，赋予了他们彼此依赖共存的关系。更准确地说，他认为所有文本的历史性都意味着每个读者都有社会历史性的偏见或其所生活的社会历史情境所形成的前理解，他所阅读的文本也是历史性的，而文本的作者也是生活在特定的历史情境中。这并不意味着作者的意图使读者意识到文本是具有一定的历史性，但是它的确暗示着，由于文本是由生活在特定历史情境中的作者所创作的，因此它总是一定社会历史的产物。在他的文章《问题的普遍性》（Universality of the Problem）中，伽达默尔强调"在历史中形成的人类意识会在语言中得到充分的展现"。[18] 伽达默尔特别强调法律阐释学的示范性意义，也正是他在法律阐释学领域的贡献使得伽达默尔在法学研究领域享有了崇高的声誉。他认为法律阐释学是一门独特的目的性很强的阐释学，是为了缩小差距的实践性技术。根据伽达默尔的观点，法律文本的应用实践要求忠实于法律文本。法律文本的使用和翻译都需要读者忠实于文本自身的含义。法律文本的应用尤其要求法律研习者不应当任意解释法律，而应该从推究法律文本以及立法者所处的社会历史情境来分析法律文本的含义。和绝大多数单纯从文本中获取文章内涵的读者不同，运用法律阐释学进行文本解读的法律研习者尤其应当考虑文本创作和使

33

用的历史情境，并进行卓有成效的思考："对于历史学家而言，理解是将文本放在语言、文学形式以及文学风格的历史中，总之是将其置于历史的生活背景中进行考察。"[19] 伽达默尔承认，这个建议实际上是夸大了文学批评理论在法律令状研究中所扮演的角色，当然它看上去也不同于福柯以作者对于文本研究的作用为实践标准而对论题所进行的基本分类。法律研习者的补充作用意味着他既不能创造性地解释法律文本，也不能单独制定法律文本。[20] 另一位法律阐释学家艾瑞克·唐纳德·赫希（Eric Donald Hirsch）* 对伽达默尔否认作者的角色提出了批评。和伽达默尔一样，赫希的解释学观点也是来自胡塞尔（Husserl）和海德格尔的现象学理论。在《解释的有效性》（*Validity in Interpretation*）一书中，赫希认为对于作者意图的推究并不必然需要获得客观解释，但它确实能够发现"可能的作者立意"对于文本的限制。[21] 伽达默尔认为对作者立意的推究将有助于对文本进行解释，赫希显然比伽达默尔更加重视作者对于文本的意义，他显然比伽达默尔走得更远。和艾柯、萨义德，甚至和福柯一样，伽达默尔的研究认为对作者功能的关注将有助于将法律文本作为论题进行研究。伽达默尔的历史阐释学理论中关于作者作用的观点并没有继续深入。尽管他的理论被很多人认为是具有颠覆性的，然而正如我们在第三章的研究中所看到的，他的观点已经为很多法律阐释学理论的奠基者们所接受，其中最具代表性的学者是欧文·费斯和罗纳德·德沃金。

34

文本的使用

为什么作者的角色在法律与文学中具有重要的意义？正如我们已经

---

* 原著中为 E. D. Hirsch，为了便于读者查阅相关研究，译者考证了其全名并在此译出，即艾瑞克·唐纳德·赫希（Eric Donald Hirsch）。——译者注

指出的，和法律理论中的其他流派不同，法律与文学研究最突出的特点之一就是它的研究目的是促进法学教育的开展。为了实现法律与文学研究的教育目的，在法律与文学研究早期，学者们就热衷于进行分类学的研究，巴特和福柯都认为这是很必要的。在詹姆斯·伯艾德·怀特的《法律的想象》一书中，他正是从文学分类开始进行法律与文学研究。本章这部分的内容将回溯文学分类的发展过程，从而重申作者在文学表达中的重要角色。换句话说，在对法学学者有着潜在研究价值的文学作品中，学者们认为根据作者在作品中所承担的角色，可以将文学作品分为三类。第一类文学作品一般是由法学学者创作，并主要是为具有法律专业知识的读者而作。换句话说，根据艾柯的研究，这类作品是为一个具有特殊阅历的典型读者群而创作的。这类文学作品是运用文学来阐释法律理论。最典型的例子来自前现代的作品，而且很多这样的文学作品都来自非西方传统文化。就像我们在最后一章中所指出的，用故事讲述的方式来阐释法学基本理论，在现代西方法理学中是很少见的。它并不是一直如此。正像利科所指出的，西方法学传统更倾向于运用科学化的论题，而不是文学的形式来描述社会科学的概念，非西方传统则是用文学的形式来阐释社会科学的概念。[22] 在北美洲的土著人中，寓言仍然是法理学的最基本来源之一。在伊斯兰和犹太法律文化中也是这样，伊斯兰教律法和犹太法典都是围绕着一系列的隐喻和寓言建立起来的。法理学传统中，对故事讲述方法的应用在那些具有深厚的神学传统的文化中更为普遍。法官将故事作为法理学基础的一个典型例子是迈蒙尼德在《迷途指津》中对于创世纪的运用，这是中世纪犹太哲学中最重要的文本之一。和迈蒙尼德的另一部具有重要影响力的著作《密西纳律法》（*Mishneh Torah*）一样，《迷途指津》是一部汇集了各种隐喻和寓言的文集。关于创世纪的记载，以及迈蒙尼德对于创世纪的解读，为阿奎那所吸收，并从 13 世纪开始在西方法理学研究中产生了重要的影响。[23] 在迈蒙尼德的解读中，亚当（Adam）偷食禁果，在获得知识的同时，也产生了困惑和焦虑。在《旧约》（*The Old Testament*）中，摩西（Moses）

35

高度颂扬语言作为批驳偶像、构建法律形象的角色价值。这样，为了遵守法律的精神，就需要关于法律语言的知识。但是，正如迈蒙尼德所意识到的，这种知识是由对这种知识的困惑所界定的。[24] 这一困扰着迈蒙尼德的问题同样困扰着两个完全不同类型的作家，弗朗西斯·培根和弗朗兹·卡夫卡。培根运用创世纪的故事以及它所阐释的法和政府的真理和推理作为他哲学的核心思想。他同样遵循了 16 世纪和 17 世纪早期在英格兰普遍盛行的风尚，以讲述故事或者描述理想国的形式来提出政治和法律理论。他的《新亚特兰大》（*New Atlantis*）就模仿了莫尔（More）的著作《乌托邦》（*Utopia*）。在培根之后兴起了大量的类似《乌托邦》的作品，或许其中最著名的是哈林顿（Harrington）所著的《大洋洲》（*Oceania*）。17 世纪，人们试图通过故事讲述的方式改变其政治法律生活的发展轨道。

第二类和第三类文学并不是为作者所期待或想象的特定的典型法学读者所写作的。其中，第二类文学作品所讨论的各种多样化的主题是由描述和评论法律与社会的文学作品所组成。尽管不是全部，但绝大多数这类文学作品的创作都是有目的的，并对它的读者群有较为确定的预期。在讨论这些文学作品时，忽视作者将是很愚蠢的，这将无法保证完整、准确地使用文本。这类文学作品非常多，和第一类文学作品相比，我们只可能在这里讨论其中几部这样的作品。在这类作品中，狄更斯的《荒凉山庄》是其中最为广泛流传的作品之一，描述了备受诟病的英国法律制度的弊端，尤其是大法官法庭制度。狄更斯不仅讽刺了当时的法律秩序，而且也讽刺了在这一制度中工作的人，以及这一制度所赖以生存的社会制度。讽刺常常通过揭露隐藏的政治企图而被认为是抨击法律秩序的最普遍的方式。这类讽刺作品较为现代的典型代表是莫德凯·里奇勒（Mordechai Richler）的《伍斌爵士的养马人》（*St. Urbain's Horseman*），它不仅严厉地批评了律师和他的当事人，以及所谓的强奸受害者，而且作者以同样讽刺手法通过描述对同样两个被告的不同对待揭示了庭审审判结果的无法预期性。此外，正如我们将在第五章中所读到的，一些更为微妙讽刺的例子是在儿童文学中体现出来的，例如《爱丽丝漫游仙境》（*Alice's Adventures in Wonderland*）和《格利佛游记》（*Gulliver's Travels*）。

虽然讽刺作为故事讲述的形式被文学作者广泛地运用于强调已经建立的法律秩序的失败，仍有很多作者使用了完全不同，甚至更为直接的论述方式。政治文学表现的是政治上的排斥。在社会中，有两个人群持续地受到来自社会权力阶层的排斥，他/她们转向通过故事讲述的方式来重申自己在社会中的地位，或者通过他人叙事的形式来揭示他/她们所处的社会情境。其中第一个群体是女性。在这一群体中，以文学的方式来强调社会和法律中的不公平不是一个新的主题。作为一个非常敏锐的社会观察者，简·奥斯丁在小说中运用了大量的评论来揭示妇女在财产和继承法中的地位。在《傲慢与偏见》（*Pride and Prejudice*）和《理智与情感》（*Sense and Sensibility*）两部小说中，有一定社会阅历的读者都可以感受到作者对于女性在继承方面平等权利的强烈呼吁。托马斯·哈代（Thomas Hardy）也重点描述了历史上女性的地位和所处的社会情境。他的作品《无名的裘德》（*Jude the Obscure*）被认为是要求女性在离婚法中拥有与男性平等权利的作品，并且吸引了很多关注女性离婚权利的评论者的关注。在对类似问题的讨论中，纳塞尼尔·霍桑（Nathaniel Hawthorne）的作品《红字》（*The Scarlet Letter*）则重点剖析了 17 和 18 世纪马萨诸塞州关于非法同居法律中两性所拥有的不平等权利。这些作品都揭示了历史上两性的不平等地位。在当代，文学在揭示法律制度的性别歧视问题上仍然发挥着重要的作用。女权主义法学思想中一个重要的方面是强调在特定的法律情境中女性的特殊体验。至少在法律上，最常用的一个例子是强奸问题中关于女性经验的描述，这也是现实中最主要的性别问题。法律仅仅是承认强奸事实的存在，由于对强奸中的犯罪故意很难进行客观的界定，只是对强奸行为进行了定义。在第六章，我会重新讨论女权主义法律思想以及强奸问题，并试图以法律和文学的思考方式来加深我们在这两个论题上的认识。

37

在小说这类文学作品中，我们要讨论的第二个社会法律问题是种族主义。在所讨论的以隐性或显性的方式包含着种族主义主题的小说中，为学者们所最经常引用的小说是马克·吐温（Mark Twain）的《哈克贝利·费恩历险记》（*Adventures of Huckleberry Finn*）。小说中，马克·吐温为吉姆（Jim）安排了黑人奴隶所使用的语言，这和故事中其他部分的论题形成了鲜明的对照，作者将语言作为黑人被主流社会排斥的象征，通过小说中人物不同语言的运用，集中体现了奴隶制度中的伦理和法律问题。小说中对于黑人只能使用"黑鬼"语言的描述不仅从文本中所反映的历史，而且从哈克（Huck）所不得不面临的一系列道德困境，给无论是成人还是孩子的读者留下了极为深刻的印象。从这个方面来看，这部小说兼具描述性和建设性。正像罗宾·韦斯特所指出的，《哈克贝利·费恩历险记》这部小说的力量在于它能够使读者身临其境地感受小说的内容本身。[25] 另一部同时体现社会和法律偏见，具有丰富法律内容的小说是哈伯·李（Harper Lee）的《杀死一只知更鸟》（*To Kill a Mockingbird*）。尽管小说中所提出的各种问题并不像《哈克贝利·费恩历险记》中那样明确，李的小说对深受政治影响的法律制度对社会中一部分人的排斥的描述仍然给读者留下了非常深刻的印象。文学作品中抨击排斥黑人和女性的社会偏见所主导的法律偏见的最后一个典型例子是艾丽斯·沃克（Alice Walker）的《紫色》（*The Color Purple*），它描述了黑人女性因为她们是女性，因为她们是黑人所经历的痛苦经历。要想很好地理解在《紫色》或者其他小说中所提出的论题，必须首先成为艾柯，或者福柯，或者萨义德所设想的具有一定丰富社会阅历的典型的阅读者。所有这些关于女性和黑人的论题都只能从这个角度获得更加深入的理解。小说本身在阐释小说中所提出的论题，但作者也不可避免地在通过小说来阐释自己的观点。福柯所提出的作者功能（author-function）的概念只是有助于剖析小说及其所包含的论题的教育意义。文学中的第三类分类也是如此，即运用法律来描述作者所要表达的主题。正如在第一章中所提出的，这类文学作品也是在当代 20 世纪的文学作品中最为常见的文学类型。陀思妥耶夫斯基、加缪和卡夫卡等作家创作了大量的类似作品。他们在小说中使用法律情境，因为法律场景能够最大程度地体现他们所希望表达和传递的信息，即人们社会生活的异化。小说作者们常常通过大陆法系传统中刑事诉讼程序的交叉质询场景来展开对小说主人公心理活动的描述。正如理查德·维茨伯格所指出的，小说中对法律场景的运用，赋予读者法官的角色，从而使其在阅读中身临其境地体会小说所表达的主题。换句话说，文学中的法律场景更容易让对这一主题感兴趣的读者更快地进入到文本所描述的主题中。[26] 拉斯柯尔尼科夫（Raskolnikov）、默尔索和约瑟夫·K.（Joseph K.）都是现代世界中的英雄，所有这些英雄在尼采、海德格尔所期待救世主的世界中都是被孤立的。我将在第七至九章中重新以当代小说为主要材料来充分讨论这一论题。

文本可以做什么

这本书的一个目的是强调文学的主动性。正是文学的这种特点使得法律和文学研究成为一个必要的并令人兴趣盎然的研究领域。正如我们在第一章中所谈到的，法律与文学的目的包含着两层含义，其一是教育，其二是表达一种社会政治诉求。正是这种要求分析文学作用的实用主义的研究目的，需要重新评估在小说的阅读中作者在构建小说主题中的决定性角色。在小说的最后一部分，我要讨论的是法律和文学研究的根本的现实主义旨趣，即文学在社会重构中的角色。当然文学是否是政治性的，还是应该是政治性的，这是一个充满争议的论题。让-保罗·萨特认为，文学有责任反映政治现实，文学分析和文学理论在揭示文学作品的政治内涵方面有着重要的补充作用。[27] 然而，近期很多文学理论家对萨特的观点提出了质疑。其中最有影响的是特里·伊格尔顿，他重申英语文学的复兴是资本主义意识形态的复兴，文学不应该尽量不涉及政治，我们应该欣赏文学总是政治性的，而且文学的政治性在于它总是

39

在强化既定的社会结构。当然正是文学所具有的这种政治力量给予了小说强大的力量，这种特权使得伊格尔顿虽然对权威的影响感到不满，但却无法忽视它的力量。也正是小说所具有的这种力量使得伊格尔顿对关注作者的影响将有助于法律与文学研究的观点持谨慎的保留态度。他认为，文学的运用是另一种形式的政治。但如果文学总是和政治联系在一起，那么我们最好对文学的使用承担相应的责任。事实上，正如伊格尔顿所不得不接受的观点，文学研究的直接目的在于引入一种跨学科的研究方式，来揭示文学所依托的政治的和历史的基础性结构。正是文学研究的这一目的，使得法律和文学连接在一起。[28] 爱德华·萨义德是另一位重申文学政治性的学者，他尤其强调文学是推行帝国主义思想的重要力量。和文化相仿，文学是一个"辨别和评估的系统"。文学拥有这样的力量。文学理论同样拥有这样的力量。由于文学理论研究主要着眼于对"不朽的文学作品"的研究，并且文学理论可以大胆地宣称"它有能力去表现事物应当如何去工作和运转"。[29]

作为文学理论研究中最富有影响力的学者之一，理查德·罗蒂支持为批判法律研究运动学者所广泛采用的跨学科和结构性研究。在罗蒂看来，实用主义哲学需要一种跨学科的研究方式，在这种研究方式中，文学在确定社会和政治议题方面扮演了一个核心角色。罗蒂通过对部分小说及小说作者的研究来论证他的观点。在他的著作《偶然性、反讽和团结》（*Contingency, Irony and Solidarity*）中，他提出从理论研究转向对文学的研究在于试图建立一种"团结"，这主要是一种创造性的尝试，而不仅仅是发现。正是罗蒂提出了批判理论的最终归宿是在语言和文学领域。[30] 这也是罗蒂在批判理论研究中所推崇的三位重要思想家杜威、海德格尔和维特根斯坦所提出的观点。在罗蒂看来，正是杜威在康德和黑格尔的研究基础上第一个提出社会是由它所创造的语言行为模式所界定的。语言所具有的这种创造性的潜在作用是通过人们对隐喻，以及从更大范围而言，通过对故事的使用来实现的。尼采曾经指出真理其实就是很多不断发展的隐喻的集群。罗蒂认为，生活就是尼采的自我超越过程中的奇妙的叙事过程。当人们在创作时，他或她其实在进行极富诗意的工作。[31] 因此，当人有了一个新的想法或者概念，它将会以隐喻的方式被表达出来。同时无论社会是否承认，理性实际上是对隐喻的合理性的评估。与此相仿，无论社会是否承认，人类生存和发展的目的从来都不仅仅是一个想法或者一种理论。人们所设想的人类的终极目的常常都是由政治文学创造的。因此，罗蒂所寻求的自由宪章在文学中是可以找到的。作者从来都不是政治上中立的，因此他对自己发表的作品随时准备接受讨论，并将讨论的过程作为一个提出建议的创造性的机制。[32] 对于罗蒂而言：

> 自由社会是这样的社会，人们的理想是通过建议的方式而不是通过强制力实现的，是通过改革而不是通过革命的方式实现的，是通过当前语言学的和其他提出新的实践方式的社会实践的自由、开放的讨论实现的。但这就意味着一个理想的自由社会是一个完全自由、除了进行自由讨论及遵循自由讨论的结果进行社会活动之外没有其他任何目的的社会。这个社会的目的就是为了让诗人和革命者的生活更加容易，并且在照料他们生活的同时，通过语言而不是行为使得其他人的生活更加艰难。在这个社会中，伟大的诗人和革命者是英雄，因为它承认社会就是它本身，拥有自己的道德和语言，社会的存在和发展并不是由于它遵从上帝的旨意或者人的天性，而是因为已经逝去的伟大的诗人和改革者根据他们所做的而进行的演讲。[33]

罗蒂选取了狄更斯、纳博科夫、奥威尔和普鲁斯特等作家的作品来描述文学潜在的创造性力量。这些作家不仅能够而且确实为我们创造了大量的词汇，正是他们所运用的语言是自由主义者为揭示社会的本质以及社会应选择的发展方向而正在使用的语言。文学将促进社会的"团结"，尤其是它能够辨别社会中"被边缘化的群体"。自由的最终目的　41

在于社会中的各个群体可以"分享同样的词汇",从而使我们可以通过语言来了解那些"处于苦难中"的人们。[34]

如果我们期望通过文学来了解包括男性和女性在内的人类自身,首先我们必须明确文学作品之后的作者所扮演的角色。在论证这个观点的时候,罗蒂明确指出他同意赫希所提出的论断,即对于文学作品的阅读需要了解作品的作者,这并不是巴特试图让我们相信的是一个不可能的,而且是危险的,容易引起误导的错误的虚假命题。承认我们可以从作者的构思中获得某种客观性的认识这一论断是十分重要的。同时,罗蒂同意为学者们所普遍接受的一个观点,即至少,仅仅依靠文本自身无法揭示作者的创作意图。罗蒂的目的在于说服赫希,赫希的立场和罗蒂所引用的杜威的实用主义哲学是一致的。换句话说,对作者角色的关注可以直接转化为作者对于其作品运用的控制。文本的重要性或许并不在于它的内容。当然,对于罗蒂而言,在一个文学作品之后并没有什么隐含的真理,而只是有很多可能,由文本的作者所创造的各种可能性。作者因此限制了创造的可能性,也因此限制了读者阅读的社会情境,并限制了文学作品所表达的内容。罗蒂的观点在"限制"问题上基本上采用了和伽达默尔相似的立场,而这一立场是不同于赫希的立场,同时罗蒂的观点也同福柯提出的作者功能的理论是相类似的。[35]这其实并不奇怪,伽达默尔和福柯、罗蒂一样都有同样的期待,即将海德格尔的语言实践理论发展成为社会重构的方式。正像我们之前已经指出的,对于法律与文学研究的支持者而言,这一政治实践目的已经变得日益重要起来。这一研究目的要求对作者给予越来越多的关注。这样学者们的观点形成了这样一个完整的循环。巴特在 1968 年首先提出为了政治的目的,人们利用作者掩盖了读者的角色,因此应当弱化作者的影响,重新关注读者在作品阅读中的重要角色和意义;特里·伊格尔顿和爱德华·萨义德则让我们重新意识到文学本身总是政治性的,因此我们至少应当意识到文学作品以及作者所要表达的政治主题。福柯发展了文学分类的思想,并且提出作者的作用在于区别不同的功能性论题。法律与文学研究则提出

我们不应讨论文学中是否存在着政治主题，而是要讨论这种政治主题应 　42
当采用何种形式来加以表达。如果法律与文学研究希望通过扩大它作为
法学教育的潜在影响力，以及作为一种社会政治力量的潜在影响力，它
就必须承认作者、文本和读者三者所形成的关系具有实践意义。更进一
步说，即任何分类都是有价值的，因为每一种类型的文学作品都有其自
身特殊的贡献，教育意义或者社会政治意义，对文学作品价值的发掘将
只能依赖于对作者的了解，对作者所处社会历史情境的探究以及对作者
所设想的读者群的探究。

注释

1. R. Barthes, *The Rustle of Language* (Oxford: Blackwell, 1986), 54.

2. *Ibid.*, 55.

3. *Ibid.*, 49-55.

4. U. Eco, *Reflections on the Name of the Rose* (London: Secker and Warburg, 1985) 1-2.

5. Barthes, *Language*, 61-2.

6. See S. Fish, "Fiss v Fish", in *Doing What Comes Naturally: Change, Rhetoric, and the Practice of Theory in Literary and Legal Studies* (Oxford University Press, 1990), 120-140, and O. Fiss, "Objectivity and Interpretation", *Stanford Law Review*, 34 (1982), 739-763.

7. M. Foucault, "What is an Author?", in J. Harari, ed., *Texual Strategies: Perspectives in Post-Structuralist Criticism* (Ithaca: Cornell University Press, 1979), 142-3.

8. *Ibid.*, 146-7.

9. *Ibid.*, 147 and 158.

10. *Ibid.*, 159-160.

11. T. Eagleton, *Literary Criticism: An Introduction* (Oxford: Blackwell, 1983), 74-5, 118-21.

12. Published as U. Eco, *Interpretation and Overinterpretation* (Cambridge University Press, 1992), at 48-50 and 62-9.

13. U. Eco, *The Role of the Reader* (London: Hutchinson, 1981), 175-99.

14. Eco, *Interpretation and Overinterpretation*, 48−50 and 62−9.

15. E. Said, *The World, the Text, and the Critic* (London: Vintage, 1984), 140−7.

16. *Ibid.*, 2−33.

17. II. G. Gadamer, *Truth and Method* (London: Sheed and Ward, 1975).

18. H. G. Gadamer, "The Universality of the Hermeneutic Problem", in *Philosophical Hermeneutics* (Berkeley: University of California Press, 1977), 13.

19. Gadamer, *Truth and Method*, 302.

20. *Ibid.*, 305.

21. E. Hirsch, *Validity in Interpretation* (New Haven: Yale University Press, 1967).

22. See P. Ricoeur, "On Interpretation", in A. Montefiore, ed., *Philosophy in France Today* (Cambridge University Press, 1983), 175−96. See also Peter Goodrich's comments in *Language of Law: from Logics of Memory to Nomadic Masks* (London: Weidenfeld, 1990), particularly chapters 2 and 7.

23. See Volume 6 of the *Jewish Law Annual*.

24. M. Maimonides, *The Guide to the Perplexed*, trans. M. Friedlaender (London: Dover, 1956), 23−7.

25. R. West, "Communities, Text and Law: Reflections on the Law and Literature Movement", *Yale Journal of Law and the Humanities*, I (1988), 132−40.

26. Richard Weisberg, *The Failure of the Word: The Lawyer as Protagonist in Modern Fiction* (New Haven: Yale University Press, 1984), 114−29.

27. J. P. Satre, *What is Literature?* (London: Methuen, 1967), 123−220.

28. Eagleton, *Literary Criticism*, 17−53 and 194−217.

29. Said, *World*, 11−14 and 20−5.

30. R. Rorty, *Contingency, Irony, and Solidarity* (Cambridge University Press, 1989), xvi.

31. *Ibid.*, 3−21, 28−29 and 36−42.

32. *Ibid.*, 47−61.

33. *Ibid.*, 60−1.

34. *Ibid.*, 189−97.

35. *Objectivity, Relativism, and Truth: Philosophical Papers Volume 1* (Cambridge University Press, 1991), 84−91.

第三章

关于阅读规则的个案研究

　　文本有确定的涵义么？或者文本的内涵是由特定的读者所赋予的么？这两个紧密联系的问题显然对于任何文学或者法律研究而言都是至关重要的。而且，在本书的研究中，这两个问题有着特殊的联系。由于文本对法律研习者而言具有特殊的重要意义，我们下一个任务就是讨论读者对于文本内涵的理解程度。解释的确定性和不确定性问题是当代法学研究中迫切需要解决的问题之一，我们将对学者们关于法律解释方面的研究进行简要的讨论。尽管这样，这场讨论中所涉及的主要参考资料都是文学理论，而且一般都受到解释理论中相对立的两种理论，诠释学和解构学的影响。法律与文学学者之间进行的一系列讨论都是在这两种理论之间徘徊，这也正是我要在本章所要讨论的问题。

　　这场论辩中的第一组是伽达默尔和德里达。这两位学者分别是当代诠释学和解构学理论的学术权威。在一定程度上，他们的思想都源自马丁·海德格尔晚期著作中对语言学问题的研究。[1] 在海德格尔思想的影响下，伽达默尔和德里达都否认人们的理解力不需要依赖于语言表达的可能性。[2] 伽达默尔和德里达所提出的各自理论的抽象概念之间的不同在于程度上的差异。对于伽达默尔而言，诠释学保留了涵义具有整体性的可能。尽管一个文本可能会有很多种涵义，但是文本和读者的主体间关系，以及读者与读者之间的主体间关系都会对具体文本的涵义进行限定。这样一个特定的读者群将分享文本的某种特定的涵义。在《真理与方法》一书中，伽达默尔指出在任何法律情境中，都总是存在着主体间性所确定的文本含义的可能性：

> 正是解释使法律在每一个特定的案件中具体化，即解释是法律
> 的适用过程。在法律解释工作中，所包含的创造性的工作应当是由
> 法官来完成的，但是他和社会的其他成员一样要服从于法律。法官
> 的裁判不是任意的和毫无确定性的决定，而是来自对整个事实的权
> 衡，这是法律秩序思想的重要组成部分。这也正是为什么在依法治
> 理的国家中存在着法律确定性的原因。[3]

伽达默尔得出这样的结论，法官在进行法律解释的时候要忠于法律
文本本身。然而，对于解构主义学者而言，例如德里达，以及我们之后
马上要讨论的，在某种程度上可以说是和德里达持相似的实用主义哲学
观点的斯坦利·费什，却认为文本的涵义并不具有确定性，认为文本的
涵义在任何情境中都不可能被限定。因此，现实是我们不可能分享文本
的同一种涵义。[4] 最终，由于不同立场之间的巨大差异，两种观点的争
论和对立成为法律与文学研究领域中的核心问题。1981 年"伽达默尔
和德里达之辩"的学术研讨会在巴黎举行，在这次研讨会上，学者们提
出了针锋相对的两种立场和观点，然而这次会议并不成功，双方并没有
在不同的论题之间形成共识，相反，这次研讨会之所以著名是因为显然
对立的双方并没有真正理解对方所主张的观点。[5] 根据伽达默尔的观点，
对文本涵义的解读是由文本之外的因素决定的。事实上，伽达默尔认为
在某种程度上，对文本的理解应当不予考虑语言的因素，不予考虑论题
或者文本的形式要素。在《真理与方法》一书中，伽达默尔再次引用了
司法解释作为例子来论证自己的观点。他主张，法律解释的现实主义哲
学需要我们抛开对法律文本文字的关注。[6] 针对伽达默尔的观点，德里
达进行了回应。他认为伽达默尔是一个保守的康德先验论者，他拒绝接
受基于先验论的阐释学循环理论。对于德里达而言，只有文本的存在是
真实的。[7] 相反，伽达默尔只是简单的表示自己无法理解德里达所主张

的观点。[8] 很快，双方都意识到两种观点之间不可能存在着任何共识，因此，学者们普遍认为，分别以伽达默尔和德里达为代表的理论论争是不会有结果的。

伽达默尔和德里达之间的论辩在法理学研究中反复地上演。在阐释学研究中，尽管解构主义理论研究中最具影响力的学者当属斯坦利·费什，论辩中最主要的学者是欧文·费斯和罗纳德·德沃金。这也正是我们现在要讨论的观点。在费斯1982年发表的《客观性和解释》（Objectivity and Interpretation）一文中，他提出了解释学中的一种经典的阐释学理论，明确地反对批判法学研究中的解构主义倾向。[9]他认为，"无论在法学还是文学研究中，解释既不是完全任意的，也不是机械呆板的。解释是读者和文本之间的动态交流过程，而文本的含义是这一交流过程的结果"。[10]费斯驳斥了批判法学派学者的观点，指出他们对解释的客观性的攻击必然是指解释的不确定性。他认为，文本的阐释者，是要"遵守""学术规则"要求的，同时也必须遵从他所从属的"解释群体所共同认可的规则"：

> 解释的客观性并不是要求解释必须完全由法官之外的学术资源决定，而只是意味着解释行为是应当遵守一定的规则。为了理解法律解释中应当遵循的规则，我们有必要明确两个基本的概念，一个是学术规则，它是解释者所必须遵守的，同时也是判断解释是否正确的标准；另一个是解释群体，解释群体所共同认可的规则被确定为权威性的规则。[11]

为了回应伽达默尔对于德里达的评论，费斯进一步指出，"承认文本的含义并不存在于文本之中，文本解释的客观存在和读者的创造性阅读的概念是可以共存的"。他继续指出，"将判决看作解释有助于避免虚无主义。它使得法律的规范成为可能"。他同时认为，"这将有助于使法律道德化，因为富于创造力的读者总是遵循一定的道德价值观念来对法

律进行解释"。防止读者任意解释法律或者法官任意进行裁判的是关于
"必要性的争论",即法官将根据"忠实"来做出裁判。费斯的结论是
"学者们所讨论的问题似乎是关于信念、直觉或者或许只是洞察力的讨
论"。他认为批判法学派的研究是所有虚无主义理论中"最典型、最极
端的理论","我们应当丰富并鼓励的研究是宪法是公众生活所赖以建立
的公共道德的具体体现"。[12]

对于费斯的文章最直接的回应是斯坦利·费什。费什是美国实用主
义风格的解构主义的代表人物,区别于欧洲大陆的解构主义思想,这一
学派的学者接受了费什所提出的关于"常识"(common sense)的哲学
思想。[13] 和德里达一样,费什再次强调解释的依据是文本,读者从文本
中所体验到的就是文本的含义,而且是文本的唯一含义。因此,正是读
者创造了文本,尽管读者受限于他所从属的解释群体所处的情境,但对
于文本本身而言,他是完全独立和自由的。他的结论是只有解释是存在
着的,与之类似,任何无论是读者还是文本所对解释提出的限定本身仍
然是文本,也只能在解释中来加以实践。正如费什在《在课堂上存在着
文本么?》中所指出的:[14]

> 因为我们从来都不会处于同一个情境中,我们从来都不会进行
> 同一个解释行为。由于我们从不可能参与同一个解释行为,也就不
> 可能将解释所获得的不同的文本内涵进行比较。我已经指出无论文
> 本的读者怎样做,它只是另一种形式的解释,无论我们是否喜欢,
> 我们都不得不承认,解释是阅读中所进行的唯一的一个游戏。

费什撰写了大量的文章来论证他的这一观点,并在很多场合强调阐
释学和解构学理论共同的思想来源及思想观点的相似性。然而,区别这
两个学派的关键点在于费什认为脱离文本所进行的任何解释是不成立
的。因为"解释群体"的存在是通过对文本的阅读形成的,因此阅读的
过程是一种不可逆的动态的过程。[15] 费什在他回应费斯的文章中再次提

到了这一观点，强调费斯所提出的限定性规则或者"学术规则"本身也是"文本"，因此"也需要解释，并不能作为解释领域的限定性规范"。[16] 费斯和伽达默尔所提出的文本（即使不包括文本的含义）的具体化、客观化的观点是费什所不能接受的。在费什看来，包括规则在内，没有什么是可以脱离文本而存在的。相应的，

> 在法律或者其他领域，规则不能独立于规则所规范的行为而独立存在，而且规则和它们所规范的行为之间存在着十分密切的联系。[17]

任何限制都不是外在的。读者总是在既定的情境中生活，因此排除 47 费斯所担心的虚无主义的限制性规定"总是已经存在的"。[18]

费斯的核心观点得到了罗纳德·德沃金的支持。对于德沃金而言，法律实践就是法律解释，法律解释是阐释学理论的实践。因此他在 1982 年发表的论文《作为解释的法律》（Law as Interpretation）中强调，"解释不是个人或者党派政治，如果不能理解这一点，那么在此基础上展开的对法律的评论将无助于法律的理解，甚至无法对法律行为予以指导"。[19] 他认为，法律解释作为文学评论中的学术实践能够得到更好的理解。他认为文学评论实践否定了作者意图的权威地位，相反强调文本和读者，以及文本和读者之间的互动对文本解读的权威地位。[20] 德沃金认为读者对文本解释所受到的"限制"是来自文本本身，同时他提出了"连载小说"（chain novel）这一著名的隐喻来表达他所思考的之前的文本所建立起的对文本的"限制"。因此，文本的含义不仅受到它之前文本含义的限制，而且受到读者所分享的之前含义的限制。[21] 随后，在他的《法律帝国》（Law's Empire）一书中，德沃金发展了他的这一理论，在这本书中，他以"忠实于文本"为主题展开论述，文章中再次使用了"连载小说"及其相关的概念。德沃金的"忠实于文本"的理论正是伽达默尔所提出的裁判"忠实于文本"的理论。事实上，德沃金承认他的

思想来源于伽达默尔，尽管或许他的理论没有达到伽达默尔的理论深度。《法律帝国》重新确定了在司法裁判过程中解释的中心地位。作为整体的法律是必须要"进行解释的"。尽管如此，和"商谈性解释"相对应，"建设性解释"代表的是作为文本的文本的客观性。更进一步说，正是这一解释过程，更加明确了法律的道德性，因为解释者总是根据某种"原则"的"限定"来进行解释。[22] 在《法律帝国》的最后一章里，德沃金指出，他理想中的法官赫尔克里斯（Hercules）首先是在解释忠实性的道德"上帝"的指引下进行工作的。作为整体的法律"使得法律的内容不仅体现具体的传统或者独立的革命运动，而且依赖于它需要解释的同样的法律实践的认真和具体的解释"。[23] 费什对于德沃金的评论和他对于费斯的评论是基本一致的。在承认"连载小说"隐喻的说服力的同时，费什认为，如果仅仅因为小说在表面上看起来符合费斯所认为的"解释群体"的观点，那么它最终并不能真正有助于对法律的理解，原因很简单，因为根据费斯的"学科规则"（disciplining rules），小说的内容是由特定的原始的文本素材决定的。当然没有任何事物可以作为文本的基础，因为，文本本身不依赖于任何事物而存在。因此，在第一位小说家和任何之后通过阅读来阐释小说内容的小说家之间并不存在任何区别。在小说的创作中，他们都是作为读者，对文本的含义进行阐释和解读。从这个意义上说，德沃金的观点是正确的，但是他的观点不具有任何意义。德沃金所担心的不受约束的法官也正是费斯所担心的。但事实上，这样的法官从未存在过，也不可能存在，因此并不存在为了保证司法的公正性，而可能或者需要采用的约束规则。公正性问题本身，仅仅是另外一个被长久讨论的主题的"翻版"，尽管最初这一主题的提出是为了实现社会矫正的功能，但事实上只不过是起到了安慰剂的作用。公正只是每天的日常解释而言。[24]

正如我之前所指出的，在法学界，关于解释和通过文本阅读形成对文本涵义共识可能性问题的讨论不仅仅局限于持阐释学和解构主义理论观点的学者之间。事实上，解释不确定性的问题可能已经成为当代法学研究中最受关注的问题。文本解释的通俗易懂和忠实于原始文本已经被提升到政治性的高度来考量。持阐释学观点的学者，即认为对一个具体文本的解读存在着规定的解释，都是具有文学倾向的学者，例如费斯和德沃金。他们同样担心随着激进的解释不确定性的理论的提出所伴随而来的政治虚无主义和理论的死亡。因此肯·克瑞斯（Ken Kress）采用了被广泛使用的研究策略，承认解构主义理论的核心理念，但同时强调不确定性并不是像解构主义激进学者所主张的破坏自由主义批判。解构主义仅仅被认为是一种"恶作剧"。[25] 这一理论中最保守的观点，对法学研究中的解释主义的整体价值提出了质疑。迈克尔·莫尔（Michael Moore）认为解释主义是完全反哲学的，因此在法理学的争论中是没有任何研究价值的。莫尔公开宣称自己是一位法律现实主义学者，因此毫无疑问，极端的反解释主义立场应该是一种极端的现实主义立场。在莫尔看来，事实上，最终无论是像费什这样的解构主义学者，还是像德沃金这样的阐释主义学者，他们的观点都没有多少差别，只是从不同的角度对基本的裁判的经验现实主义理论提出了同样的批判。[26]

　　与之相对应，解释学论文，尤其是从解释学衍生出来的较为激进的解构主义的观点，为批判法律研究学者所广泛接受。然而，这一观点的流行程度逐渐在发生变化。对于某些人而言，他们认为文学问题仍然可能是伴随政治或法律激进主义出现的问题。在马克·图什内特所写的《遵从制定法》（*Following the Rules Laid Down*）的论著中，我们能感受到早期批判法学派学者在进行诠释学研究时所体验到的压力。这篇文章旨在颠覆以德沃金为首的自由主义学派的理论前提，即存在对宪法的公正、无偏私的客观解释。继承经典的批判法律研究理论传统，图什内特强调任何解释都只是占据主导地位的政治思想的体现，这种政治思想常常以历史先例的形式出现。他认为自由主义解释理论仅是对通过阅读对文本涵义进行创造性阐释的读者的否定。然而，从根本上来说，基于图什内特在社会政治领域方面的研究兴趣，他的观点和莫尔的观点是一致的。莫尔认为对文本的关注会使我们不再关注哲学，而图什内特认为对文本的研究将会妨碍对法律的政治研究。和图什内特相比，罗宾·韦斯特更明显地表现出对于法律与文学研究的不屑，她对目前诠释学的研究持保留意见。[27] 和图什内特一样，她认为法律与文学运动可能会分散学者关于法律的政治研究。正如本书的第一章所指出的，韦斯特支持批判法学派的政治观点。她认为法律和文学的跨学科研究已经偏离了法律理论研究的主旨：

> 从形式上来看，裁判是一种解释，但是从实质上看，它是一种权力的运用方式，并不是真正的解释行为，例如文学解释的实践方式。和我们所进行的文字编辑工作，例如创作或者解读小说相比，裁判和立法、行政命令、行政法规以及部落首领、国王和专制君主的命令有更多的共同点。它是以国家权力为后盾的。无论裁判和文学语言活动有多么的相似，这一核心特征使二者截然区别开来。如果我们忽视了文学解释和裁判之间的区别，如果我们没有看到他们之间的区别在于司法机关所行使的权力和阐释者所行使的权力之间的差异，那么我们或者会误解解释的本质，或者会误解法律的本质，或者会对双方的本质都会误解。[28]

司法解释所需要的并不是精细化的文学分析，而是一个真正严格的对权力的批判。最终，费斯、费什和德沃金没有遵循解释社群中的"过度乐观"的规则，因为"过度乐观"将使得他们无法真正开展对法律实践的批判。对法律的有意义的批评是在文本之外的，"这是我们无法通过文字表达的，而它恰恰反映了我们的真实需求，我们潜意识中的真实想法，我们所向往的乌托邦"。[29]

尽管有这些疑虑，近年来许多其他的批判法律学者已经逐渐认识到任何法律批判的方式在根本上都是关于文本的问题。不可能避开对于法律文本的研究。不仅如此，对于法律文本的研究事实上促进了政治法律批判的发展，这一观点日益为人们普遍接受。在主张对法律文本研究的学者中，如杰瑞·弗拉格（Jerry Frug）和彼得·古德里奇（Peter Goodrich），他们着重指出法律的问题其实就是语言和修辞问题。[30] 通过文本来研究法律问题，并积极参与到解释学争论中的著名学者是艾伦·哈钦森（Allan Hutchinson），根据他的观点：

> 我们一直都生活在故事中。历史和人们的行为只有在它们所存在的叙事情境和戏剧化的背景中才能获得它们的内涵，才能为我们所理解。很多故事是我们想象或者创作出来的，但是我们只有在其他故事所建立的乡土语境中才能倾听和理解这些故事。我们对这些叙事性故事的讨论其实是对决定这些故事中的道德力量和认识合理性并构成这些故事背景的叙事性故事的讨论。法律的存在并不是逻辑性的或者是经验性的，而是对世界重塑的叙事性的方式。和所有神话一样，法律故事是从我们日常复杂的，常常是模棱两可的经验中被提炼出的某种重要的特征中获取它的内涵和重要性。作为一种叙事，法律故事选择了我们经验中的一些内容，而舍弃了其他的经验，并因此使某些人获得了权利，剥夺了其他人的权利。最重要的是，故事本身就构成了我们经验的现实。在这个意义上，法律故事调节了我们所生活的世界和其他世界之间的关系，法律故事提供了我们自我定位和理解世界的可能性和参数。[31]

哈钦森的解释理论的内涵可以通过他对德沃金、费什、詹姆斯·伯艾德·怀特以及理查德·罗蒂的评论来进一步理解。在对上述这些学者的观点进行讨论的过程中，哈钦森使用了诠释学的分析方法强化政治法律评论的效果。这样，他对罗蒂观点的评述就不是对罗蒂商谈观点的评论，也不同于费什曾经进行的评述，而正是罗蒂的理论中所固有的自由主义倾向使他没有采用极端的激进的政治观点。正是从商谈解释的不确定性出发，罗蒂支持社会政治建构论。根据哈钦森的观点，罗蒂没有"认真地探究他的历史观点"。哈钦森要进行的是罗蒂文章中的"创新

51

的精神，而不是自由主义的文字"。他认同罗蒂所提出的文本的创作目的，他认为补充解释这一目的的政治模型是福柯所提出的"参与性民主"。[32] 这样哈钦森的论文目的和图什内特与韦斯特的论文目的是一致的，例如，承认法律的政治性，然而他又认为法律的政治性是受政治性的文本所影响的，因此论文的主旨在于论证诠释学的重要的学术价值。哈钦森对于费什观点的评价基本上和他对罗蒂的评价是一致的。费什没有确认法律讨论的历史重要性，这使他被指责为是现实自由主义者，从而使费什与那些他所批评的政治观点无法区别开来。对于费斯和德沃金，哈钦森认为他们都承袭了欧洲大陆德里达式和福柯式的解构解释学研究的传统，因为，不同于现实主义解释学研究，他们的理论中包含了丰富的对于文本评论、历史、社会和政治等重要性的论述。[33]

哈钦森所进行的最激烈的批评毫无疑问地指向自由主义思想的代表人物——德沃金。根据哈钦森的观点，德沃金并没有认真地进行文学研究，主要是因为他将文本放在研究的首位，同时拒绝承认语言和解释在法学研究中不可或缺的重要地位。他认为，德沃金忽视了普通读者的角色。因此他认为，除非出现相反的情况，德沃金的论文是反对文本主义的，同时也是当代"自由形式主义"论文中最具有影响力的文章。[34] 作为主张基础自由主义理论的学者，德沃金和费什不仅对费斯的观点进行了批判，而且也批判了詹姆斯·伯艾德·怀特的观点。根据哈钦森的观点，怀特通过文本阅读在参与性民主政治重构方面做出了非常重要的贡献，但是怀特的研究在基础主义方面存在着重大的缺陷，他认为基础主义方面的问题常常困扰着阐释学理论的发展。在哈钦森看来，"探寻阐释学真谛"的努力将不可避免地导入一种带有政治道德色彩的阅读。因此，怀特试图理解文本含义的努力仅仅是另一种有缺陷的"形而上学理论"的实践。在研读怀特《当语词失去了它们的意义》时，哈钦森指出：

　　整部著作一方面在为当代杂乱无章的司法裁判实践寻求其存在

的合理性，一方面表达了作者对于这种司法实践的无奈。怀特在这篇文章中所展示出的多元论的思想是当代学术研究中所面临的典型困境。尽管文章尽可能地对寻求绝对真理的问题予以回避，但是它却无法绕开彼拉多（Pilate）的问题"什么是真理?"。怀特同样无法逃避或者绕开对文本客观存在的初始涵义的逻辑考证和追问。[35]

随后，哈钦森对怀特的阅读理论进行了重新评价，他强调，怀特的理论没有考虑"写作的具体行为所处的历史情境"，正如德沃金理论中的缺憾一样，他也没有意识到语词的含义并不是一成不变的，而是"鲜活"的，始终在变化着的。怀特的论文"行文优雅，学识渊博"，怀特最近的作品"揭示了当代法律和文学理论的研究目标和研究失误，然而怀特无法摆脱对于客观真理和文本内涵的理性追求的渴望，他拒绝讨论政治对语言的决定性影响和对语言发展产生的积极影响，他拒绝研究法律论题以及学者们在这一方面的研究。他指出了这些关键性的问题，但他忽略了它们，而且不再对它们进行讨论"。[36]

正如我在第一章中所介绍的，毫无疑问，在法律和文学研究的学者们中，怀特是最关注我们应当如何阅读文学作品这一问题的学者。对于他而言，"作为文学的法律"是最重要的论题。在他1982年的论文《作为语言的法律》（Law as Language）中，怀特交替使用了阐释学和解构主义两种理论技术来阐释法律争论中的具体风格，他认为阅读法律文本常常不是获取一种单一文本的含义，而是常常会获取一系列可能的含义。从整体上看，法律是一种语言，因为它是阅读、写作和演讲的一种方式，并通过这些行为来形成具有法律特征的争论性的文化。阅读是一种公共事业。[37]正如我们在第一章中所提到的，因此怀特认为争论是否具有确定性的答案是不重要的。重要的是我们如何写作，如何阅读，而不是文本是否具有某种具体的含义。阅读成为一种交互式的经验，和文本、社会和生活经验等进行交互式的互动。这些似乎都让人感到怀疑，但是怀特并没有放弃对文本含义的探寻，也正是在这个意义上，哈钦森对怀特进行了直接的批评。在语言方面，部分的回应了伽达默尔和费什的观点，怀特认为读者群体构建了它自己的理性，并依据这一理性建立群体内读者们所分享的文本的含义。这样，尽管法官的角色是完全创造性的，但是这一创造性受限于阅读中读者们所共享的经验，法律文本的读者能够建立关于法律文本含义的一致的判断。[38] 这一语言组成理论和讨论文化的建构理论成为怀特解释理论的核心。在《当语言失去了它们的意义》一书中，他重申：

> 无论我们讲话或是写作，我们都在界定我们和另外其他人之间的关系，而且我们是在通过别人所创造，但由我们通过使用来修正其含义的语词来实现。和其他的对话不同，这些语词是很多不知名的人，但却又是必不可少的人，在无法确定的文化情景中所创造的。它为读者提供了在任何地点和时间可以反复使用的文化重构的经验。在这个意义上，它是文化的一部分，它超越了它自己所在的特定的空间、时间和社会情境。[39]

在最近发表的论文《翻译正义》中，怀特再次强调解决的办法不是简单的"借用"某人的技术，例如阐释学或是解构主义，而是创造和形成讨论的"新的社群"，并且有意识地去进行这样的工作。[40] 这样，法理学就不仅仅是修辞学的实践，或者仅仅是劝诫读者的需要。法律已经是文学的一种形式，因此任何法律文本的阅读总是在讨论者的社群中所进行的创造和翻译的行为。不可能存在最终的解释，但是通过对文本解释的连贯性、对文本的忠实性的评估，我们可以确认解释是否忠于原文的含义，通过对解释的伦理和文化含义的评估，解释可以揭示它所阐释的文本的意义。[41] 怀特的观点直接否定了康德所提出的学术规则。怀特越关注方法的研究，他的研究就越接近伽达默尔，当然也越接近于费斯和德沃金。

怀特的论文不仅仅引起了来自哈钦森等批判法学学者的批评，正如我们已经讨论过的，罗宾·韦斯特也批评怀特提出了一种基于阐释学基础的"保守"的、反社群主义的解释学理论。韦斯特否定了怀特所提出的理论前提，即我们至少"知道"作为文本创作整体的解释性社会。[42]她强烈反对这一理论前提，她认为这是对解释学领域知识权力的分散。对于韦斯特而言，法律最终是政治，而不是文本，是一种权力，而不是解释。另一位截然不同的，但同样非常坚决地对怀特的观点提出批评的是理查德·维茨伯格。不同于韦斯特，维茨伯格认为怀特所提出的阐释学的基础主义理论和道德伦理观点并不是其理论中的问题所在，怀特的理论之所以受到质疑是因为他的理论中缺乏对现实道德问题的探讨。正如我们在第一章中所提到的，维茨伯格的研究重点在于对文学中的法律的分析，当然，这一研究无法完全和作为文学的法律研究分开，因此也无法和对文本涵义问题的探讨分开。正如我们对他的早期作品所进行的探讨，维茨伯格认同保罗·德·曼（Paul de Man）的解构主义思想。在某种意义上，维茨伯格对当代存在主义小说的研究需要建立在这一理论基础之上。作为存在主义文学作品的理论基础，海德格尔的二律背反理论指出，作为人类活动的解释其实也是我们自己反对自己的行为。这样，最终，不是文本，而是读者是文本涵义的决定者。[43]这一观点在维茨伯格近期的代表作《法律与文学的诗学及其他策略》中被再次强化。在这本书中，和韦斯特一样，他批评怀特过于知识化，他的著作是为上层阶级所创作的。但和韦斯特主张重新强调法律的政治性不同，维茨伯格强调要回归到对法律哲学的讨论。根据维茨伯格的观点，怀特的主张最终只能导向纯修辞学理论，缺乏对道德影响的思考。这样一种单纯的文本理论完全是内在的，最终将不具有任何价值。维茨伯格的结论是：

> 最终，我们所要讨论的是一个熟悉的问题，但是至少从怀特的思想来看，是一个和伦理毫无关系的问题。如果法律问题只是语言的构成和重组，如果法律人只是在寻求非法律人修辞中的元语言，那么什么可以约束诉讼中的司法人员不能忽视诉讼中其他当事人的

诉求？对法律文本中的语词过分关注，将会使法律关系中的其他人更加困惑，甚至不可能发出自己的声音，将会对曾经被忽略的文本进行更加准确的解释，尽管怀特认为可以使法律更加客观，但是却无助于我们去塑造符合社会伦理价值的法律体系。[44]

在最后的分析中，维茨伯格虽未明确指出，但隐含地提出了怀特的纯修辞理论其实和费什的解构主义理论是同出一辙。和修辞相比，学者们更加关注的是解释理论。维茨伯格赞同欧文·费斯的观点，他认为自己所秉承的道德理念使自己坚决地支持从文本之外对文本解释起着重要约束作用的各类因素的价值。[45] 维茨伯格认为，我们应当采用的是德里达后现代主义学者的重构伦理，例如德鲁西拉·康奈尔（Drucilla Cornell）所主张的伦理观点。[46] 在康奈尔早期的观点中，她的后现代主义"对话论"看上去是对罗蒂商谈理论的回溯。因此，她指出"商谈包含了非常广泛的主体，我们都可以被看作是我们所进行的商谈的成员，我们要相信我们可以通过商谈发现我们之间的共同利益"。[47] 在最近的著作中，康奈尔认为自己越来越接近德里达的思想，即读者对文本的解构本身就是一个伦理活动，因此也将是重构一个新的伦理文本的一种基本方式。康奈尔认为，"一个法律裁决是对文本的创造性的补充文本，它通过告诉我们应该在未来如何指导我们的行为，从而再次赋予文本涵义以新的生命力"。[48] 与此同时，康奈尔特别将自己与基础主义（foundationalism）的任何观点区别开来。伦理解释并不是像费斯或者德沃金所指出的是基础的或者客观的解释。当然，她同样认为伦理解释是后现代解释主义理论中的一种，而后现代解释主义理论事实上认识到存在着多元化的伦理观念：

> 法律的规则要求我们通过诉诸于司法来获得法律的解释，而司法解释的过程也是以社会利益的实现为旨归的，这一解释过程本身只是一种解释，而并不是关于社会共同利益实际应当是什么的最后

断言。解释是在变化之中的。因此，我们需要记住当我们在解释时，我们应当为这种解释变化的方向负责。我们不能逃避在每一个解释行为中我们应当承担的责任。[49]

　　这种对解释责任的要求是解释忠实性的要求，但它不是伽达默尔或者德沃金式的对于文本的忠实，而是对文本读者的忠实。在另一篇论文中，康奈尔再次指出，阅读只是意识到伦理的转变形式的方式。在这个意义上，"由于没有单一的文本涵义的来源，法律解释必须是发现式的和创造性的"。[50] 这是一个关于文本涵义的后现代概念。康奈尔希望这篇以"关于有限性的哲学"（philosophy of the limit）为题的论文，将最终弱化在当代法律文学争论中最主要的阐释学和解构主义理论两大分支之间的差别。在这场争论中没有裁决者，我将指出，我们尚未听到所有相关的证据。看起来在很多场合都要求有"负责后现代案件"的裁决者参加，但如果后现代主义理论在伦理学意义或实践意义上是正确的，那么它将不需要别人对其予以评判。当我们讨论康奈尔的时候，我们又回到了德里达，因此，又一次像第二章一样，我们回到了最初的起点。对于这个争论，最终并没有一个解决方案。这场争论不是关于胜负的论战，而仅仅是不同理论思想的争锋。这本书，这一章是否有意义呢？我希望有，但是如果没有意义，我又怎么知道呢？那我为什么要担心呢？是你们，而不是我真正决定这一章节的价值所在，而且你必须得出你自己的结论。

56

注释

1. 关于海德格尔转向语言学研究的讨论，参见 P. Lacoue-Labarthe, *Heidegger, Art and Politics* (Oxford：Blackwell, 1990)。关于海德格尔之后关于语言的论文选集，参见 M. Heidegger, *Poetry, Language, Thought* (New York：Harper and Row, 1971)。
2. 海德格尔在他与康德的"对话"之后得出了这个结论。相关的评论，参见 F. Schalow, *The Renewal of the Heidegger-Kant Dialogue*（Albany：SUNY，1992）.

3. See H. G. . Gadamer, *Truth and Method*（London：Sheed and Ward, 1975），294. 关于从一个具体的法理学视角对伽达默尔的论文进行的讨论，参见 B. Sherman, "Hermeneutics in Law", *Modern Law Review*, 51（1988），386-402；W. Eskridge, " Gadamer/Statutory Interpretation ", *Columbia Law Review*, 90（1990），609-81；and S. Feldman, "he New Metaphysics：The Interpretive Turn in Jurisprudence", *Iowa Law Review*, 76（1991），661-99.

4. 没有找到德里达的手本，关于德里达的最好的介绍性文章，参见 C. Norris, *Derrida*（London：Fontana, 1987），and G. Bennington, *Jacques Derrida*（University of Chicago Press, 1993）. 关于德里达的法理学论文，参见他的《法律的力量：权威的神秘基础》["Force of Law："The Mystical Foundation of Authority' ", *Cardozo Law Review*, II（1990），921-1045]。然而最好的评论是巴尔金的论文，参见 J. Balkin, "Deconstructive Practice and Legal Theory", *Yale Law Journal*, 96（1987），743-86.

5. See D. Michelfelder and R. Palmer, ed. , *Dialogue and Deconstruction：The Gadamer-Derrida Encounter*（Albany：SUNY, 1989）.

6. Gadamer, "Text and Understanding", in *Dialogue and Deconstruction*, 32 and 35-6.

7. J. Derrida, "Three Questions to Hans-Georg Gadamer", in *Dialogue and Deconstruction*, 52-4.

8. Gadamer, "Reply to Jacques Derrida", in *Dialogue and Deconstruction*, 55-7.

9. O. Fiss, "Objectivity and Interpretation", *Stanford Law Review*, 34（1982），739-63.

10. *Ibid.*, 739.

11. *Ibid.*, 744.

12. *Ibid.*, 744, 750-5 and 761-3.

13. 关于费什对于它们之间差异的论述，参见他的文章 "With the Compliments of the Author：Reflections on Austin and Derrida" 载于他的著作 *Doing What Comes Naturally：Change, Rhetoric, and the Practice of Theory in Literary and Legal Studies*（Oxford University Press, 1989），37-67.

14. Fish, *Is There a Text in this Class？The Authority of Interpretive Communities*（Cambridge, Mass. ：Harvard University Press, 1980），276-7 and 355.

15. See particularly Fish, "Introduction: Going Down the Anti-Formalist Road", and "Change", in *Doing What Comes Naturally*, at 1–33 and 141–60.

16. See his "Fish v. Fiss", in *Doing What Comes Naturally*, at 126.

17. *Ibid.*, 1328.

18. *Ibid.*, 1334 and 1345-6.

19. R. Dworkin, "Law as Interpretation", *Texas Law Review*, 60 (1982), 527.

20. *Ibid.*, 530-40 and 546-8.

21. *Ibid.*, 540-6.

22. R. Dworkin, *Law's Empire* (Cambridge, Mass.: Belknap, 1986), particularly chapters 2, 6, 7 and 11.

23. *Ibid.*, 400-410.

24. 费什关于德沃金著作的各种评论，参见他的论文: "Working on the Chain Gang", "Wrong Again" and "Still Wrong After All These Years", in *Doing What Comes Naturally*, at 87-102, 103-19 and 356-71 respectively.

25. K. Kress, "Legal Indeterminacy", *California Law Review*, 97 (1989), 283-337.

26. M. More, "The Interpretive Turn in Modern Theory: A Turn for the Worse?", *Stanford Law Review*, 41 (1989), 871-957.

27. See M. Tushnet, "Following the Rules Laid Down: A Critique of Interpretivism and Neutral Principles", *Harvard Law Review*, 96 (1982), 781-827.

28. R. West, "Adjudication is Not Interpretation", in her *Narrative, Authority, and Law* (Ann Arbor: University of Michigan Press, 1993), 93-4.

29. *Ibid.*, 76, 107 and 174-5.

30. See J. Frug, "Argument as Character", *Stanford Law Review*, 40 (1988), 869-927, and P. Goodrich, *Reading the Law: A Critical Introduction to Legal Method and Techniques* (Oxford: Blackwell, 1986), *Languages of Law: From Logics of Memory to Nomadic Masks* (London: Weidenfeld, 1990), and "Critical Legal Studies in England: Prospective Histories", *Oxford Journal of Legal Studies*, 12 (1992), 195-236. 关于在批判法学研究中文本重要性的评论参见 G. Peller, "The Metaphysics of American Law", *California Law Review*, 73 (1985), 1152-290.

31. A. Hutchinson, "In Training", in *Dwelling on the Threshold: Critical Essays in Modern Legal Thought* (Toronto: Carswell, 1988), 13-14.

32. A. Hutchinson, "The Three 'Rs': Reading/ Rorty/ Radically", *Harvard Law*

Review, 103（1989），555–85.

33. Hutchinson, "Doing Interpretive Numbers", in *Dwelling on the Threshold*, 145–62.

34. See A. Hutchinson, "Of Kings and Dirty Rascals: The Struggle for Democracy", *Queens Law Journal*, 17（1984），273–92.

35. A. Hutchinson, "From Cultural Construction to Historical Deconstruction", *Yale Law Journal*, 94（1984），226–7.

36. Hutchinson, *Dwelling on the Threshold*, 127.

37. J. White, "Law as Language: Reading Law and Reading Literature", *Texas Law Review*, 60（1982），415.

38. *Ibid.*, 434–6.

39. J. White, *When Words Lose Their Meaning: Constitutions and Reconstitutions of Language, Character, and Community* (University of Chicago Press, 1984), 276–80. 将这本书作为支持读者反映理论的有趣的文献综述回顾和深入的研究，可以参见 W. Page, "The Place of Law and Literature", *Vanderbilt Law Review*, 39（1986），408–415.

40. J. White, *Justice as Translation: An Essay in Cultural and Legal Criticism* (University of Chicago Press, 1990), 13–16.

41. *Ibid.*, 11 and 246–269.

42. See West, "Disciplines, Subjectivity and Law", in *Narrative*, particularly 283–90.

43. See Richard Weisberg, "Text Into Theory: A Literary Approach to the Constitution", *Georgia Law Review*, 20（1986），946–8, and "Coming of Age Some More: 'Law and Literature' Beyond the Cradle", *Nova Law Review*, 13（1998），121–4.

44. Richard Weisberg, *Poethics: And Other Strategies of Law and Literature* (New York: Columbia University Press, 1992), 249–250. See generally 224–250.

45. *Ibid.*, 168–175.

46. *Ibid.*, 248–350.

47. D. Cornell, "Toward a Modern/ Postmodern Reconstruction of Ethics", *University of Pennsylvania Law Review*, 133（1985），378.

48. Cornell, "Institutionalization of Meaning, Recollective Imagination and the Potential for Transformative Legal Interpretation", *University of Pennsylvania Law Review*, 136（1988），1204.

49. Cornell, "The Good, the Right, and the Possibility of Legal Interpretation" in her *The Philosophy of the Limit* (London: Routledge, 1992), 113 and 115.

50. Conell, "The Relevance of Time to the Relationship between the Philosophy of the Limit and Systems Theory: The Call to Judicial Responsibility", *in The Philosophy of the Limit*, 147.

第二部分

研究视角

重读莎士比亚

　　在对法律与文学研究的政治意义日益热烈的讨论中，文学对于法学研究的价值，最没有争议的领域或许是在法律史学研究中。我认为，历史文学作品作为研究法律史的具有教育意义的补充材料的地位和所发挥的作用将是不容置疑的。令人奇怪的是，这或许不是一个吸引我们在前文所讨论过的法律与文学研究者们所关注的研究领域。或许这主要是因为它的相对无争议性，以及这一论题的非哲学性视角。当然，这并不是说历史性文学没有被作为法律史研究的补充资料。历史性文学研究对于法律史研究的意义已经为很多个案所证明。[1] 例如，莎士比亚的系列文学作品为法律史学研究提供了极其丰富的研究素材。当然，并不是法律与文学研究者首次将莎士比亚的作品用于法律研究，尤其是莎士比亚创作的戏剧作品已经被广泛用于重新探讨一些为我们所熟悉的法理学概念，例如正义。[2] 在更广泛的法律史学研究中，《哈姆雷特》（Hamlet）被用于研究自杀的法律，《亨利五世》（Henry V）被用于研究中世纪现代早期欧洲国际法，莎士比亚所创作的包括喜剧和历史剧在内的一系列戏剧作品被用于考究在伊丽莎白（伊丽莎白一世，伊丽莎白·都铎，Elizabeth Tudor）执政时期产生重要影响的誓言的忠诚度、教会法庭的角色等争议性问题。[3] 在这一章，我想进行一个类似的研究，我希望通过这一研究揭示现代文学作品可以被用于更好地探究、理解法律历史主题的潜在教育意义。我将着重研究莎士比亚的三部历史剧——《理查德三世》（Richard III）、《国王约翰》（King John）以及《理查德二世》（Richard II），

60 以此作为研究 16 世纪晚期和 17 世纪早期宪政思想的补充资料。在这一章的第一部分，我将对现代早期宪政思想进行一个介绍，在第二部分，我将展示这三部戏剧是如何描述当代宪政论争的各种观点之间的碰撞。

都铎王朝的宪政

莎士比亚的历史剧都是关于国王和臣民的，而臣民都是被授予爵位的。这点在莎士比亚的戏剧中非常重要。这一特征在莎士比亚的戏剧中非常明显，无论我们对宪政有着怎样的理解，在对都铎王朝的宪政问题上，莎士比亚是绝对准确的。在中世纪和现代早期的英格兰，至少直到 17 世纪早期，国王，当然还有王后，都比其他人要重要得多，而且其地位明显高于其他人。事实上，尽管存在着各种对于君主个人及君主制理论的批评，这些批评理论甚至喧嚣一时，但至少直到 17 世纪中叶都没有人真正认真地思考过一个新的替代方案。[4] 这并不是说君主制的基础非常稳定。近期学者的研究再次证明，在 16 世纪整个欧洲的君主制都陷入了危机。[5] 正如一位英国学者所指出的，1649 年英国革命已经对欧洲大陆各国产生了深远的影响。到 15 世纪末，英国君主制政府陷入了财政危机，在这之后继任的英国国王的一个重要任务就是为政府的正常运转筹措资金。更糟糕的是，后继者们提高税赋以增加政府财政收入的方案，不仅没有获得预期的收入增长，而且招致了 "缺乏执政能力" 的指责。事实上，正如兰德（J. R. Lander）所指出的，英国君主是一个 "权力有限的君主，它对政府的影响日益有限，其权力范围被日益严格地限定，而且也不稳定"。[6] 依据最新的研究，在 16 世纪 90 年代英格兰完全处于不稳定的局势中。[7] 导致不稳定的原因主要集中在三个方面，其中任何一个因素在某种程度上都导致了君主制的危机。第一个问题很显然是继承问题，在 16 世纪 90 年代国王没有自然继承人，从 15 世纪起就已经争论不休的王位继承问题变得更加鲜明起来，成为王朝统治者的噩梦。女王日益暴躁的性情在一定程度上导致了宫廷中持续不断的派系纷争，而这并没有使这一问题得到缓解。我们将在《理查德二世》中加以讨论的埃塞克斯的叛乱就是在这一背景下发生的。[8] 导致政治动荡的第二个问题是英国政府无法继续维持 1559 年伊丽莎白执政时期开拓的英国殖民地。当然，教廷的问题同时也是君主的问题。伊丽莎白的父王，依据他所信奉的中世纪基督教理论，致力于加强君主和上帝之间的神圣联系，这一点我们将在下文中做更加深入的研究。在其父王的王国之上，伊丽莎白女王宣称自己是新教的神圣公主。在 1587 年～1589 年之间出版发行的名为《三月教士》（*Marprelate*）的小册子公开宣称反对殖民地统治，在 16 世纪 90 年代清教徒以及天主教徒都公开宣称不再服从于王室的命令。理查德·胡克（Richard Hooker）所出版的《教会的法律》（*Laws of Ecclesiastical Polity*）描述了英国国教对这一现象的回应，英国国教显然已经感到了自己在理论体系方面的欠缺，意图展示一个连贯的理论体系。16 世纪晚期英格兰的君主制危机同时也是英国国教教廷的危机。[9] 在 16 世纪 90 年代的第三个问题是间歇性发生的，但是其引发的危机并不亚于前两个问题。由于连年的农业歉收，原本顺从的臣民开始不再顺从，暴动日益频繁。在 16 世纪 90 年代，国家遭受了连续十年的经济困难。这使得那些意图挑战政府权威的人无形中获得了日益庞大的潜在支持者。[10]

　　正是伊丽莎白女王统治最后十年中的社会动荡，直接导致了人们开始重新思考君主与臣民之间的关系。王室对此所做的最迅速的反应之一是加强了对于伊丽莎白女王的宣传，宣扬君主对臣民统治的合法性和合理性。几个世纪以来，礼节和仪式是伊丽莎白女王统治下的英格兰王国的基石。在 16 世纪 90 年代，宫廷更加有意识地渲染伊丽莎白女王的超自然的神的形象。[11] 稍后我们将对都铎王朝极力支持的君主的超自然神的形象，以及该形象在宪政争论中所扮演的角色进行分析，因为这一问题逐渐成为这场争论的焦点，在世纪之交，这一问题成为宪政问题中的核心问题。然而，矛盾的是，人们几乎都认为 15 世纪和 16 世纪的欧洲

61

是知识黑暗的年代。[12] 由于这一时期没有出现可以替代君主制的理论，这一时期就当然地被认为是缺乏产生理论思想的知识基础。17 世纪常常被认为是英国宪政思想的启蒙时期。学术界通常认为托马斯·霍布斯最早提出了法理学思想。这一观点有其合理性，但同时如果我们无视 16 世纪晚期的历史，这显然是不明智的，因为尽管这一时期没有什么新的或原创的宪政思想，但宪政思想同样存在，而且逐渐围绕这一问题产生了一系列的争论。这在当时是必然要出现的。这一观点是在关于 17 世纪宪政思想研究的两篇论文中提出来的。这两篇论文强调，虽然关于宪政的争论在几个世纪后才盛极一时，但是这场争论所涉及的各种因素在 16 世纪后半叶就已经存在了。[13]

宪政问题所涉及的各种影响因素是由关于宪法的两大主要理论——混合君主制和君主专制理论，以及两大政治哲学——君权神授理论和人权理论所设定的。在相当大的程度上，以古典宪政理论为核心思想的混合君主制理论，是极具英国特色的发明，它源自于对我们之前所讨论的英国君主统治弊端的反思。[14] 最先提出这一思想，以及在中世纪倡导和支持这一思想的最主要的学者是约翰·福蒂斯丘（John Fortescue）爵士，他是亨利六世时代兰卡斯特的首席法官。福蒂斯丘首先提出中世纪晚期英国君主制已经陷入了日益严重的危机，同时他积极推崇这一时期在英国法学界成为主导思想的实用主义思想。在宪政理论研究中，福蒂斯丘认为英国的混合君主制不同于大陆的君主制理论，前者是 "*dominium politicum et regale*"，而后者则是单纯的 "*dominium tantum regale*"。[15] 这一区别包含三个内容。首先，和自然人不同，"政治" 意义上的君主是一个公共机构的概念。这个君主的概念直接决定了第二个方面的内容，即君主是由法律和宪法所规定的。这样，君主和臣民之间的关系由统治与被统治来严格界定，并因此受到普通法的调整。对福蒂斯丘思想的准确内涵有很多的争论。一些学者认为，福蒂斯丘所主张的是一种假想的议会主权的理论。而另一些学者则认为在自然法思想的深刻影响下，不可能产生如此激进的思想。福蒂斯丘所提出的是一种受法律约束的君主制思想，约束君主制的法律同时服从于自然法，自然法高于一切人类法律。当然，福蒂斯丘不是民主主义者。王国的统治权是由国王和少数几个被挑选出的臣民来分享。[16] 福蒂斯丘所强调的第三个内容是由于君主是国家的公共机构，而且需要平衡各种政治力量，因此，只要拥有良好的顾问支持，英国君主制就是好的政体。当然，王室的顾问是由出身贵族和贵族阶层的人组成，只有经过精心挑选的人才能参与到混合君主制的政体中。[17]

混合君主制的理论在 16 世纪得到了进一步的发展，尽管以一种日趋保守的方式来实现。大量支持混合君主制的论文被出版，例如托马斯·斯塔基（Thomas Starkey）、约翰·艾尔默（John Aylmer），以及主张君主仅仅是受托管理王国的机构的清教徒学者约翰·波内特（John Ponet）、托马斯·埃利奥特（Thomas Elyot）爵士、威廉·廷代尔（William Tyndale），以及伊丽莎白女王的帝国大臣托马斯·史密斯（Thomas Smith）等人的论著。[18] 在史密斯的专著《论英国君主共和》（De Republica Angolorum）最终于 1583 年发表的时候，英国宪政思想已经明显向人文主义思想靠拢。史密斯提出，所有政体都不可避免地走向混合制，而且像许多英国人文主义者一样，他引用亚里士多德的思想作为宪政思想研究的学术权威。[19] 认为日趋保守的混合君主制理论和刚刚出现的英国人文主义思想之间存在着一致性的判断是非常不准确的。但是这是一个可以论证的问题。[20] 当然，塔克（理查德·塔克，Richard Tuck）最近关于 16 世纪人文主义的研究，揭示了在 16 世纪末期"新人文主义"思想已经在英格兰兴起。塔克进一步指出，教会理论家理查德·胡克（Richard Hooker）曾经常常毫无争议地被认为是伊丽莎白时代末期主张混合君主制的思想家，其实他应更确切地被理解为一位亚里士多德式的人文主义学者。[21] 胡克在 1593 年和 1597 年间所出版的著作《教会的法律》（Laws of Ecclesiastical Polity），主要是为了填补由于英国国教实体理论缺乏所造成的空白。尽管他在理论上期望达到这一目标，但由于胡克将法律作为他的论文研究重点，这篇论文基本上是一篇关于宪政研究的文章。和托马斯主义学者（Thomist）的论证风格类似，他们认为所有的法律都源自神法，而人法都应遵从神法所允许的法律运行机制。这样，君主和臣民都要受到通过理智发现的人法的约束。君主不能发现法律本身，他们仅仅实施通过人的理智所发现的自然法。这样，君主在权力运用的方式上就受到了限制。胡克最终提出的是一种社会契约，它并不是某种历史事件，而是更多地包涵了伦理和哲学的意义。因此，对于君主的限制仅仅是道德意义上的。当然不存在反抗的权利。没有人，至少没有一个英国国教教徒会去思考这种反抗君主的可能性。尽管会有一个或者两个对英国君主统治提出质疑的人，但基本上是被边缘化的清教徒，例如乔治·布坎南（George Buchanan），半个世纪后，在一场血腥的内战结束时，提出了"人人平等"（Levellerism），期待公开推翻君主制。混合君主制反对君主独裁，人文主义者谴责君主独裁，但他们都期待上帝去废除君主独裁制。[22] 从各个角度来看，在16世纪最后十年中胡克的论文是明确提出混合君主制思想的典型代表。[23]

英国人文主义者所担心的，同样也是律师们所担心的问题是暴政的出现。最容易导致暴政的当然是专制君主的统治。在16世纪，混合君主制思想的出现日益受到关注和支持，实际上是因为都铎王朝早期的君主，如果还不是专制君主的话，也已经开始日益倾向于认同专制君主的统治。人们实际上是在担心都铎王朝出现君主的独裁暴政。[24] 关于都铎王朝的君主政体在很长时间内都是学者们争论的焦点，但几乎没有人会质疑它的君主独裁倾向。彭斯（J. H. Burns）认为到16世纪中叶，英国君主已经完全成为了君主独裁者。[25] 当然，正如埃尔顿（杰弗里·埃尔顿 Geoffrey Elton）所强调的，对一位都铎王朝君主意愿的遵从是一种坚决的无条件地服从。[26] 对绝对君主制最有力的学术支持是来自欧洲大陆的学者。在这些学者中，最有影响的是法国学者让·博丹（Jean Bodin），他认为如果在现实中国王、贵族和普通民众无法在任何事情上达成一致的协议，那么混合君主制的设想"在逻辑上是非常荒谬的"。[27] 或许更令人感到惊奇的是如果都铎王朝的君主倾向于独裁专政，即使并不缺乏政治思想理论的支持，英国君主的独裁专政理论在 16 世纪也是非常缺乏实质性内容的。当然，在英国曾经出现过苏格兰国王独裁专政理论，这是由后来成为英国詹姆士一世国王的詹姆士六世在他的《自由君主制的法律》(*The Trew Law of Free Monarchies*) 一书中提出的。令人感到荒谬的是，尽管和他的都铎王朝后继者相比，至少在实践上，詹姆士远非君主独裁统治的思想倡导者，然而 1958 年他的这篇论文的发表却无法平息在王位继承问题的争论中所产生对普通法正义实现的担忧。[28]

在 17 世纪早期和中期所出现的两位著名的支持专制主义的思想家，当属罗伯特·费尼默爵士 (Sir Robert Filmer) 和托马斯·霍布斯 (Thomas Hobbes)。[29] 然而，萨默维尔 (Somerville) 最近的研究已经确认，和欧洲大陆不同，在 16 世纪晚期英国的君主专制毫无争议地被认为是国王们的神圣权利。这样由于有神圣权利理论的支持，在亨利王朝和伊丽莎白王朝殖民地，君主和教会的联姻被认为是理所当然的。事实上，和混合君主制思想一样，专制主义思想从亚里士多德和阿奎那那里找到了理论渊源，专制神圣权利理论确信君主的权力仅仅来自于上帝的赐予。君主是上帝选派的。这样，虽然君主需要服从上帝的法律，但他是神法的唯一解释者，这就使得君主理所当然地高于人法，从而使君主在现实中存在于普通法法律规范之外，或许更确切地说是在普通法之上。这一理论是当时对专制主义最权威的界定。当然，也存在着君主对于神法的违背，甚至君主的行为完全背离了神法的要求。但只有上帝才可以审判独裁者，普通人没有权力审判君主。事实上，都铎王朝的国王普遍倾向于君主专制政体，认为良好的统治秩序高于一切。它是封建等级化政府对抗一切不合作危险的最有效的形式。[30] 君主专制的哲学理论来源于君权神授。上帝造人当然完全符合神权理论。只有上帝才能用共和政体取代专制君主，只有上帝才能否定君主专制制度。在伊丽莎白执政时期，与君权神授相结合的宪政主义在各种布道中得到了最有力的宣传。[31] 尽管这样，最近的学术研究表明，君权神授理论几乎不可能被清晰的表述，而且现代早期英国的政治思想由于基本上都具有鲜明的实用主义特色，

65

总是将例如对君权神授理论的哲学上的追问留给欧洲大陆的哲学家们去思考，例如博丹。[32] 君权神授理论在维护君主特权的政治实践中被最大限度地赋予了宪政意义。在法律的名义下，它赋予了君主在某些关键领域可行使超越法律的特权，包括非常重要的教会管理和王室税收等。对于伊丽莎白，以及特别是斯图亚特王朝的早期君主而言，君权神权理论代表了更多的涵义，即君主有权无需遵从法律，其权力凌驾于法律之上。正如埃尔顿所指出的，对于这一时期的君主而言，它象征着"绝对的专制——任意地蔑视法律，因为法律在君主之下"[33]。作为詹姆士国王首席法官，柯克（爱德华·柯克，Edward Coke）在 1610 年坚决要求摒弃君主的权力正是依据欧洲大陆的君权神授哲学思想中对君主特权所进行的重新界定，而不是更为英国人所熟悉的都铎王朝对君主权力的定义。

　　学术界的争论是一回事，但是它却瓦解了在 16 世纪 90 年代遭到一致质疑的对宪政的认同。伯吉斯（Burgess）认为正是过时的、缺乏理论论证的国王的人神合一理论导致了在 16 世纪末期出现在宪政问题上的两极分化立场。[34] 正如我之前所指出的，王室的礼仪是君主制存在的基础。在危机四伏的时刻，例如在 16 世纪 90 年代，礼仪所代表的象征意义尤其被加以强调。正如康特洛维奇（H. Kantorowicz）所强调的，君主的人神合一理论，是王权统治的典型缩影。根据这一理论，国王具有人、神双重身份，是上帝在人间的代表，拥有充分神圣的宪法权利，同时他被赋予民事审判的权力。国王在象征意义上，作为神的代表，他高于人间的法律，但在实践中，作为一个政治公共机构，他须服从于法律。正因为如此，由于起源于自然法，法律规则不可能被认为是约束具有神的身份的国王的规则。根据康特洛维奇的观点，尽管人神合一理论起源于中世纪欧洲大陆，然而这一理论在都铎王朝统治下的英格兰得到了最充分的应用。这一理论的设计是为了影响他们希望影响的倾向于君主专制的国王。[35] 当然，都铎王朝的君主对于这一理论的解读和福蒂斯丘对于混合君主制理论的理解是一致的，只要国王的特权在政治实践中可以畅通无阻，那么，借用伯吉斯的话，就存在着对宪政的一致认同。在王室的宣传之外，詹姆士一世所紧紧依赖的正是在宪政问题上的这种复杂的妥协和认同，而这正是查理一世所不屑的。查理的统治年代是在半个世纪以前，但这恰恰是莎士比亚在他的历史剧中所描绘的各种矛盾激化的起点，并且在他的作品中，他明确地展现了当时所出现的宪政问题上的矛盾冲突。

莎士比亚的声望

67

在开始对《理查德二世》、《理查德三世》和《国王约翰》等作品进行研究之前，我认为对最近迅速兴起的对莎士比亚作品中的政治观点进行评析的文学作品做一个简短的回顾是非常必要，而且是非常有价值的。毫无疑问，我们应当从蒂利亚德（E. M. W. Tillyard）开始我们的评述，之后的学术研究发展大多数是对蒂利亚德研究的追溯和反思。[36] 在蒂利亚德所著的《莎士比亚的历史戏剧》（Shakespeare's History Plays）中，他将莎士比亚的历史剧与伊丽莎白时代的宏大主题联系起来。根据蒂利亚德的观点，莎士比亚所创作的戏剧是为了体现都铎王朝等级秩序和君权神授的正统地位。蒂利亚德的论文主要依赖存在之链基础上的文化标志，即所有事物和所有人都在自然秩序中占据着一个预定的和不可改变的位置。因此，蒂利亚德必然认为莎士比亚的作品是针对无序、猜疑和不遵从自然规律所带来的诱惑，其典型代表就是马基雅维利主义。以此推论，莎士比亚是一位伊丽莎白时代的官方代言人，是波利多尔·维吉尔（Polydore Vergil）、爱德华·霍尔（Edward Hall）和霍林斯赫德（拉斐尔·霍林斯赫德 Raphae Holinshed）等人观点的继承者，他们都重视作为教育素材的历史，提醒人们注意防范来自叛乱的危险，都重视臣民对于强有力的君主、正统国教和事物的自然规律等的无条件顺从。[37] 基于文章的观点，蒂利亚德常常被认为是单纯地宣扬他所生活时代的英国理性主义的政治观点，就像 16 世纪 90 年代一样，强调国家主权、民族主权和社会秩序。[38] 如果不考虑这一论断，或者或许正是因为这一论断，蒂利亚德的论文仍然受到了关注，至少得到了学术界的认可。在一篇更具影响的研究中，里斯（M. Reese）发展了蒂利亚德的论点，认为历史剧揭示了伊丽莎白时代盛行的新人文主义思想对已经为人们所普遍接受的君权神授思想的挑战，以及在 16 世纪 90 年代变得尤为尖锐的，人们希望通过对政治理论的探讨，从而产生一种能够继续维持强有力的权威型政府的政治理念。[39] 如果莎士比亚并没有信奉其中某一种思想的话，很多文学评论家们在莎士比亚的历史剧中发现他通过作品展现了这一时期的巨大变化，早期戏剧中主要展现了君权神授思想，而在后期的戏剧中则主要展现了人文主义思想的主要理念。莎士比亚的第一个和第二个四部曲之间的过渡性作品，包括我们将要在之后讨论的三部戏剧，常常被认为是这一发展的转折。[40]

68　　　最近关于莎士比亚戏剧"政治"内涵的研究逐渐发展为两个主要的流派，新历史主义和唯文化论者。[41] 新历史主义宣称历史常常被认为是一种叙述性"活动"，因此是精英话语，因此是一种压迫性文学作品。[42] 唯文化论主义，在很大程度上从历史主义发展而来，强调文学作品的多元性和多重性，认为学者的研究不可能获得莎士比亚政治思想或其他思想的整体图景。正是莎士比亚作品中所体现的多元文化使得它不同于表现特定文化的文学作品。都铎王朝时代的轶事是修正主义评论（revisionist criticism）都要涉及的共同问题，因此，我们不仅现在不可能获得对莎士比亚政治思想的准确理解，而且同样在戏剧中从来都不存在，也没有任何方式可以让我们获得戏剧中表达的任何政治内涵。[43] 当然，莎士比亚是否可以被视为一位活跃的政治思想家，这一问题仍然没有解决。被修正后的这一研究路径产生了一种截然相反的结论。另一方面，最近基尔南（维克多·基尔南，Victor Kiernan）再次提出莎士比亚首先是一位"活跃的政治诗人"，而且基于我们无法从莎士比亚的戏剧作品中发现"绝对真理"，那么，和蒂利亚德的观点相反，他认为这也就意味着莎士比亚的作品有时可以作为颠覆性的政治学或社会学作品来阅读。基尔南认为历史记录不仅仅是编年史，作为人们对历史的零散解释，所体现的是在 1640~1644 年间所发生的事件使人们产生的极端不安和不满的情绪。[44] 在另一个极端，评论家例如梅尔基奥（乔吉奥·梅尔基奥 Giorgio Melchiori）不仅倾向于极力贬低莎士比亚戏剧政治意义上的重要性，而且反对我们将莎士比亚视为一位活跃的政治宣传家。梅尔基奥认为莎士比亚首先是一个在剧场工作的人，并不具有很高的政治研究价值。[45] 虽然在将近 40 年前，奈茨（L. Knights）提出了一个中间化的立场，他认为尽管莎士比亚在作品中体现了对政治事务的关注，但希望通过解读莎士比亚的作品发掘哲学和宪政争论中的利益冲突或者具体的思想是对其作品的误读。他认为莎士比亚首先最重要的是一个政治现实主义者。[46] 这可能至少部分上解释了为什么相对于更为广泛的社会政治关注焦点而言，在莎士比亚的戏剧作品中关于宪政主义的具体讨论显得尤为缺乏。事实上，莎士比亚的作品仍然为我们的研究提供了很多可供发掘的主题。

《理查德三世》

69

在所有当代的记录中，理查德三世是一位好国王。近期的历史学研究再次确认了这一观点，理查德三世是一位优秀的政府管理者、杰出的政治家和出色的军人，是上帝虔诚的信徒。简而言之，是都铎王朝的国王们应该交口称赞的正直君主。而且他登上王位至少在当时是合情合理的，在中世纪君主继承充满不确定性的世界里，他继承王位是人们所认可的。[47] 然而，莎士比亚所塑造的理查德是一位暴君，是个反派角色，臭名昭著。莎士比亚本可以像他塑造亨利五世一样塑造理查德。但是相反，他选择让理查德生活在一个艰难的时代，就像我们所看到的，尽管不像他所写的另外两个历史剧的情境那样艰难。莎士比亚是在重述著名的都铎王朝的宣传家托马斯·莫尔（Thomas More）和爱德华·霍尔

（Edward Hall）所记述的历史故事。[48] 在他们的故事中，理查德的形象已经被定型化了。根据蒂利亚德的观点，理查德的命运已经被整个第一个四部曲的整体设计所决定了。理查德被描绘成 15 世纪英格兰罪恶的、压抑人性的君主政权的象征。他的专制和罪恶也是上帝的安排，而且只有上帝可以废除他。正如亨利·都铎在恢复原有的法律和秩序之后又导致社会的混乱，上帝在 1485 年废除了亨利一样。因此，都铎家族是上帝选择的统治者。在提出这一观点后，蒂利亚德认为理查德体现了当时公认的"君主制的法律原则"[49]。莎士比亚之所以将理查德塑造成这一人物形象的第二个原因，是因为在《亨利六世》的戏剧中，尤其是其第三部分中人物角色的安排，为了强调在戏剧所有三个部分内容中王权合法性的缺乏问题。[50] 很显然，莎士比亚逐渐对国王个人地位的不充分性问题产生了浓厚的兴趣，而且他的所有历史剧在不同程度上，事实上很多悲剧也在质疑中世纪都铎王朝的核心理论，即"国王的人神合一理论"的合法性。理想的君主在两个人物上体现出来，即亨利五世和亨利八世。但在历史剧中的其他国王在其作为人或神的角色上都存在着不同程度的缺失。

70　　尤其是理查德无论其在作为人还是作为神的角色上，都存在着巨大的缺陷，这一点最终使莎士比亚的创作更加容易。莎士比亚笔下的理查德被视为一个平庸的君主。[51] 研究者们认为，当莎士比亚希望对政治问题施加更加有效的影响时，他意识到需要将重点放在关键角色的成长和发展上。因此，《理查德三世》是莎士比亚完成更为成熟的作品《理查德二世》之前的一个过渡性的作品。[52] 正如一位评论家所指出的，剧中的理查德因此被倾向于塑造成一位单向维度的人物，一个莎士比亚的观众所熟悉的人物。"马基雅维利式的人物"是伊丽莎白时代文学作品中非常常见的形象，莎士比亚很容易从中找到为人们所熟悉的人物素材，从而用来塑造出一个符合都铎王朝文化的理查德的形象。同时，正如托马斯·莫尔所指出的，理查德可以被视为一个反基督教的形象。他被视为象征着邪恶，一个为伦理剧的观众所熟悉的角色，表现了社会公共道德的堕落。[53] 理查德身上的马基雅维利的人格在《亨利六世》第三部分的最后一幕中被揭示出来，在这一幕中，他对王位的追求，通过将马基雅维利思想作为王子教育的内容，揭露了他罪恶的野心，为了获得王位，不惜抛弃上帝和人性。[54] 之后，他力劝爱德华成为一个注重实际利益的君主，为了掌握至高无上的政治权力，不要在意宪政法律所规定的繁琐的细节。[55] 他建议爱德华，国王必须是绝对的，不受限制的。换句话说，国王应该是专制的。在《亨利六世》这幕剧的结束，当他谋杀了上帝所选定的国王，莎士比亚最终完成了这个背弃人伦，"没有怜悯、没有爱，同时无所敬畏"的理查德人物角色的塑造。[56]

理查德在宣称自己是马基雅维利式的君主的同时，也就是在宣称他是自己决定一切，并不受制于神的约束。同时，在《理查德三世》中，他在第一个独白中道出了他为自己设定的发展路线就是违背人性和好政府的。理查德"决定要成为一个恶棍"。[57] 他是一个完全不虔诚的，不是上帝选定的王子，但从目前看来是一个非常有能力的人。[58] 在确立好自己的目标之后，理查德意识到，目前的政府是一个根基不稳固的政府，随时都会出现危机。[59] 理查德非常清楚地认识到这一点，莎士比亚在理查德的演讲中加入了虚伪的宗教理论，强调了作为一个人和一个国王的理查德对于他的臣民和上帝的欺骗。[60] 这样，他以此谴责爱德华作为国王滥用权力，并且以清教徒的方式致国王于死地。[61] 然而，安妮（Anne）知道理查德认为"既没有上帝的法律，也没有人间的法律"，因此，当然他也不会成为"人神合一"的君主。[62] 克劳伦斯（Clarence）在他临死的时候，也清楚地意识到了这一点。[63] 同样，玛格瑞特（Margaret）也发现了事实的真相，她请求神来揭露理查德清教徒的伪善面具。[64] 因为理查德是如此的邪恶，上帝要推翻他。这一任务是由里契蒙（Richmond）完成的，莎士比亚将这一人物描绘成上帝之手。里契蒙是和上帝、天使一起工作的。他所统领的人们都是"以上帝的名义"来行动。[65] 和理查德形成鲜明的对比，里契蒙并不是一个深谋远虑的人。[66] 他不必成为这样的人。他的角色价值在于他是善良的代言人，仅仅是上

71

帝的使者。[67] 正如蒂利亚德所指出的，在《理查德三世》这部戏剧中体现了传统戏剧中"神"的主题，它使得莎士比亚的情节设计变得更为容易。[68] 尽管它不能解决同一时期即现代早期宪政争论的核心问题。相反，它歪曲了这一争论的问题。通过清晰地描绘上帝对于邪恶的、不合法的理查德的惩罚，莎士比亚否定了任何人可以推翻国王理查德统治的可能。推翻理查德的统治不需要叛乱，至少不需要人们自己决定的叛乱。这或许是在《理查德三世》这部戏剧中所表达的宪政思想的核心信息。[69] 正是如何解决不具有合法性的君主的问题，例如约翰和理查德二世，催生了后来历史剧中对于宪政主题的深入思考。可以理解，莎士比亚对于理查德的人物塑造引发了研究者们对于神权政治和马基雅维利人文主义所涉及的更多的哲学主题，而不是关于混合君主制和专制君主制问题的思考。然而，除了《理查德三世》这部戏剧更多是关于神权而不是宪政争论的具体问题的描写，是关于人性而不是关于君主的描写之外，在这部戏剧中仍然有很多应当值得我们注意的关于宪政问题的探讨。第一个问题是我们已经提及的，君主应当服从于神。尽管莎士比亚生动地描绘了暴君们统治下人们的悲惨生活，但臣民不能反抗暴君，除非获得了上帝的指引。[70] 正如我之前所提到的，这也是都铎王朝的正统思想。

72 　　第二个，与宪政相关的主题是合法性问题。理查德始终知道王位的合法性问题，而且这一问题是这部戏剧中的主要宪政问题。[71] 当然，在莎士比亚的情节安排中，理查德并不是以合法形式登上王位，而且理查德意识到了这一点。对于他而言，合法性等同于权力。然而这里，莎士比亚展示了一种无可避免的矛盾。[72] 尽管他立即谴责理查德的不合法性，他对于里契蒙的态度却是更加矛盾的。在这里也呈现了都铎王朝的矛盾，一方面捍卫自卡德拉瓦德（Cadwallader）以来漫长正统王室的统治，与此同时由于亨利·都铎在王朝战争中获胜，作为国家统一的重要国王，成为英国 15 世纪以来最受推崇的君主。正如亨利六世的鬼魂所指出的，理查德受到诅咒是因为他侵犯了神所指定的国王，而不仅仅是因为他不具备正统的王室血统。相反，里契蒙是神的王子的典型代表。[73]

有意思的是，在第五章第三节中，当里契蒙对他的士兵讲话时，他没有提及他的正统王室血统，而认为是上帝和正义赐予了他力量："大家只需要记住这一点，上帝和正义都在同我们一起作战；圣洁的圣徒们和冤死的人们都在为我们祈祷，他们站在我们面前，是我们高耸的堡垒。"[74]里契蒙虽然拥有正统的王室血统，但是他之后的动员中显然没有提及任何关于合法性的形式问题。[75] 然而，在最后一幕中，莎士比亚又一次强调了合法性问题，但他只是进一步强调了国王是神的附属。

> 然后，我们既然已向神明发过誓愿，
> 从此红、白玫瑰要合为一家。
> 两王室久结冤仇，有忤神意，愿今天神明转怒为喜，嘉许良盟。
> ……
> 而今两家王室的正统后裔，
> 里契蒙和伊丽莎白，凭着神意，互联姻缘；
> 上帝啊，如蒙您恩许，
> 愿我们两人后裔永享太平，国泰民安，愿年兆丰登，昌盛无已![76]

合法性，虽然它十分重要，但仅仅是神权的象征，只有上帝赋予国王以权力，国王才能获得权力合法性的印章。

在第四章第四节中，伊丽莎白对于理查德的不义行为进行了冗长的谴责，其结论是篡位最大的罪恶并不在于篡位行为本身，而在于这一行为违背了上帝。[77] 和合法性问题一样，存在着另一个与之联系的问题，即理查德和他的臣民的关系。莎士比亚描述了理查德为了确保王位所进行的一系列努力，由于理查德继位缺乏合法性，理查德和他的追随者们诉诸民众对于理查德的普遍拥护和支持。[78] 同时，在第三章第七节中，为了强调理查德王位的合法性，白金汉（Buckingham）和理查德通过各

73

种方法充分地表现了他对上帝的虔诚。理查德知道国王应该是什么样子的，而且也知道自己缺乏成为一名国王的资格。在这里，莎士比亚设计了两个具体的场景。首先，理查德在自己的宣言中，将自己伪装成一个众望所归的君主。事实上，理查德是在白金汉的建议下进行欺骗的，凯茨比（Catesby）也故意在理查德对上帝的信仰问题上撒了谎。[79] 正如里契蒙之后强调的，理查德是一个完全非法的国王。[80] 第二个场景似乎更为模糊。正如莎士比亚在其他地方所指出的，特别是在亨利六世第二部分关于凯德（Cade）起义的描述中，他指出人们是易变的，当然不会成为神圣王子所要求的睿智的顾问。莎士比亚的戏剧并不热衷于描述大众化的民主。然而，这并不是说所有的人都是不胜任的。在第三章第七节中，白金汉试图对人们劝诱就遭到了人们沉默的拒绝。只有市长最终请求理查德继任王位。[81] 而且，就在理查德请求获得人们支持这一幕之前，公证人就以一种巧妙的方式强调在法律面前做伪证是一种犯罪。[82] 普通的英国人是能够理解权利和正义的，但他们容易被语言所诱导，一些人就因为白金汉的言辞改变了最初的想法。[83] 最终，莎士比亚似乎认为这是关于建立一个有原则、并且能够进行良好管理的政府的事情。人们的误解是不可避免的，这不是我们要警惕的危险，我们要警惕的是因为人们的误解所拥护的王位继承人所带来的危险。国王不应该从他的臣民中寻求认可，而只能从上帝那里获得王位的合法性资格。正如麦克奈尔（瓦尔多·麦克奈尔，Waldo McNeir）所指出的，事实上，理查德是希望得到民众对于其继任王位的支持，而这嘲弄了神圣合法的王位加冕礼，而王位加冕礼是伊丽莎白时代观众所一致认为合法的王位继任仪式。[84] 这也正是理查德在他自己的王位加冕礼仪式的最后对场面失去控制的原因。[85]

那么，《理查德三世》这部戏剧，尽管和《国王约翰》与《理查德二世》两部戏剧作品相比，明显缺少宪政色彩，但也不应当对它过分轻视。讨论君权神授制度优越性的论文在某种程度上往往就是一篇宪政论文。对君权神授理论的认同本身并不会告诉我们混合君主制和专制君主制何者更为优越。尽管在莎士比亚生活的年代里，君权神授理论更契合

74

君主专制理论的思想，正如我们所看到的都铎王朝专政所具有的特点，即对来自各个不同政治势力利益的平衡，被认为是混合君主制的雏形。当然，里斯认为，在莎士比亚对暴君统治所引发的国家危机的描述中，《理查德三世》展现了莎士比亚在宪政问题上的反君主专制倾向。[86] 卡罗尔（Carroll）在近期提出这样的观点，假如戏剧作品被严格限定为反映宪政主题的一个侧面，更多地集中在对影响王位继承合法性问题的多个变量的描述，那么我们不可能从《理查德三世》这部戏剧中获得任何具有重大意义的结论。即使这样，皮埃尔（穆迪·皮埃尔，Moody Prior）指出，《理查德三世》这部作品除了提出关于国王的问题，也提出了更多敏锐的宪政问题，而这些在之后的历史剧中都得到了展现。《理查德三世》在某种程度上揭开了宪政问题的讨论，是对都铎王权神授制度的反思，对人文主义问题的重新思考，而后者成为莎士比亚后两部戏剧作品解决宪政问题的主要路径。[87] 尽管《理查德三世》这部作品被证明，而且将会一直被认为是莎士比亚主要作品中最受人们欢迎的作品，在这部作品中，我们有理由认为我们能够发现莎士比亚如果实际上不是对君权神授理论不满，那么他也并不认同他在《理查德三世》戏剧中所描述的君权神授理论。[88]

《国王约翰》

至少从一部政治戏剧的角度而言，《国王约翰》是《理查德三世》的续篇，是《理查德二世》的前幕，这一事实已经获得了越来越多的认可。除了少数仍对此表示质疑的学者外，人们已经普遍承认《国王约翰》这部戏剧创作于《理查德三世》和《理查德二世》这两部戏剧之间。[89] 与之相应的是，尽管在很长一段时间里，《国王约翰》这部戏剧被人们所忽视，但是在近些年的研究中，《国王约翰》已经被视为代表了莎士比亚政治思想发展的一个关键阶段。[90] 在这部戏剧中，莎士比亚

75　第一次以更为公开的方式提出了关于宪政政治的主题。[91] 和以往的研究一样，我们将从莎士比亚所塑造的约翰这个角色的最初形象开始探讨。在研究都铎王朝的不同学者的笔下，约翰被塑造成了各种不同的形象，但其中最具影响力的是一位匿名作者所创作的戏剧《英格兰国土约翰的统治困境》（*The Troublesome Raigne of John King of England*）（下文中原作者简为《约翰》——译者注），在这部戏剧中，约翰被塑造成为一个完全无能和邪恶的国王。[92] 和莎士比亚对理查德三世的人物塑造相比，莎士比亚在国王约翰的人物创作上最鲜明特点在于他对这个可怜角色的塑造。在《约翰》这部作品中，莎士比亚试图制造一种模糊性。[93] 同时，《约翰》和《理查德三世》二者最重要的相似性在于对马基雅维利主题的发展。和两个理查德国王的剧本不同，在《国王约翰》这部戏剧中，没有一个唯一的主角，主角是约翰和巴斯塔德（Bastard），而随着戏剧情节的展开和向前发展，约翰不再是主角，巴斯塔德的角色地位上升成为主要角色。这两个人物在某种程度上都是马基雅维利式的人物，但同时他们都不像理查德三世那样公开推行邪恶和专制独裁的统治。[94] 正是由于这个原因，莎士比亚在这部戏剧中所期望达到的创作目的不止于此，他的创作难度也将更大：像理查德这样的独裁者是很容易处理的。当然，尽管约翰并不是王位理所当然的继任者，约翰在他决定谋杀亚瑟（Arthur）之时，他性格中邪恶的一面才真正地以明确形式展现出来。甚至在这个时候，和理查德对王子们的处理相比，约翰仍然表现出了悔恨和自责。在他与菲利普（Philip）的对话中，这位法国国王强调约翰不是一个天生的国王，但至少在这部剧的开始，这并不能成为断言他违背人的天性的论据。[95]

　　直到第三章第二节，由于约翰仍然是修道院的院长，当他下令谋杀亚瑟，并命令巴斯塔德不再需要虚伪的和平作为掩饰，我们可以推断出，观众会对这样一个命令表示理解。[96] 事实上，作为挑战教皇制度的英国的胜利者，约翰所发布的演讲或许是他这一角色塑造中最大的模糊之处。[97] 在这一点上，莎士比亚遵循了编年史学家的观点，同时对这一角色进行了精心的夸大处理。在约翰的质疑中，他认为教皇篡夺了国家的统治权。[98] 这一质疑当然导致了约翰和他的臣民被逐出教会，从而不在上帝法律的管辖范围之内。[99] 然而，再一次，观众可能会将这看作是教权与王权之争中，国王法律的胜利。康斯坦斯（Constance）认为天国的正义总是优于人间的正义，但是他在陈述这一观点时，他代表的是教皇的利益，他所推崇的这种至高无上的神圣法律是法国人的法律。[100] 尽管如此，在随后的场景中，当约翰命令谋杀了亚瑟之后，约翰的命运开始逆转，事实上，在这部戏剧中，他不再是主要的角色了。一直到第四章第二节，他变得犹豫不决，反复无常，总是在寻求臣属的建议，但却总是无法将其付诸实践。[101] 值得我们注意的是，正如《理查德三世》这部戏剧一样，莎士比亚选择让觊觎王位的人加冕国王，同时却描述了他们其实并不具备治理一个王国的能力。作为一个没有佩戴象征着国王身份的王冠的国王，约翰被展示为一个只具有"一个身体"的国王，缺乏能够保护国王身份的上帝赐予的神性。这样，作为国王的约翰，他的存在只能仅仅依靠他在政治上的成功。[102] 后面的剧情揭示了约翰所处的严重情势，他被告知一支大规模的法国军队已经开赴英国。最终，由于缺乏治理国家的政治能力，他只能试图逃避他作为一个普通人和作为一个国王应当承担的责任。[103] 马基雅维利式的君主，拥有最高权力的实用主义者，他的权威源自他所制定的政策能够持续地得以实施。他必须是一个行动者。在第五章第一节中，和他早期因出于爱国而对教皇提出质疑截然相反，约翰成为一个谦卑的乞求者，在法国国王和他的贵族们的威胁下，将他的王国献给罗马。正如巴斯塔德所指出的，他现在已经完全不能进行对王国的管理，无法推动各项政治措施的实现。[104] 之后，在第七幕中，约翰死去，就像他的王国一样逐渐衰弱下去，最后因狂热的追求专制统治而耗尽生命。[105] 这个专制国王不仅仅是不合法，而且呈现了一位缺乏治理能力、个性软弱的君主形象。

当从第三章第二节开始，约翰的处境越来越恶化，他的地位逐渐被巴斯塔德所取代。最新的研究表明，尽管关于巴斯塔德角色的定位存在

76

很大的意见分歧，学术界已经一致认为巴斯塔德是一个关键性的人物。[106] 学者们从各个角度分析认为，作为"Commodity"的最高级别的神父，巴斯塔德所代表的政治家是理查德三世的延续，是亨利五世的前辈。[107] 学者们同样认为，在对巴斯塔德的人物塑造上，莎士比亚第一次对国王的人神合一理论提出了试探性的评论，这一评论成为《理查德二世》这部戏剧的核心命题。[108] 巴斯塔德在第一幕中就以武力彰显了自己的角色地位，通过宣告自己和国王约翰之间"密不可分的从属关系"，他不仅强调了自己在政治上所拥有的权力，而且也强调了他的贵族血统，而他之后对罢工形式和仪式的可笑的掩饰恰恰回应了理查德在《理查德三世》中早期的部分评论。[109] 和约翰对王国治理的无能相对应，巴斯塔德必须要解决由一个篡位和无能的君主所造成的混乱局面。[110] 在第三幕中，他的转变成为这部戏剧中最重要的转折点之一。虽然他并不是王位的合法继承人，但是他逐渐成为一个国王的理想继任人选。[111] 当约翰主动顺从了罗马教皇，是巴斯塔德意识到了这一行为不应由一位国王做出，以及这一行为对于王国所造成的颠覆性的影响。[112] 在第五章第二节中，又是巴斯塔德向刘易斯（Lewis）和入侵英国的军队巧妙地表达了他的忧虑和担心。[113] 这样，巴斯塔德获得了约翰曾拥有的荣誉和英格兰勇士的称号。[114] 在他对新王效忠的最后一幕剧中，巴斯塔德完成了他的转变，并使得利益和荣誉与责任连结在了一起。[115] 当然，是巴斯塔德作为一个政治家和战士的马基雅维利意义上的杰出的政治才能帮助亨利最终登上了王位。在一个不存在专制独裁的政治世界中，巴斯塔德式的人物是政治最重要的支持者。而且他是成功人物的形象，并且是始终忠诚的臣民。人们认为莎士比亚在塑造巴斯塔德这个人物的时候，是在塑造一个与旧的中世纪臣民完全不同的新世界臣民的形象。[116] 如果这一论点成立的话，那么巴斯塔德类的人物可以被看成是理查德二世中波林勃洛克（Bolingbroke）的原型。当然，即使约翰在某种程度上类似于波林勃洛克，约翰和理查德二世之间也不可能进行类似的对比。当然在开始的场景中，有时，约翰和巴斯塔德似乎是两个性格互补的角色。[117] 作为马基雅维利主义者和实用主义者，尽管其中一个比另一个更有决定权，但是他们的思维方式是类似的。他们都会为了追求权力而不在乎法律的约束，他们都赞同在安吉尔臣民面前进行宪政的争论是无意义的，相反同意采用武力来解决问题。[118] 他们都认为应该通过增加对国内人民的税收和剥削来解决战争扩大化所引起的财政危机。[119] 他们的性格和角色只是由于巴斯塔德的转变而产生了分化。

在较为模糊的马基雅维利式的暴君角色身上更为矛盾的是对这一角色的塑造不可避免的一个结果是弱化了君权神授，而这是《理查德三世》这部剧中关键性的哲学概念。康斯坦斯和埃莉诺（Eleanor）互相诅咒对方，但在《理查德三世》这部戏剧中，被公认为圣洁的女主角不会做这样的行为。[120] 康斯坦斯不断地诅咒像约翰这样"做伪证"的国王，从约翰最终死亡的这一事实来看，她的诉求获得了成功。[121] 然而，这一诉求并没有对亚瑟的命运产生影响。同时，不合法的和类似的"做伪证"的马基雅维利主义者巴斯塔德的命运逐渐变得更好，而具有真正美德的唯一的一个角色——亚瑟却走向了死亡。亚瑟具有自然所赋予的美好天性，但是神却抛弃了他，就像他在《理查德三世》中被剥夺了王位继承权一样。[122] 当然，随着亨利和巴斯塔德对上帝的顺从，上帝对其臣民和王位继任者的这一决定被收回。但如果上帝安排了亨利成为王位的继承人，就像他对里契蒙所做的一样，那么他就是选择了最典型的马基雅维利主义者作为他治理地上王国的工具。[123] 伴随着神和人文主义的主题，另一个宪政主题在《国王约翰》和《理查德三世》两部戏剧中是相同的。[124] 首先是王位继承的合法性和权利问题。[125] 戏剧一开始的场景就是沙蒂永（Chatillon）对约翰的"借来的王位"进行评论。[126] 约翰自己倾向于强调他对王位的强有力的所有权，而埃莉诺则进一步确证，约翰之所以登上王位"并不是基于他的权利，而是因为他强有力地夺取了王位"。[127] 已经被证实，在约翰所处的时代，直系血统不再是继承的一个公认的必要条件，但是我们有理由认为莎士比亚并不十分关注中世纪的王位继承问题，而是更多的描述在16世纪90年代困扰着伊丽莎白

78

时代观众的问题。[128] 合法性问题随着关于巴斯塔德合法性问题的讨论被再次强调。尽管约翰在他的声明中宣称了他在法律上的正当性，而且也意识到了不合法所可能导致的法律后果，关于这一片段最重要的是巴斯塔德为了约翰通过占有王位而获得的政治合法性辩护而决定抛弃法律的规定。[129] 在第二章第一节中，在他与菲利普（Philip）的对话中，约翰在对上帝的很难令人信服的诉求中，谈到了关于合法性的问题。[130] 然而，只有法国国王菲利普，一个真正合法的君主，能够获得神圣的法律权利。[131] 约翰所得到的回答是他只能在他的现实权威中寻求依靠。[132] 正如我们所指出的，在 16 世纪 90 年代，法国被认为是典型的君主专制国家，当然，莎士比亚通过将约翰塑造成为一个爱国主义者，从而使他和巴斯塔德对抗信奉天主教的法国国王，而这使得作为国王的约翰处于一个尴尬的情境之中。观众会因此支持约翰通过占有王位而获得国王的资格，从而对抗天主教的专制统治，不再考虑王位继承合法性的问题。约翰可能会"因篡位而玷污了神圣的王位"，但至少他不是法国人，也不是天主教徒。[133] 在昂热地区的人们面前，尽管菲利普再次大谈特谈亚瑟拥有继承王位的神圣权利，约翰则重点强调他的合法性，以及他所拥有的军事权利。他反问道，"难道拥有英格兰国王的王冠还不能证明我是一个国王么?"[134] 在《理查德三世》这部戏剧中，这一论据显然是没有说服力的[135]，它仅仅意味着可能。

如果莎士比亚越来越不确定上帝的意志在决定王位上的作用，那么也同样存在着如何处理独裁者的问题。在《约翰》这部戏剧中，莎士比亚引入了一个特殊的主题——誓言。发誓人的誓言总是大打折扣，尤其是约翰不断地要求毁掉旧誓言，重新立下新的誓言。这样，最终，约翰毁掉了他作为国王的合法性基础。[136] 在《约翰》这部戏剧中，各种宣誓人所要反复面对的困境是，在很多时候遵守誓言要比破坏誓言困难得多。[137] 研究者认为，莎士比亚为了削弱君权神授理论的核心理念，在关于誓言地位的问题上进行了模糊处理，对君主独裁理论提出了进一步的质疑。尤其是在一个马基雅利思想所构建的政治社会中，誓言本身不再能够作为服从的保证书，除非他们拥有一个独立的现实力量的支持。[138] 尽管戏剧中对于服从这一主题的描述是十分模棱两可的，但很显然，在《国王约翰》和《理查德三世》这两部戏剧中，莎士比亚并不认同这样的观点，即臣民应该真正地被授权——选择他们的君主。在以昂热为背景的一幕剧中，当两个敌对的国王，约翰和菲利普为英格兰的王位归属而争论时，伊丽莎白时代的观众们也因此深深的苦恼。尽管臣民们有权对更多悬而未决的问题提出解决方案，但在两位意见向左的国王作出决定之前，英格兰将不会有新的国王。[139] 在人们意料之中，国王们最终决定通过战争来解决这个问题。这一切似乎都是天意，因为毕竟上帝会将胜利赐予正义的一方。事实上，休伯特（Hubert）认为一个"比我们还要强大的力量"能够解决这个问题。[140] 和《理查德三世》不同，问题在于没有解决任何问题。而且，巴斯塔德这样的人利用了这次机会来劝告"不受约束的议会"，并重点抨击了莽撞的、优柔寡断的臣民们。[141] 至少，巴斯塔德认为让臣民来挑选国王的方案是值得肯定的。这一方案同样也适用于出身贵族的臣民。因此，索尔兹伯里（Salisbury）踌躇于这样的困境，是否应当为了实现他所认为正确的事情而支持法国人的入侵。[142] 他在逻辑推理中所犯的错误和约克（York）在《理查德二世》中所犯的错误极其相似。索尔兹伯里不能够积极行动起来，这概括了莎士比亚笔下的叛国贵族通过欺骗自己来维持自己尚未被剥夺贵族权利的假象，直到最后被巴斯塔德所拯救。[143] 与《理查德三世》相比，在《国王约翰》中神权的力量更为弱化，但是产生好政府的责任该由谁来承担的问题却并没有解决。当然，这不是由臣民决定的。最终，最好的臣民是由巴斯塔德所扮演的，他之所以没有参加叛乱，只是因为他理性地意识到约翰不是独裁者。正如伍默斯利（大卫·伍默斯利，David Womersley）所指出的，并不是巴斯塔德所作出的决定威胁到了宪政传统，而是他实现宪政的方式是为正统的宪政实现方式所不认同的。[144] 当然，这是莎士比亚的"约翰"所面临的矛盾处境，约翰是一个能力欠缺的国王，他不是独裁者，同时仅仅依靠神的眷顾无法保障自己

80

的安全。[145] 巴斯塔德的决定是为了维护自己的利益。研究者们认为，《国王约翰》是一部颠覆性的戏剧，它直接对英国君主立宪的基础提出了质疑。[146] 当然，《国王约翰》代表了英国宪政思想向人文主义思想发展的转折点，但是正如我们之前指出的，它本身并不能构成对英国宪政传统的挑战。事实上，英国混合君主制理论的发展是为了适应英国的宪政传统。因此，从一个更为温和和更具有说服力的角度来看，我认同汉密尔顿（唐娜·汉密尔顿，Donna Hamilton）提出的观点，在《国王约翰》中，对于誓言的特殊处理和对于君主专制的补充性批评，均表明莎士比亚是赞同混合君主专制理论的。[147] 这部戏剧是在正统宪政思想的理论框架中展开其剧情的，它揭示了莎士比亚思想向更为明显的混合君主制和衡平政治思想发展的自觉的转折。当然，我们稍后讨论的《理查德二世》中，我们将看到我们所预料到的这一思想的转变。

《理查德二世》

《理查德二世》是莎士比亚对宪政思想进行探讨最引人入胜的一部戏剧。延续《理查德三世》的创作风格，《理查德二世》也是围绕着一个主要角色展开故事情节。事实上，对《理查德二世》这一角色的深度发掘和对人物细节的刻画都暗示着，《理查德二世》是之后发生的一系列悲剧的始作俑者。[148] 和《国王约翰》的创作一样，莎士比亚选用了一段普通的历史，并对其进行了改编。理查德二世时期的历史被很多编年史学家们所记载。史学家们一般认为是理查德二世导致了玫瑰战争（the Wars of the Roses）的爆发，理查德二世所处时代的事件被从属于不同政治派系的编年史学家以不同的方式加以描述。[149] 然而，莎士比亚没有从单一维度对理查德二世时期的历史进行描述。在莎士比亚的戏剧中，理查德所统治的王国只是一个媒介。他所集中展示的是关于宪政本质的大量争论，在争论中他运用了在《理查德三世》和《国王约翰》

81

中曾经使用过的所有概念。[150] 而且，和他在《国王约翰》中的创作方式相似，他在进行宪政争论的描述过程中，再一次利用人性的弱点，将争论不可避免地引入了自相矛盾的境地。[151]

理查德这一人物是独裁君主的典型形象，或者至少是一个拥有独裁野心的君主的缩影。[152] 最新的研究指出，理查德统治时期的王国政治的研究价值在于它试图引入欧洲大陆的君主独裁政治体制，以取代为福蒂斯丘在半个世纪后经观察确认的混合政治体制。[153] 莎士比亚笔下的理查德的政治野心在第一幕剧一开始就明显展现出来了，他的法庭仪式繁琐且非常正式。事实上，整幕剧的场景都是围绕着仪式设计来进行。[154] 理查德知道一个被上帝授予神圣权力的君主必须承担一定的责任，而这迫使他同意对波林勃洛克和莫布雷（Mowbray）之间的争执进行审判，而不是由他直接做出裁断。这在第二幕中更为明显，是理查德直接导致了格洛斯特（Gloucester）的死亡，并因此需要上帝进行审判，尽管一个国王的责任更有可能导致相反的结果。[155] 这是第一个将理查德看作是王室阶层的代表，而不是作为国王的个人形象的第一个个案。[156] 理查德的政治野心不仅仅是成为一个专制君主，而且成为中世纪国家的集权独裁者。[157] 伊丽莎白时代的观众可能会被理查德的这一个新形象而震惊，因为他要实现的正义是不需要法律的审判来决定的。

在第三幕中，理查德决定解决争端的方式是否合法是存在争议的。它当然不是正统的问题解决方式，至多能被看作是运用国王特权的极端个案。对于观众而言，它更有可能被认为是理查德为了实现他的个人目的，而意图将自己的意志凌驾于法律之上。[158] 当观众将它与理查德早期依据争议事实本身来判断双方的是非曲直相比，人们认为理查德的行为太过于鲁莽。作为旧秩序的象征，刚特（Gaunt）立刻意识到理查德的行为已经使刚特自己和他所代表的宪政思想陷入不利的境地。而且，刚特认为理查德超越国王权限或至多是类法律的行为已经让国王自己和他的王国陷于不利的境地。否定他的臣民所享有的正义是非常严重的取消君主责任的行为。[159] 刚特认为，是理查德而不是波林勃洛克应该被放逐。[160] 刚特关于理查德担任国王的能力的质疑很快得到了确证。我们了解到理查德奢侈无度，他决定在王国大力发展种植业，他倾向于大陆风格的治理方式，以及他决定不再考虑秉承理性和善的议会的建议，而只遵从他自己的意愿来治理王国。事实上，理查德一贯坚持根据自己的喜好寻求阿谀奉承，而不是听从贵族阶层的意见，这是独裁者和专制者的显著特征。[161] 甚至他的园丁们都认为，他完全不是一个称职的君主。[162] 最终，为了获得刚特的财产，理查德一手导演了刚特的死亡。[163] 当然，刚特的死亡，以及随后理查德对兰卡斯特（Lancastrian）的财产的非法占有，预示着波林勃洛克将回来执行正义，新的政治秩序即将重建。理查德期待，并导致他自己走向死亡。在刚特的严厉斥责下，理查德清楚地认识到他在逐渐丧失他对王位继承的合法性基础，在他自己的王国中大兴种植业使他置身于普通法的管辖范围之内。正如刚特所说，"现在英格兰的地主们，你们不是国王，你们所制定的规则现在都要遵从法律"[164] 当刚特一死，理查德自己放弃了和威尔士的战争。[165] 理查德清楚地意识到他在逐渐接受一种新的政治思想。事实上，当他或者波林勃洛克都无法拥护刚特所代表的宪政体制时，莎士比亚提出了一种新的势在必行的政治思想。

在第三章第二节中，当卡莱尔地区的主教在认可理查德作为上帝所指定的王国的统治者地位的同时，指出在现实的政治社会中，仅仅是一个被上帝指定的国王常常是难以服众的，理查德认识到他的地位是新的、不稳固的，理查德反复强调他的类似神一样的神圣的地位。

> 汹涌的怒海中所有的水，
>
> 都洗不掉涂在一个受命于天的君王顶上的圣油；
>
> 世人的呼吸决不能吹倒上帝为其选择的代表，
>
> ……
>
> 上帝为了他的理查德的缘故，
>
> 会派遣一个光荣的天使把他击退：当天使们参加作战的时候，

弱小的凡人必归于失败，因为上天是永远保卫正义的。[166]

　　他被告知，在整个国家中，他所仅有的昂热人民已经背叛了他。当他的地位受到严重威胁，他作为国王的身份受到质疑时，他曾一度失去理智，在这之后，他不得不绝望地承认，他最终只是一个普通人。他没有捍卫他的王国，相反他决定"坐在地上，讲述死去的国王们的悲惨故事"。[167] 在戏剧的最后几幕中，随着理查德主要性格的展现，他逐渐对自我有了清晰的认知。和他之前的理查德三世和约翰一样，在剧中，理查德反问自己，"你怎么能告诉我，我是一个国王？"[168] 卡莱尔立刻回答他，他只要赢得了战斗，就可以成为一个无可置疑的国王。[169] 尽管这样，在第三章第三节中，理查德已经陷入了绝望。最初，他的言辞中强调上帝赋予他王权，他命令诺森伯兰（Northumberland），"除非是上帝之手，否则没有一只凡人的血肉之手可以攫夺我神圣的御杖"[170] 但是在他对诺森伯兰提出要求不久，他很快顺从了波林勃洛克的要求。"波林勃洛克国王怎么说？他允许让理查德活命，直到理查德寿命终结的一天么？"[171] 只有到这时，波林勃洛克才成为了主要的角色。尽管在绝大多数时候，波林勃洛克都被笼罩在理查德的阴影之下，这个"沉默的国王"现在的形象清晰起来。在《理查德三世》中第一次出现时，他是马基雅维利式的人物，然后他逐渐不再是一个邪恶的角色，在巴斯塔德的伪装下，他的形象更加模糊。[172] 波林勃洛克刚开始出现的场景主要和他的理想破灭有关，因为理查德拒绝给他本因依据神意或者法律而获得的正义。事实上，在早期的剧幕中，我们所了解到的波林勃洛克都是道听途说。理查德担心波林勃洛克"煽动普通群众"以及他的政治才能。[173] 在第二章第三幕中，波林勃洛克坚持，他的重新出现仅仅是希望通过法律来恢复自己对于应属于自己的财产的所有权。因为理查德拒绝适用不动产法恢复他的财产，他才不得不回来。[174] 他继承王位的愿望只是在第三章第三幕中才开始显露出来，在这一幕中，他威胁如果理查德不能主张正义，他将起义反对现有的政权。[175] 在《理查德二世》这部戏

83

剧中，理查德和波林勃洛克共在三个场景中相互对话，每一幕都直接涉及国王和服从的主题。第一个场景是关于对波林勃洛克和莫布雷之间争斗的推迟；第二个场景是在费林特，第三章第三幕，这时波林勃洛克事实上已经取得了权力。波林勃洛克开始时要求归还他的财产，在这一幕结束时，他成为理查德所称颂的"波林勃洛克国王"，同时命令原国王理查德返回伦敦。[176] 这个命令仅仅包含了四个单词，但是它却意味着权力胜于言语的修辞。[177] 马基雅维利主义者最终颠覆了旧的秩序。

84   第三个他们面对面的场合是宣誓仪式。这一场合值得注意，因为与《理查德三世》和《国王约翰》中类似的仪式不同，波林勃洛克的宣誓仪式是第一个受到议会积极承认的仪式，而且它是莎士比亚虚构的一个场景。这一场景使得君主制的两种宪政理论直接面对面相互碰撞。卡莱尔宣称君主的神圣权利，而波林勃洛克则选择了沉默。[178] 波林勃洛克没有提出任何宪政理论。但是事实站在他的一方，其他人都选择推选他"继任王位"，理查德则担任起"牧师和执行人"的双重身份。[179] 在整个展示理查德胜利的场景中，波林勃洛克只能偶尔下达依照单一方式执行的命令。在理查德对王位的新的理解中，他窃取了本应属于波林勃洛克的仪式。矛盾的是这是理查德最值得骄傲的时刻。国王的仪式仍然是理查德的，它并不适合波林勃洛克。[180] 莎士比亚选择这一时刻重新强调波林勃洛克王位的不合法性，至少作为一个被指定的仪式上的君主是不合法的。理查德通过揭露他是在遭受威胁的情况下退位这一事实，严厉地指责新国王和他的支持者们。当诺汉郡人要求他承认他的罪过时，他以重新强调人们对于宪法的公然违反来对其作出回应，"如果你让我这样做，你将会发现在你的罪状中，有一条废君毁誓的极恶重罪，它是用黑点标出、记载在上天降罚的册籍中。"[181]

在他宣誓之后，理查德继续以更大的洞察力来深入思考王权所面临的矛盾，尤其是"两位一体"的国王身份。在他退位，波林勃洛克继任"王位"这一时刻，理查德评论道尽管波林勃洛克可能是他的王国的国王，但他仍然是他自己"悲伤"的"国王"。[182] 仍然是在诺汉郡人要求他满足"普通人"的要求的压力下,理查德要求用一面镜子来重新审视已经"不是国王"的自己。和理查德三世所使用的隐喻相类似,他认为,王位总是一个"易碎"的镜子的倒影。他摔碎了镜子,象征着他亲手毁掉了他所曾经拥有的王权,他也意识到毁掉了王权自身。[183] 最终他指出"王权在一个国王虚弱的身体里,王位看似荣耀,实际上君主只是一个奴隶,高傲的王权仅仅是一个物件,象征着片刻的欢愉。"[184] 康特洛维奇认为,正是理查德的这段独白,经典的描述了关于"国王的两种身份"的理论。[185] 没有了王冠的理查德是谁?没有了理查德的王冠又是什么?[186] 只有理查德离开,波林勃洛克才能真正获得国王的身份。当理查德还在怀疑波林勃洛克是否具有国王的身份时,波林勃洛克已经证明他是一个受到广泛欢迎的国王,能够争取到普通民众的支持,而且展示了其他国王所需要的能力,在对奥摩尔(Aumerle)的处理中显示了他的仁慈,在保卫他的王国时展示了他迅速应变的能力。[187] 与此同时,为了尽快地置理查德于死地,他也表现出了一位能干的马基雅维利式的君主性格中阴暗的一面。[188] 在戏剧的结尾,他进一步抛弃了理查德曾经提及的他应当承担的罪恶感和责任感,以及对于王权的承担。[189] 与之形成鲜明对比的是,当波林勃洛克继续保持了一个行动胜于雄辩的做事风格的时候,理查德继续将自己提升到一个新的诗的高度,他仍然在使用贵族的语言和修辞。在理查德死前的独白中,他仍然在思考王权的性质,以及单纯的专制和神权的局限性。他意识到,一个国王,将远远不是一个标志或者仪式:

> 这样我一个人扮演着许多不同的角色,
>
> 没有一个人能够满足他自己的命运:
>
> 有的时候我是国王;
>
> 叛逆的奸谋使我希望我是一个乞丐,
>
> 于是我就变成了乞丐;
>
> 可是压人的穷困劝诱我还不如做一个国王,

> 于是我又变成了国王；
>
> 一会儿忽然想到我的王位已经被波林勃洛克所推翻，
>
> 那个时候我就立刻化为乌有。[190]

在他最后一个自我确信和理解的行为中，理查德拒绝顺从地服毒自杀，而是用仅有的体力来反抗谋杀他的人。[191]

尽管理查德和波林勃洛克，以及他们之间的互动是这部戏剧的核心，但仍有三个扮演着重要支持作用的角色。其中，第一个角色是卡莱尔地区的主教，他始终坚持神圣权利理论，甚至当理查德开始怀疑这一理论的时候。因此，主教是神的代言人，他建议理查德，"不要害怕，我的主，神的力量让你成为国王/无论什么时候，这种力量都会让你的王位不会受到任何威胁。"[192] 在宣誓一幕中，只有他一人始终坚持捍卫理查德作为国王的权利。[193] 值得我们着重强调的是，就像在《约翰》这部戏剧中，教廷的代表被描绘成危险人物，尤其是扮演着两面派的角色。和主教以及奥莫尔（Aumerle）一样，威斯敏斯特地区的修道院院长秘密策划了一个驱逐波林勃洛克的阴谋。教廷的人不应当被托付国事，或者被给予任何参政的机会。[194] 这两个角色都代表了旧的秩序，而且基本上都是莎士比亚虚构的。[195] 他们中的第一个是刚特，他坚持中世纪神权对王权的支持。因此，他拒绝反对神的代言人，甚至他知道他应当为格洛斯特（Gloucester）的死负责。只有上帝才能进行"复仇"。[196] 尽管这样，不能再依赖上帝。他拒绝行动事实上就是在谴责刚特。他已经意识到理查德并不能胜任国王，以及因此他所给王国带来的威胁，但是刚特仍然拒绝对此采取行动。当然，在第二章第一节中，最为著名的是刚特的演讲，在演讲中，英格兰的形象被援引为国王的王冠，地球上的君主：

> 这一个君王们的御座，这一个统一于一尊的岛屿，
>
> 这一片庄严的大地，这一个战神的别邸，
>
> 这一个新的伊甸园——地上的天堂，

这一个造化女神为了抵御毒害和战祸的侵入而为她自己造下的堡垒…………

这个伊甸园现在已经成为了理查德的殖民地，被专制独裁的君王统治着，以至于现在

这一个像救世主的圣墓一样驰名，孕育着这许多伟大的灵魂的国土，

这一个声誉传遍世界，亲爱又亲爱的国土，

现在却像一幢房屋、一块田地一般被出租了——我要在垂死之际，宣布这样的事实。

…………

那一向征服别人的英格兰，

现在已经可耻地征服了它自己。[197]

没有任何人比刚特更了解旧世界和旧秩序的命运。刚特死了，中世纪的文化也随着他死亡了，被理查德亲手埋葬了。[198]

尽管这样，刚特的角色仍然被旧秩序中的其他人物扮演着，包括诺森伯兰（Northumberland），他为了摆脱理查德所引入的奴隶制的束缚，蓄意谋划了叛乱。另一个人物是约克（York），当理查德将王国的政府托付给他的时候，他还在威尔士，和诺森伯兰截然相反，他为是否服从于理查德国王的命令而深深苦恼。[199] 约克陷入典型的两难境地之中：

我实在不知道怎样料理

这些像乱麻一般丢在我手里的事务，

不要再相信我。这两方面都是我的至亲：

一个是我的君王，按照我的盟誓和我的天职，我都应该尽力地保卫他；

一个是我的同宗的侄儿，他被国王所亏待，

按照我的天良和我的亲属之谊，我也应该替他主持公道。[200]

87

在接下来的一幕中，当波林勃洛克再次强迫约克去承认他的权利时，约克所面临的这种尴尬的两难处境就更加艰难。[201] 约克事实上是一个关键性的人物，莎士比亚通过他的性格塑造来描述一个顺从的臣民的角色转变。[202] 在宣誓效忠国王之前，约克和刚特一样，是服从于上帝所指派的君主的。这样一位君主，就像理查德一样，或许是完全不称职的，但是，即使对他的能力始终存在着疑虑，最终也不应当背叛他。因此，尽管承认波林勃洛克受到了不公正的待遇，但是约克警告他和他的支持者们，如果他们试图强迫国王纠正他不应当施加于波林勃洛克身上的不公正，那么他们就是背叛了所有人。[203] 只有当理查德表示他会退位的时候，约克可以不再效忠于理查德国王，直到那时他也决定保持中立，并拒绝反对他的国王。[204] 尽管他承认不是神，而是权力影响了理查德对其誓言的承诺，约克成为波林勃洛克最尽职的臣民，以至于他准备揭露他自己的儿子参与了叛乱的策划。[205] 约克是霍布斯哲学中臣民的理想化人物，他愿意服从于任何君主，而不论他们是否履行了自己的誓言，也不论他们是否具备担当国王的能力。他不会背叛任何一位君主，无论是对于理查德或者波林勃洛克。

我们都很熟悉的一桩轶事是《理查德二世》的戏剧正好是在埃塞克斯的叛乱前夕上演。根据兰姆巴德（Lambarde）的报告，埃塞克斯伯爵要求莎士比亚的戏剧应当以 40 先令一场的价格上演。伊丽莎白女王随后得知了这件事情，据说伊丽莎白是这样说的，"我就是理查德二世，难道你不知道么？"[206] 但是莎士比亚真的是一个破坏分子和危险的宪政思想家么？一向敏感的伊丽莎白的官员们并不这样认为，也不准备对莎士比亚采取任何行动。事实上，没有确凿的证据表明他们甚至考虑这样做。[207] 尽管如此，事实是关于宣誓的这一幕在 1597 年到 1598 年的四开本的剧本中被删除了，或者是被戏剧监督员，或者是被莎士比亚自己删除的。[208] 文字会比表演引发更大的影响么？[209] 当然，伊丽莎白和伊丽莎白时代的观众可能会意识到《理查德二世》这部戏剧是一个传达了"政治"信息的表演。[210] 但是它也是一个悲剧。宪政讨论在何种程度上

会引发或导致民众的不安甚至暴动是令人怀疑的。官方对这部戏剧前后
不一致的态度，或许仅仅是反映了 16 世纪 90 年代的英国政府并不是始
终对其政体怀有充分的自信。尽管这样，这并不能影响《理查德二世》
有助于我们获得莎士比亚对于宪政思想的理解。从这一点来说，在很大
程度上，《理查德二世》是莎士比亚最重要的戏剧。这也是对他的宪政
思想的最清楚的表述。在《理查德二世》的结尾，我们很清楚地看到莎
士比亚在宪政思想上已经完全反对君主专制制度。君主专制代表着过
去，即刚特所代表的中世纪的世界。波林勃洛克所代表的是一个新的世
界。[211] 当然，这并不能必然地推出莎士比亚是一个反政府的思想家，尽
管它确实强调了他对早期类君主专制的都铎王朝王权思想的基本原则的
怀疑，尤其是对于君权神授思想和神圣权利思想的质疑。[212] 他对天赋神
权思想更为模糊的描述并不必然能够证明他不虔诚。它所揭示的是莎士
比亚日益对和类似英国人文主义所主张的思想，以及伊丽莎白女王自己
提出的混合君主制的政体类型表示了认同，即君主在一定程度上仍然是
绝对权力的拥有者，但是必须遵守王国的普通法，其权力同时受普通法
关于王权的限制。波林勃洛克的统治是基于议会的决议，他在某种程度
上有权力行使的优先性，同时他决定了他应当遵从王国的法律。正如霍
尔德内斯（格雷汉姆·霍尔德内斯，Graham Holderness）所指出的，正
是这一点使得波林勃洛克成为一个对抗宪政改革者的胜利者，并标志着
对于前都铎时代混合君主制的"回归"。[213] 至少在《理查德二世》的结
尾，莎士比亚的"宪法"不是颠覆性的。尽管不是完全凑巧，也不是严
格的欧洲大陆或李嘉图（大卫·李嘉图，David Ricardo）意义上的绝对
主义，但在它对神的存在和君主制度的存在毫不质疑这一点上，它是完
全正统的。莎士比亚的"宪法"反映了对 16 世纪 90 年代英格兰立宪政
体重新定义的演变历史。正像我们之前所指出的，对混合君主制的重新
定位，以及对专制主义主题的辩护，例如神的权利，是一件很难完成的
任务，它需要几十年的努力和两次 17 世纪的叛乱才能完成。事实上，
在莎士比亚所处的历史时期，立宪思想的发展有时是很艰难的。存在着

89

107

各种困惑和两难选择，这些只能使我们更加确定莎士比亚所获得和提出的观点中，很多都是他所处时代里没有定论的思想和观念。

注释

1. 很多学者试图进行列举式的论证。但就举例论证而言，在乔叟（Chaucer）的著作《坎特伯雷故事集》(*Canterbury Tales*) 和威廉·兰格伦（William Langland）的长诗《农夫皮尔斯》(*Piers Plowman*) 中就进行了关于法律的研究。See J. Hornsby, *Chaucer and the Law* (London: Pilgrim Books, 1988), and M. Stokes, *Justice and Mercy in Piers Plowman* (London: Croom Helm, 1984). 相应地，简·奥斯丁的小说被认为是研究 18 世纪合同和信托法的重要补充资料。See G. Treitel, "Jane Authen and the Law", *Law Quarterly Review*, 100 (1984), 549-86; E. Hildebrand, "Jane Austen and the Law", *Persuasions*, 4 (1982), 34-41; L. Redmond, "Land, Law and Love", *Persuasions*, II (1989), 46-52.

2. 最著名的"法理学"戏剧是《威尼斯商人》，这也是理查德·维茨伯格研究最多的文学文本之一。See *Poethics: And Other Strategies of Law and Literature* (New York: Columbia University Press, 1992), 94-104. 最近发表的论文请参见 *Cardozo Studies in Law and Literature*, Volume 5.

3. See T. Watkin, "Hamlet and the Law of Homicide", *Law Quarterly Review*, 100 (1984), 282-310; T. Meron, *Henry's Wars and Shakespeare's Laws* (Oxford: Clarendon, 1993); and D. Hamilton, *Shakespeare and the Politics of Protestant England* (Louisville: University of Kentucky Press, 1992).

4. See J. Lander, The Limitations of English Monarchy in the Later Middle Ages (University of Toronto Press, 1989), 4-5. 这部著作指出人们并不乐于接受君主制是必然的这一观点。See J. Kenyon, The Stuart Constitution (Cambridge University Press, 1966), 在本书的第 7 章中提到了亚瑟·海塞里格爵士（Sir Arthur Haselrigg）在 1659 年的研究，在 1942 年没有人认真地考虑代替君主制的政体。

5. 关于这一论文最近的发表的和最权威的观点，参见 J. Burns, *Lordship, Kingship and Empire* (Oxford: Clarendon, 1992).

6. See Lander, *Limitations*, particularly 41-55. See also G. Elton, *Policy and Police: The Enforcement of the Reformation in the Age of Thomas Cromwell* (Cam-

bridge University Press, 1972), 45-54, and again in his *The Tudor Constitution* (*Cambridge University Press*, 1982), chapter 1. 对于兰德尔论文的最新评述参见 G. Harriss, "Political Society and the Growth of Government in Late Medieval England", *Past and Present*, 138 (1993), 28-57.

7. 关于伊丽莎白时代后期英格兰间断性的动荡时局的概要性讨论参见 W. MacCaffrey, *Elizabeth I: War and Politics* 1588-1603 (Princeton University Press, 1992).

8. See MacCaffrey, *Elizabeth I*, 453-536, and S. Adams, "Eliza Enthroned?: The Court and Politics", in C. Haigh, ed., *The Reign of Elizabeth I* (Athens: University of Georgia Press, 1987), 55-77. See also J. Hurstfield, "The Politics of Corruption in Shakespeare's England", *Shakespeare Survey*, 28 (1975), 15-28.

9. See C. Morris, *Political Thought In England: From Tyndale to Hooker* (Oxford University Press, 1953), particularly chapters 2 and 6-9. 最近的评论请参见 D. Kelly, "Elizabethan Political Thought", in J. Pocock, ed., *The Varieties of British Political Thought* 1500-1800 (Cambridge University Press, 1993), 58-64. See also Hamilton, *Politics of Protestant England*, particularly 1-29.

10. 关于 16 世纪 90 年代民众异议的深入研究及其经济原因的分析，参见 J. Walter, "A 'Rising of the People?' The Oxfordshire Rising of 1956", *Past and Present*, 107 (1985), 90-143.

11. 关于伊丽莎白的 "异教" 的讨论，参见 J. King, "Queen Elizabeth I: Representations of the Virgin Queen", *Renaissance Quarterly*, 34 (1990), 30-74. See also D. Woolf, "The Power of the Past: History, Ritual and Political Authority in Tudor England", in P. Fideler and T. Mayer, ed., *Political Thought and the Tudor Commonwealth* (London: Routledge, 1992), 19-49, and S. Orgel, "Making Greatness Familiar", in S. Greenblatt, ed., *The Power of Forms in the English Renaissance* (Norman: University of Oklahoma Press, 1982), 41-8.

12. See Lander, *Limitations*, 4-5 and 50-1, and Burns, *Lordship*, at 7. 引用的是卡莱尔 (Carlyle) 关于 15 世纪是智识的黑暗时期的著名论断。

13. See J. Somerville, *Political and Ideology in England* 1603-1640 (London: Longman, 1986), and G. Burgess, *The Politics of the Ancient Constitution* (London: Macmillan, 1992).

14. 关于古代宪法的讨论参考 J. Pocock, *The Ancient Constitution and Feudal*

Law（Cambridge University Press, 1957）. 更为广泛意义上的综合性综述性研究参见 Burgess, *Politics*. 还可以参考 D. Kelley, "Elizabethan Political Thought", and L. Peck, "Kingship, Counsel and Law in Early Stuart Britain", in J. Pocock, ed. , *Varieties*, at 47–79 and 80–115. 这些研究都是关于博克（Pocock）论文的讨论。

15. 福蒂斯丘在他的两部重要著作中对这一重要区别进行了论述，*The Governance of England*（Oxford: Clarendon, 1885）and *De Laudibus Legum Angliae*, ed. , S. Chrimes（Cambridge University Press, 1942）.

16. 关于福蒂斯丘争论的评述，参见 R. Hinton, "English Constitutional Theories from Sir John Fortescue to Sir Jon Eliot", *English Historical Review*, 75 (1960), 410–417. 关于更多关于福蒂斯丘和古代宪法的研究，以及对于福蒂斯丘学术地位的重新确认，参见 Burns, *Lordship*, 59–70; J. Blythe, *Ideal Government and Mixed Constitution in the Middle Ages*（Princeton University Press, 1992）, 260–5; Somerville, *Politics and Ideology*, 88–90.

17. 尽管混合君主制的理论和英国的宪政相联系，由议会辅佐君主进行治理的理念是欧洲公认的政治理念，尽管当时很少有国家进行议会辅政，但在议会政治理论中已经被深入地加以研究。See Burns, *Lordship*, chapters 1 and 3, Blythe, *Mixed Constitution*, chapters 13 and 14, and also J. Guy, "The Henrician Age", in Pocock, ed. , *Varieties*, particularly 13–22.

18. See Morris, *Political Thought*, 23–47.

19. See Blythe, *Mixed Constitution*, 273–7, and Hinton, "English Constitutional Theories", 419–21.

20. See Burgess, Politics, 11–18.

21. 胡克也认为《理查德二世》非常适合作为英国人文主义启蒙时期的作品来加以研究。See R. Tuck, Philosophy and Government 1572–1651（Cambridge University Press, 1993）, 104–19, 146–53 and 202–78.

22. See David Wooton's Introduction to his *Divine Right and Democracy*,（Harmondsworth: Penguin, 1986）, 51–5. 关于反对君主制的理论，例如对布坎南的理论的讨论，参见 Kelley, "Elizabethan Political Thought", in Pocock, ed. , *Varieties*, 58–61.

23. 莫里斯最直接地提出了这一观点，参见 Morris, *Political Thought*, 172–98. 支持这一观点的论文，可参见 Burgess, *Politics*, 28–9.

24. 对专制主义和早期君主暴政的强有力的批评，参见 Thomas Starkey's *Dialogue between Cardinal Pole and Thomas Lupset*; 参见 Blythe, *Mixed Constitu-*

tion, 273-4.

25. Burns, *Lordship*, 156-7.

26. See Elton, *The Tudor Constitution*, 12-13, and also "Parliament", in Haigh, ed., *The Reign of Elizabeth I*, 79-100.

27. Hinton, "English Constitutional Theories", 424-5.

28. 关于詹姆斯研究的学术论文，参见 Kenyon, *The Stuart Constitution*, 7-8 and 12-14; Wooton, *Divine Right and Democracy*, 28-30 and 99-107; Peck, "Kingship, Counsel and Law in Early Stuart Britain", in Pocock, ed., *Varieties*, 84-7.

29. R. Filmer, *Partriarcha and Other Writings*, J. Somerville, ed. (Cambridge University Press, 1991), and T. Hobbes, *Leviathan* (Harmondsworth: Penguin, 1985).

30. Somerville, *Politics and Ideology*, 9-56.

31. 关于这一研究最重要的论文或许就是："An Homily against Disobedience and Wylful Rebellion", published in 1570. See Wooton, *Divine Right and Democracy*, 94-8.

32. 关于 16 世纪神权的各种理论的研究，参见 H. Kelly, *Divine Providence in the England of Shakespeare's Histories* (Cambridge, Mass: Harvard University Press, 1970).

33. See Elton, *Tudor Constitution*, 17-18, and Wooton, *Divine Right and Democracy*, 26.

34. Burgess, *Politics*, chapters 6 and 7. See also Somerville, *Politics and Ideology*, chapters 4-6.

35. H. Kantorowicz, The King's Two Bodies: A Study in Medieval Political Theology (Princeton University Press, 1957). 他在第二章中提到了在 16 世纪末关于人们对于这一观点的争论，而这促成了莎士比亚创作戏剧《理查德二世》。

36. 关于这次撤退的讨论，参见 D. Burden "Shakespeare's History Plays: 1952-1983", *Shakespeare Survey*, 38 (1985), 1-18.

37. E. Tillyard, *Shakespeare's History Plays* (London: Peregrine, 1962), particularly chapters 1 and 2.

38. See G. Holdeness, *Shakepeare Recycled: The Making of Historical Drama* (London: Harvester Wheatsheaf, 1992), 21-9.

39. See M. Rccse, *The Cease of Majesty* (London: Edward Arnold, 1961), 20-41

and 91-2; M. Prior, *The Drama of Power* (Chicago: Northwestern University Press, 1973), particularly chapters 1 and 2; R. Burckhardt, "Obedience and Rebellion in Shakespeare's Early History Plays", *English Studies*, 55 (1974), 108-17, 在这篇论文中阐释了蒂里亚德的神权思想。

40. See, for example, M. Parker, *The Slave of Life* (London: Chatto and Windus, 1955), particularly chapters 1 and 2, and V. Kiernan, *Shakespeare: Poet and Citizen* (London: Verso, 1993), 3-17.

41. 关于这一点更多的研究参见 P. Rackin, *Stages of History: Shakespeare's English* Chronicles (London: Chatto and Windus, 1995), particularly chapters 1 and 2, and V. Kiernan, *Shakespeare: Poet and Citizen* (London: Verso, 1993), 3-17.

42. 例如，这些研究中最有影响的观点之一是奥斯坦因（Ornstein）坚持认为蒂里亚德所认为的莎士比亚不断提出的都铎王朝的神话实际上是政治意义上的"约克王朝的神话"。See R. Ornstein, *A Kingdom for a Stage* (Cambridge, Mass.: Harvard University Press, 1972), 1-32.

43. 在这方面已经有很多历史性研究和文化唯物主义研究。例如 Ornstein, *Kingdom for a Stage*，更近一些的研究包括：Holderness, *Shakespeare Recycled*; R. Wells, *Shakespeare, Politics and the State* (London: Macmillan, 1986), particularly chapters 1-8; S. Greenblatt, *Shakespearean Negotiations: The Circulation of Social Energy in Renaissance England* (Berkeley: University of California Press, 1988), 1-20; and J. Dollimore, "Introduction: Shakespeare, Cultural Materialism and the New Historicism", in J. Dollimore and A. Sinfield, eds., *Political Shakespeare: New Essays in Cultural Materialism* (Manchester University Press, 1985), 2-17.

44. Kiernan, *Poet and Citizen*, particularly 1-17. See also D. Kastan, " 'To Set a Form upon that Indigest' : Shakespeare's Fiction of History", *Comparative Drama*, 17 (1983), 1-15, and W. Carroll, "Language, Politics, and Poverty in Shakespearian Drama", *Shakespeare Survey*, 44 (1991), 17-24.

45. See G. Melchiori, "The Corridors of History: Shakespeare the Remaker", in E. Honigmann, ed., *British Academy Shakespeare Lectures*, 1980 - 1989 (Oxford University Press, 1993), 165-83.

46. See L. Knights, "Shakespeare's Politics: with Some Reflections on the Nature of Tradition", *Proceedings of the British Academy*, 43 (1957), 115-32.

47. 关于理查德统治时期的历史资料，参考 P. Sacchio, *Shakespeare's English*

Kings：*History*，*Chronicle and Drama*（Oxford University Press，1977），157-
86. 在这一资料中尤为强调了莎士比亚所描述的理查德国王的统治基础
的薄弱。关于理查德国王的更多史实性记述，参见 C. Ross，*Richard III*
（London：Methuen，1981）and A. Sutton，"'A Curious Searcher for our
Weal Public'：Richard III，Piety，Chivalry and the Concept of the 'Good
Prince'"，in P. Hammond，ed.，*Richard III*：*Loyalty*，*Lordship and Law*
（London：Alan Sutton，1986）58-90.

48. 关于莫尔（More）的论著《理查德三世的历史》（*The History of Richard
III*），参见 R. Warnicke，"More's *Richard III* and the Mystery Plays"，*Histor-*
ical Journal，35（1992），761-78. See also Hammond's *introduction to the*
Arden Shakespeare Richard III（London：Routledge，1981），97-119.

49. See Tillyard，*History Plays*，205-18. 关于这篇论著的评述，参见 W. McNeir，
"The Masks of Richard the Third"，*Studies in English Literature*，II（1971），
168-86.

50. See A. Rossiter，"The Structure of Richard the Third"，*Durham University*
Journal，31（1938），44-75. 关于《理查德三世》的主题和结构的讨论
应回溯到对《亨利六世》（*Henry VI*）第三部分的研究。

51. 这是莎士比亚所塑造的所有专制君主中最普通的一位。See Prior，
Drama of Power，131-2.

52. See L. Champion，*Perspective in Shakespeare's English Histories*（Athens：Uni-
versity of Georgia Press，1980），54-69；J. Candido，"Thomas More，the Tu-
dor Chronicles，and Shakespeare's Altered Richard"，*English Studies*，2
（1987），137-41；E. Pearlman，"The Invention of Richard of Gloucester"，
Shakespeare Quarterly，43（1992），410-29.

53. 例如马洛（Marlowe）在其戏剧《马耳他岛的犹太人》（*The Jew of Malta*）
中对人物巴拉巴斯（Barabas）的塑造。See Hammond，ed.，*Richard III*，
74-119. 关于将理查德作为一个"有缺陷"的君主的讨论，参见派尔
曼（Pearlman）的论文《论虚构》（Invention），第421-422页。学者们
认为在塑造这样一个昏庸的专制君主时，莎士比亚事实上仅仅描述了
一个反复无常的普通人。See Prior，*Drama of Power*，283-4 and 288-
95. See also Reese，*Cease of Majesty*，at 98 and 208-10. 里斯（Reese）认
为莎士比亚所塑造的理查德仅仅是历史中的"庸人"的类型，这个角
色"与其说是恺撒·博尔吉亚（Cesare Borgia），还不如说是胡克船长
（Captain Hook）"。

54. *Henry VI Part* 3, Arden Shakespeare (London：Routledge, 1969), A. Cairncross, ed., 3. 2. 124–95 [以下简称 *HVI*].

55. *Ibid.*, 4. 7. 58–9.

56. *Ibid.*, 5. 6. 68.

57. *Richard III*, Arden Shakespeare (London：Routledge, 1981), 1. 1. 1–41 [以下简称 *RIII*] . See also Kelly, *Divine Providence*, 277, and G. . Day, "'Determined to prove a villain'：Theatricality in *Richard III*", *Critical Survey*, 3, (1991), 149–56.

58. 根据科曼（Kierman）的观点，理查德是莎士比亚戏剧作品中"真正掌握了政治技术的大师"，参见 *Poet and Citizen*, 90–1.

59. *RIII*. 4. 2. 61.

60. *Ibid.*, 1. 3. 318–19 and 334–8.

61. See Kelly, *Divine Providence*, 282.

62. *Ibid.*, 1. 2. 70.

63. *Ibid.*, 1. 4. 174–81 and 184–9.

64. *Ibid.*, 1. 3. 216–33.

65. *Ibid.*, 5. 2. 14–6 and 156–7.

66. See A. French, "The World of *Richard III*", *Shakespeare Studies*, 4 (1968), 31–2. 在这篇文章中对里契蒙的形象塑造进行了讨论。

67. *RIII*, 5. 3. 109.

68. See also Kelly, *Divine Providence*, 295 and Prior, *Drama of Power*, 34 – 5 and 43.

69. See Reese, *Cease of Majesty*, 212；Ornstein, *Kingdom for a Stage*, 81. See also P. Sahel, "Some Versions of Coup d'etat, Rebellion and Revolution", *Shakespeare Survey*, 44 (1991), 26–8, and Burckhardt, "Obedienc and Rebellion", 116.

70. 有学者认为莎士比亚所创作的《理查德三世》影射了 16 世纪晚期的君主专政政府，关于这一观点的讨论参见 M. Hotine, "*Richard III* and *Macbeth*-Studies in Tudor Tyranny？", *Note and Queries*, 236 (1991), 480–6.

71. See W. Carroll, "Desacralization and Succession in *Richard III*", *Deutsche Shakespeare-Gesellschaft West Jahrbuch* (1991), 82–96, 强调了理查德对法律形式和合法性的担忧。

72. 这里关于莎士比亚的问题的论述，参见 Prior, *Drama of Power*, 121–3 and 134–8. 皮埃尔（Prior）认为，由于理查德宣称他的血统和里契蒙一样纯正，使得这一问题更加突出地呈现出来。See also A. Gurr, "*Richard III and the Democratic Process*", *Essays in Criticism*, 24（1974），39-47.

73. *RIII*, 5. 3. 124.

74. *Ibid.*, 5. 3. 236-71.（译文引自方重："理查德三世"，载《莎士比亚全集》第5卷，朱生豪、方重译，人民文学出版社2009年版，第564页。——译者注）

75. *Ibid.*, 5. 3. 315-42.

76. *Ibid.*, 5. 5. 18-21 and 29-34.（译文引自方重："理查德三世"，载《莎士比亚全集》第5卷，朱生豪、方重译，人民文学出版社2009年版，第568页。——译者注）

77. *Ibid.*, 4. 4. 377-87. 学者们认为理查德最大的失败在于他无法证明他的合法性。See Carroll, "Desacralization", 82-96.

78. 学者们认为，理查德争取群众的支持事实上反映了他意识到在国内动荡的时局中获得大众支持的重要性。See Gurr, "Democratic Process", 39-47.

79. *RIII*, 3. 7. 46-50 and 60-3.

80. *Ibid.*, 5. 2. 1-16.

81. *Ibid.*, 3. 7. 1-3 24-43 and 200.

82. *Ibid.*, 3. 6. 1-14.

83. 关于作为不诚实的理查德的重要特点之一，他出色的演讲能力的重要性以及关于出色的演讲能力之后常常隐含着危险的讨论，参见 Pearlman, "Invention", 414, and R. Berry, "*Richard III*: Bonding the Audience" in J. Gray, ed. , *Mirror up to Shakespeare*（University of Toronto Press, 1984），114-27.

84. McNeir, "Masks", 181-2.

85. *RIII*, 4. 2. See also Ornstein's observations in *Kingdom for a Stage*, 75.

86. Reese, *Cease of Majesty*, 128-9.

87. 皮埃尔认为，莎士比亚从《理查德三世》中的神权立场转变为在第二部四部曲中的怀疑主义的人文主义立场。他也认为两个王子的命运揭示了莎士比亚关于神权正义的质疑。See *Drama of Power*, 8 and 51-3.

88. 关于《理查德三世》在当代的影响，参见 Champion, *Perspective*, 68 and Ornstein, *Kingdom for a Stage*, 62. 有学者认为，《理查德二世》不仅让人感到不安，而且使得莎士比亚在之后的一系列戏剧中修正了他的主题，这一观点参见 French, "World of *Richard III*", 38.

89. See Ornstein, *Kingdom for a Stage*, 83 and 101; H. Richmond, *Shakespeare's*

Historical Plays (New York： Random House，1967)，96；J. Simmons，
"Shakespeare's *King John* and its Source：Coherence，Patten，and Vision"，
Tulane Studies in English，17 (1969)，53–72；E. Grennan，"Shakespeare's
Satirical History：A Reading of *King John*"，*Shakespeare Studies*，II (1978)，
21. 关于这一论述最著名的一个例外是豪尼格曼（Honigmann）在他对奥
登（Arden）所创作的《国王约翰》中认为这部戏剧可以溯源至 1591 年，
因此它的创作应该早于两部"理查德国王"的戏剧。See E. Honigmann，
ed.，"Introduction"，*King John*，Arden Shakespeare（London：Routledge，
1967），xliii–xliv［以下简称 *J*］.

90. See Reese，*Cease of Majesty*，263；Rackin，*Stages of History*，66；Grennan，
"Satirical History"，23；and Champion，*Perspective*. For the neglect of *John*，
see E. Waith，"*King John* and Drama of History"，*Shakespeare Quarterly*，29
(1978)，192–211.

91. See D. Womersley，"The Politics of Shakespeare's *King John*"，*Review of English Studies*，40 (1989)，497–8.

92. 关于"国王约翰"的最初形象以及之后戏剧家们所塑造的各种形象，参
见 Simmons，"Coherence，Pattern，and Vision"，53–72；J. Elliot，"Shakespeare
and Double Image of King John"，*Shakespeare Studies*，I (1965)，56–72；
C. Levin，"The Historical Evolution of the Death of John in Three Renaissance
Plays"，*Journal of the Rocky Mountain Medieval and Renaissance Association*，
3 (1982)，85–106.

93. See Simmons，"Coherence，Pattern，and Vision"，53–72；Elliot，"Double
Image"，72–81；Grennan，"Satirical History"，29.

94. 学者们认为莎士比亚所描绘的形象更接近于现实生活中的马基雅维利，
而不仅仅是舞台上的马基雅维利。See Elliot，"Double Image"，76–7.

95. *J*，1.2.94–8.

96. *Ibid.*，3.2.16–21.

97. 关于莎士比亚将约翰描绘为一个反天主教人物的重要性，参见 R. Battenhouse，
"King John：Shakespeare's Perspective and Others"，*Notre Dame English
Journal*，14 (1982)，191–215，and Rackin，*Stages of History*，11.

98. *J*，3.1.73–4.

99. *Ibid.*，3.1.89–110.

100. *Ibid.*，3.1.105–16，150–79 and 235–8.

101. *Ibid.*，4.2.40–105.

102. See B. Traister，"The King's One Body：Unceremonial Kingship in *King John*"，in D. Curren-Aquino, ed. , *King John：New Perspectives*（Newark：University of Delaware，1989），91-8.

103. *J*, 4. 2. 208-14.

104. *Ibid.*, 5. 1. 1-4 and 43-61.

105. *Ibid.*, 5. 3. 3-4 and 5. 7. 35-43.

106. 根据曼海姆（Manheim）的观点，这两部四部曲中的过渡人物巴斯塔德，是莎士比亚历史剧中的最重要人物。See Manheim "The Four Voices of the Bastard"，in Curren-Aquino, ed. , *New Perspectives*，126-35. 同时参见 Kastan，"Fictions of History"，11-15, and J. van de Water，"The Bastard in *King John*"，*Shakespeare Quarterly*，11（1960），137-46 and Womersley，"Politics"，499-515.

107. See Tillyard，*History Plays*，239；Champion，*Perspectives*，99-100；Grennan，"Satirical History"，30-1. 关于巴斯塔德对亨利的影响，参考 Reese，*Cease of Majesty*，285.

108. Levin，"Historical Evolution"，105.

109. *J*, 1. 1. 182-219.

110. *Ibid.*, 4. 2. 141-52 and 4. 3. 140-59.

111. 因此根据列文（Levin）的观点，最初对于"国王一体两位"观点评论的文章参见 "Historical Evolution"，105. See also Van de Water，"Bastard"，142-5, and Tillyard，*History Plays*，226.

112. *J*, 5. 1. 65-76.

113. *Ibid.*, 5. 2. 127-58.

114. *Ibid.*, 5. 7. 110-18.

115. *Ibid.*, 5. 7. 100 - 5. See J. Calderwood，"Commodity and Honour in *King John*"，*University of Toronto Quarterly*，29（1960），341-56, and Simmons，"Coherence，Pattern，and Vision"，68-9. 关于作为理想主角的巴斯塔德的人物塑造参见 Van de Water，"Bastard"，144, and Battenhouse，"King John"，204.

116. Womersley，"Politics"，501-15.

117. See Richmond，*Political Plays*，102-3 and 108. 这篇文章认为这两个人物可以被认为是理查德三世的发展。

118. *J*, 2. 1. 373-96.

119. *Ibid.*, 3. 2. 16-26.

120. *Ibid.*, 2.1.167-90. 关于在揭露神权政治中康斯塔斯所扮演的角色的讨论，参见 Grennan, "Satirical History", 32-3.

121. *Ibid.*, 3.1.34-7.

122. *Ibid.*, 2.2.52.

123. See L. Champion, " 'Answere to this Perillous Time': Ideological Ambivalence in *the Raigne of King Edward III* and the English Chronicle Plays", *English Studies*, 69 (1988), 128. 关于巴斯塔德认同胡博 (Hubert) 的谈话，参考 Battenhouse, "King John", 208.

124. See Tillyard, *History Plays*, 227.

125. 查平 (Champion) 认为对这一严肃主题的讨论可以参考 *Perspective*, 103, and Rackin in *Stages of History*, 186.

126. *J*, 1.1.5.

127. *Ibid.*, 1.1.39-40. See also Richmond, *Political Plays*, 110-11. 该书强调了约翰在夺取王位后的志得意满。

128. See Sacchio, *Shakespeare's English Kings*, 190-1.

129. *J*. 1.1.116-252.

130. *Ibid.*, 2.1.85-8.

131. *Ibid.*, 1.2.89-109 and 112-17.

132. *Ibid.*, 1.2.118.

133. *Ibid.*, 2.1.97-8.

134. *Ibid.*, 2.1.236-66 and 273.

135. 关于理查德类似的问题，参见 *RIII*, 4.4.469-73. 关于里契蒙类似的评论，参见《论政治戏剧》(*Political Plays*) 第99页。和《困难重重的统治》(*Troublesome Raigne*) 一书相比，这里的论据更加不确定。在《困难重重的统治》中，约翰的篡位遭到了更为明确的谴责。See Simmons, "Coherence, Pattern, and Vision", 59-60.

136. See Champion, *Perspectives*, 105, and Hamilton, *Politics of Protestant England*, 56-7.

137. See Simmons, "Coherence, Pattern, and Vision", 66-7.

138. 哈米尔顿 (Hamilton) 是这一观点最主要的支持者，参见 *Politics of Protestant England*, 30-58. 根据哈米尔顿的观点，莎士比亚不仅仅批评一般意义上的专制主义，而且对伊丽莎白晚期英格兰基督教法庭的专制独裁进行了批评。她认为从法理学角度来看，莎士比亚和普通法的律师们的立场是相同的。

139. *J.*, 2. 1. 281-2. See also V. Vaughan, "*King John*: A Study in Subversion and Containment", in Curren-Aquino, ed., *King John*, 68-9.

140. *J.* 2. 1. 368-72.

141. *Ibid.*, 2. 1. 373-96.

142. *Ibid.*, 5. 2. 8-39. See also Simmons, "Coherence, Pattern, and Vision", 66-7, 强调了莎士比亚在这里设置了一个两难的困境，而在 *Troublesome Raigne* 中没有这样的设定。

143. See Elliot, "Double Image", 81, and Battenhouse, "King John", 206-7.

144. See Womersley, 'Politics', 514-15. 根据蒂里亚德的观点，正是巴斯塔德认为尽管约翰不仅人品不好，而且不是个好国王，但他不是一个独裁者，因此叛乱是没有理由的。See *History Plays*, 231. See also Battenhouse, "King John", 203.

145. See Champion, "Ideological Ambivalence", 128; Simmons, "Coherence, Pattern, and Vision", 67-8; Burckhardt, "Obedience and Rebellion", 112-13; Hamilton, *Politics of Protestant England*, 49-58.

146. See Manheim, "Four Voices", 126-35. 在这篇文章中，他认为巴斯塔德因此可以被认为是历史上最具有颠覆性的角色，也因此是两部四部曲中关键性的过渡性角色。See also Grennan, "Satirical History", 34-5; Kastan, "Fictions of History", 11-5, and Vaughan, "Subversion and Containment", in Curren-Aquino, ed. *King John*, 62-75.

147. See Hamilton, *Politics of Protestant England*, 42-9. 西蒙斯（Simmons）也提出了同样的结论，参见"Coherence, Pattern, and Vision", 71.

148. 奥斯坦因认为它和《李尔王》（Lear）有相似的内容。See *Kingdom for a Stage*, 108. See also J. Elliott, "History and Tragedy in *Richard II*", *Studies in English Literature*, 8 (1968), 253-71; Champion, *Perspective*, 70-1 and 90-1; Prior, *Drama of Power*, 156-82.

149. 关于乌尔（Ure）的评论参见他对于《理查德二世》的介绍。Arden Shakespeare (London: Routledge, 1966), xxx-xlix [以下简称 *RII*], J. Theilmann, "Stubbs, Shakespeare, and Recent Historians of Richard II", *Albion*, 8 (1976), 107-24; S. Schoenbaum, "*Richard II* and the Realities of Power", *Shakespeare Survey*, 28 (1975), 1-6; Elliott, "History and Trage-dy", at 257-60.

150. See Tillyard, *History Plays*, 250-1, and Reese, *Cease of Majesty*, 116-19.

151. See Prior, *Drama of Power*, 141-2. 他认为理查德是作为独裁统治冒险的

"理想倡导者"。

152. See Prior, *Drama of Power*, 141-3, and J. Gohn, "*Richard II*: Shakespeare's Legal Brief on the Royal Prerogative and the Succession to the Throne", *Georgetown Law Journal*, 70 (1982), 955-9.

153. See A. Tuck, *Richard II and the English Nobility* (London: Edward Arnold, 1973) and B. Bevan, *King Richard II* (London: Rubicon Press, 1990).

154. See Richmond, *Political Plays*, 124, and G. Lanier, "From Windsor to London: The Destruction of Monarchial Authority in *Richard II*", *Selected Papers from the West Virginia Shakespeare and Renaissance Association*, 13 (1988), 1.

155. *RII*, 1. 2. 196-205.

156. See Kantorowicz, *King's Two Bodies*, 24-41. 这篇文章认为理查德是一个典型的君主形象。

157. See Tillyard, *History Plays*, 258-61, and P. Philias, "The Medieval in Richard II", *Shakespeare Quarterly*, 12 (1961), 305-10.

158. See D. Bornstein, "Trial by Combat and Official Irresponsibility in *Richard II*", *Shakespeare Studies*, 8 (1975), 131-41, and M. Ranald, "The Degradation of *Richard II*: An Inquiry into the Ritual Backgrounds", *English Literary Renaissance*, 7 (1977), 170-83. See also Ure, Introduction, *Richard II*, xliv. 乌尔认为是斗争的合法性而且是非正统性。Champion, *Perspective*, 77-8. 查平（Champion）讨论的是国王特权的合法性基础。

159. See Gohn, "Legal Brief", 959-65; Hamilton; "State of Law", 15; Bornstein, "Trial by Combat", 131-41.

160. *RII*, 1. 3. 16-24, 236-46 and 275-94.

161. 正如诺森布兰郡伯爵所指出的，他没有听从好的劝诫是他关键性的失误。See *RII*, 2. 1. 238-45. 波林勃洛克随即指出，理查德不称职的顾问们就是"社会的蛀虫"，参见第 2. 3 节，第 165 页，并在第 3. 1 节，第 1-30 页中对这些顾问予以责备。See also P. Gaudet, "The 'Parasitical' Counselors in Shakespeare's *Richard II*: A Problem in Dramatic Interpretation", *Shakespeare Quarterly*, 33 (1982), 142-54.

162. *RII*, 3. 4. 29-71.

163. *Ibid.*, 1. 4. 42-52 and 59-64, and 2. 1. 17-30 and 190-210.

164. *Ibid.*, 2. 1. 91-114. 关于王国管理的讨论，参见 D. Hamilton, "The State of Law in *Richard II*", *Shakespeare Quarterly*, 34 (1983), 5-17.

165. *RII*, 2. 1. 155. 关于将军的评论参见 2. 4. 7-17, 他认为放弃了国家的理查德任由国家动荡不安。

166. *Ibid.*, 3. 2. 54-7 and 60-2. 关于理查德关于上帝的创新提法以及对此所进行的模糊描述，参见 Prior, *Drama of Power*, 60-2. （译文引自朱生豪："理查德二世"，载《莎士比亚全集》第 6 卷，朱生豪等译，人民文学出版社 2009 年版，第 134 页。——译者注）

167. *Ibid.*, 3. 2. 83, 129-34 and 144-77.

168. *Ibid.*, 3. 2. 177.

169. *Ibid.*, 3. 2. 178-85.

170. *Ibid.*, 3. 3. 77-8. （译文引自朱生豪："理查德二世"，第 134 页，载《莎士比亚全集》第 6 卷，朱生豪等译，人民文学出版社 2009 年版，第 141 页。——译者注）

171. *Ibid.*, 3. 3. 172-4. （译文参考同上，第 143 页。——译者注）

172. See Elliot, "History and Tragedy", 264-5, and Richmond, *Political Plays*, 123 and 133-6.

173. *RII*, 1. 4. 24-36.

174. *Ibid.*, 2. 2. 112-35.

175. *Ibid.*, 3. 3. 35-61. 关于波林勃洛克内在形象的讨论，以及他几乎隐秘的野心的讨论，参见 B. Stirling, "Bolingbroke's 'Decision'", *Shakespeare Quarterly*, 2 (1951), 27-34.

176. *RII*, 3. 3. 209. 当理查德因为所乘坐的马车被发现，在费林特城堡垛口坠落之后，他意识到他的王国已经没有了。See *Ibid.*, 3. 3. 178-9. 关于这一类别的讨论，参见 S. Heninger, "The Sun-King Analogy in *Richard II*", *Shakespeare Quarterly*, 11 (1960), 319-27, and R. Merrix, "The Phaeton Allusion in *Richard II*；The Search for Identity", *English Library Renaissance*, 17 (1987), 277-87.

177. See Lanier, "From Windsor to London", 3, and Stirling, "Bolingbroke's 'Decision'", 30-4.

178. *RII*, 4. 1. 114-49.

179. *Ibid.*, 4. 1. 173. 他对于王位的设想是对约克伯爵的回应。See *Ibid.*, 4. 1. 107-13.

180. Lanier, "From Windsor to London", 5-7.

181. *RII* 4. 1. 232-6. （译文引自朱生豪："理查德二世"，载《莎士比亚全集》第 6 卷，朱生豪等译，人民文学出版社 2009 年版，第 156 页。——译者注）

182. *Ibid.*, 4.1.191-3.

183. *Ibid.*, 4.1.276-91. See Kantorowicz, *King's Two Bodies*, at 9. 坎特洛维茨（Kantorowicz）认为镜子这一幕象征了"二位一体理论"的最终失败。

184. *RII* 4.1.250-2.

185. See Kantorowicz, *King's Two Bodies*, 24-41.

186. *RII* 4.1.201-22.

187. *Ibid.*, 5.1.7-21, 5.3.129 and 135-43, and 5.6.2-29. See Champion, *Perspective*, 83-4 and 87-90.

188. *RII*, 5.6.39.

189. *Ibid.*, 5.6.49-50.

190. *Ibid.*, 5.5.31-8. See Richmond, *Political Plays*, at 137. 暗示着理查德在他最后的独白中所做的自我反思是非常深刻的，即使与莎士比亚之后所著的悲剧相比也是如此。（译文引自朱生豪："理查德二世"，载《莎士比亚全集》第6卷，朱生豪等译，人民文学出版社2009年版，第174页。——译者注）

191. *RII*, 5.5.102-12. See P. Jensen, "Beggars and Kings: Cowardice and Courage in Shakespeare's *Richard II*", *Interpretation*, 18（1990），137-8. 事实上这也是理查德这一人物在最后得到了升华。

192. *RII.*, 3.2.27-8.

193. *Ibid.*, 4.1.114-49.

194. *Ibid.*, 4.1.321-34. 在莎士比亚所著的《亨利八世》（*Henry VIII*）的剧作集中体现了这一主题。

195. 关于莎士比亚对这两个人物形象的塑造，参见 Ornstein, *Kingdom for a Stage*, 123, and Elliott, "History and Tragedy", 266-7.

196. *RII*, 1.2.37-41.

197. *Ibid.*, 1.4.40-3, 57-60 and 65-6. 关于科克（Coke）在1606年裁判中对于刚特演讲的引用，参见 M. Schwarz, "Sir Edward Coke and 'This Scept'red Isle': A Case of Borrowing", *Notes and Queries*, 233（1988），54-6.（译文引自朱生豪："理查德二世"，载《莎士比亚全集》第6卷，朱生豪等译，人民文学出版社2009年版，第112-113页。——译者注）

198. *RII.*, 2.1.73-87. 关于作为"日不落帝国"的英格兰的衰落的象征的讨论，参见 C. MacKenzie, "Paradise and Paradise Lost in *Richard II*", *Shakespeare Quarterly*, 37（1986），318-39.

199. 关于诺森伯兰的评论，参见 see *RII*, 2. 1. 238-45, 262-6 and 285-98.

200. *Ibid.*, 2. 2. 109-14.（译文引自朱生豪："理查德二世"，载《莎士比亚全集》第6卷，朱生豪等译，人民文学出版社2009年版，第123页。——译者注）

201. *Ibid.*, 2. 3. 139-41.

202. 对于约克这一角色的肯定，参见 Elliott, "History and Tragedy", 268-9, and M. Kelly, "The Function of York in Richard II", *Southern Humanities Review*, 6 (1972), 257-67.

203. *RII*, 2. 3. 139-46.

204. *Ibid.*, 4. 1. 107-12.

205. *Ibid.*, 5. 2. 23-40 and 72-110.

206. 乌尔（Ure）对于这段轶事的可靠性表示怀疑。See his Introduction to *Richard II*, at ixii. 关于兰姆巴德（Lambarde）这一记述的真实性的考证，参见 Barroll, "New History", 442-54, and A. Kinney, "Essex and Shakespeare versus Hayward", *Shakespeare Quarterly*, 44 (1993), 464-6.

207. 如果英国政府确实认为一部戏剧具有反政府的倾向，他们会迅速行动。两年前，约翰·哈沃德（John Hayward）爵士关于亨利四世（Henry IV）的书就被立刻禁止发行了，哈沃德本人也被监禁。See Barroll, "New History", 446-54.

208. 相关的研究参见 Barroll, "New History", 448-9; C. Green, "The Deposition Scene of *Richard II*", *Notes and Queries*, 197 (1952), 492-3, and "More about the Deposition Scene of *Richard II*", *Notes and Queries*, 198 (1953), 49-50; J. Clare, "The Censorship of the Deposition Scene in *Richard II*", *Review of English Studies*, 41 (1990), 89-94.

209. See D. Kastan, "Proud Majesty Made a Subject: Shakespeare and the Spectacle of Rule", *Shakespeare Quarterly*, 37 (1986), 468-73. 他认为王室仪式事实上被认为仅仅是具有隐含反政府信息的剧院表达形式，但是在伊丽莎白晚期的英格兰，作者们热衷于支持在作品中展示这样的仪式。

210. See Gohn, "Legal Brief", 953-5, and A. Potter, "Shakespeare as Conjuror: Manipulation of Audience Response in *Richard II*", *Communique*, 6 (1981), 1-9.

211. See Richmond, *Political Plays*, 139-40, and Kiernan, *Poet and Citizen*, 37-8 and 77-81.

212. 关于莎士比亚坚持认为理查德对神权的祈求是不真诚的这一论断令人

信服的论证，参见 Kelly, Divine Providence, 208-9. See also Holderness, Shakespeare Recycled, at 8-9. 在这篇文章中，豪德尼斯（Holderness）认为《理查德二世》标志着莎士比亚转向了人文主义思想。有学者认为，《理查德二世》这部戏剧是更加具有反政府倾向的戏剧，至少它暗示了王室自身的腐败，参见 Lanier, 'From Windsor to London', 1-3, and Ranald, 'Degradation', 170-96.

213. 对于这一观点的强有力的论证，参见 Hamilton, "State of Law", 5-17; Kiernan, *Poet and Citizen*, 77-81 and 114; P. Brockbank, *Brockbank on Shakespeare* (Oxford: Blackwell, 1989), 104-21; Reese, *Cease of Majesty*, 128-41; L. Cowan, "God Will Save the King: Shakespeare's Richard II", in J. Alvis and T. West, eds., *Shakespeare as a Political Thinker* (Durham: Carolina Academic, 1981), 63-9. 所有这些论文都强调了这部戏剧传达了反专制主义的信息。有学者认为，《理查德二世》揭示了莎士比亚对于神权政治和君主专制的反对，参见 Holderness, *Shakespeare Recycled*, 8-9 and 51-71. 高恩（Gohn）提出了相反的观点，他认为宣誓这一幕剧是对君主专制的"辩护"，波林勃洛克仅仅是体现神权意志的专制君主的另一个代言人而已。See Gohn, "Legal Brief", 971-2.

儿童文学和法律思想

孩提时代阅读的文学著作是我们所读过的书籍中最具影响力和最重要的文学作品。在本章我将探讨儿童文学中所体现的法律思想。W. H. 奥登（W. H. Auden）认为对儿童文学而言，有两个基本问题，"儿童文学给孩子们展示了一个什么样的世界？儿童文学所展示的这个世界和真实世界之间有多大的差距？"[1] 奥登的问题也将是我们本章基本的研究线索。

儿童的文学和思想

随着法律与文学运动的发展，关于儿童文学的学术研究已经逐渐成为一个新的研究领域。[2] 事实上，很多争论都是围绕着同一个问题展开的，即儿童文学能否或者是否应当成为一个具体的研究领域。从 19 世纪中叶儿童文学试图成为一个独立的研究领域开始，学者们纷纷强调儿童文学不同于其他文学研究领域的特点，以此作为反驳之前学者们对儿童文学应当附属于其他学术研究的论据。[3] 儿童文学中所使用的"简单"的语言和所描述的"微不足道"的小故事常常让研究者们忽视儿童文学的重要性，并因此未对儿童文学对于众多小读者的影响进行充分的评估。尽管儿童文学能产生重要影响的力量来源之一在于儿童文学的跨学科性质，然而在过去，这只是更加让人们认为儿童文学不必作为一个单独的研究领域。[4] 然而，正是儿童文学的这种跨学科性质使得它成为法律与文学的研究论域之一，同时也正是儿童文学广泛的影响力，使它不仅仅是法律与文学中一个可能的研究论域，而且是一个应当研究的论域。每个人都读过《兔子彼得的故事》（*The Tale of Peter Rabbit*），但并不是每个人都读过《道德形而上学》（*The Metaphysics of Morals*）。当然，区别这两部作品的关键在于我们对作品如何界定。到底什么是儿童文学？这不是一个很容易回答的问题。部分原因在于我们很难对"儿童"做出准确的界定。[5] "作者已死"的理论直接否定了儿童文学作者创作意图的存在价值。很多学者的研究已经确证我们无法通过文本本身来对儿童文学进行精确的界定。例如，根据费莉希蒂·休斯（Felicity Hughes）的观点，对儿童文学主题的研究将会鼓励"现实主义"研究者们对于"文学幻想的批评"。[6] 对儿童文学界定的一个可能的方式是文学创作风格。尼古拉斯·图克（Nicholas Tucker）一直都支持这种观点。他认为"如果一个作家想为儿童读者进行文学创作，他就必须受限于特定的生活经验，并使用特定的词汇"。[7] 很多评论家都承认儿童文学事实上是通过它所使用的语言和故事内容"被界定"为儿童文学。[8] 但是这是否可以成为一个充分的儿童文学的定义方式，是值得怀疑的。艾登·钱伯斯（Aidan Chambers）的研究更加深入。钱伯斯运用沃尔夫冈·伊瑟尔（Wolfgang Iser）的理论，即以作者是根据具体的读者确立特定的创作风格这一论点为核心，提出"潜在读者定律"（doctrine of the implied reader），他将研究的方向主要集中在关于读者群的研究上。[9]

现在学术界所公认的界定方式是通过读者和读者的使用标准来对儿童文学加以界定。根据彼得·亨特（Peter Hunt）的观点，儿童文学"只能"根据它的读者群来进行界定。[10] 因此"经典"儿童文学作品之所以成为经典，并不是因为它比其他文学作品"更好"，而是因为它比其他文学作品更具有"实用价值"。这个定义，侧重于读者对于文学作品的使用，具有强烈的实用主义的色彩，而且，正如我们在本书第二章中所提到的，会让我们立刻联想到福柯和艾柯的观点。[11] 进一步来说，由于儿童文学是通过读者的使用来进行界定，它再次成为一个非常适于探讨法律与文学问题的论域。同时，当我们强调儿童文学不同于其他文学的特点的时候，我们认识到承认被用于儿童文学研究中的文学批评理论的不同观点，及其对儿童文学所进行的不同程度的分析，也是非常重要的，是我们在进行儿童文学研究时应当予以关注的。由于学者们倾向于通过读者来对儿童文学进行界定，因此读者反应理论在儿童文学批评理论中获得了广泛的认同。在沃尔夫冈·伊瑟尔的潜在读者理论之后，罗兰·巴特（Roland Barthes）认为在儿童文学中存在着一种特殊的语言学"编码"的理论获得了很多学者的支持。利萨·保罗（Lissa Paul）试图提出儿童文学的符号学。彼得·亨特则认为口语话语标记被用于儿童文学中的"指示信号"。随着符号学的发展，文学评论文章中不可避免地出现了少量的解构主义理论。在伊瑟尔和巴特的观点中，就已经引用了卡勒和德里达的思想。[12] 在儿童文学评论理论中引用具有强大影响力的文学理论思想家的观点，直接引发了学者们对于智识主义的强烈批评。为了使儿童文学成为一个相对独立的学科，长期以来学者进行了大量深入的理论研究，这时决定避免过度的智识主义显然是与之前的理论研究是自相矛盾的。在最近几年中，过度智识主义的"问题"已经成为整个文学研究中的前沿问题。[13] 在一个多世纪以前，作家狄更斯、罗斯金（Ruskin）和切斯特顿（Chesterton）就提醒过文学研究者们要警惕同样的危险，尤其是日益增多的进行道德说教的知识分子。[14] 在 1988 年左右，彼得·霍林代尔（Peter Hollindale）提出了同样的观点，他认为任何试图将儿童文学智识化的努力常常只是简单地用一种意识形态替代另一种意识形态。[15]

　　然而，智识主义并不是一种建立学科合法性的方式。尽管这样，学者们认为虽然意识形态批评的方式不应该被过度使用，但仍然具有一定的影响力。通过引用伊瑟尔和巴特、卡勒和德里达的观点，儿童文学评论理论不可避免地采用了这样一个立场，即语词就是权力。彼得·亨特认为，C. S. 刘易斯（C. S. Lewis）作品的语言学风格所展示的是"在儿童作品中常见的潜在的对读者思想的'操控性'影响"。[16]对于亨特而言,儿童文学所展现的是"一种作家和读者之间非常明显的权力关系"。[17]利萨·保罗一直在强调儿童文学和女权主义文学作品之间的相似性,因为二者都是通过"封闭"的文本来体现被主流社会所排斥的社会体验,即二者都是由于性别条件所限,被迫屈从居于社会主流地位的成年男性的社会体验。[18]与之类似,霍林代尔认为我们必须接受这一事实,即儿童文学中存在着包含意识形态内容的小故事。和埃格林顿、亨特和保罗一样,霍林代尔承认语词就是权力,而且儿童读者是一个特殊的具有很强接受能力,并易于被影响的群体。根据霍林代尔的观点,在所有儿童文学中都存在着一种没有被言明的,他称之为"被动的意识形态"。尽管这样,但他同时也强调意识形态的表达是受到"一定条件限制"的,即它必须通过儿童能够理解的具体文本内容的写作来表达。因此,对于霍林代尔而言,这不是为了民主政治而重塑儿童文学,不是为了限制或者促进儿童文学中意识形态思想的表达,而是承认儿童文学中存在着意识形态内容。当然,他之所以提出这一观点,是因为他认为这两者其实指的是同一件事情。[19]一旦我们认可了儿童文学中所描述的"互不统一的思想"存在的不可避免性,儿童文学作品就同时具有了征服(subjugate)和解放(liberate)的特点。[20]这些"思想观点互不统一"的故事不仅仅是指具体的文本和读者之间,而且指儿童文学作品整体和儿童读者群之间。很多儿童文学理论家,包括亨特、保罗和汤森德(Townsend)等都指出,儿童文学作品中存在着双重视角,即儿童从文学作品中所获得的体验,和成年人从儿童文学作品中所意识到的政治意识形态的观点。[21]当然,对作为成年人的我们而言,理解和评估儿童文学的意义是非常重要的,不仅仅是为了我们,也是为了我们的孩子。儿童文学中思想观点互不统一的故事存在的客观性是被米琪·梅尔斯(Mitzi Myers)在她所主张的新历史主义观点中重新提出来的。[22]在利科、克利福德·格尔茨(Clifford Geertz),尤其是约翰·汤普森(John Thompson)的著作之后,托尼·华特金(Tony Watkins)提出运用"深度阐释学研究框架"构建新历史主义模型。这一框架强调语言的历史性，作为权力斗争表达的社会的固有特点，个体的社会文化内涵，作为社会话语交流机制的阅读的本质特点，以及在所有儿童文学作品中的意识形态所处的核心重要地位。华特金认为，儿童对自我的认知是由叙述性和互动性的经验决定的：

> 故事在构建和重塑我们孩子观念中的文化图景，这是一个由模型和样板构成的网络化结构，我们通过这个结构来表达我们的社会体验。因此我们告诉我们孩子的故事，我们给予他们的叙事性的故事都在向他们传递我们对于文化的体验，这些体验形成了一种地图，这些地图使得我们的孩子能够感知我们的世界。它们帮助孩子形成对自我的认知，这种认知不仅是个人的，而且是社会的：我们可以说这种叙事性的经验帮助孩子在世界中找到自己的家园。[23]

文学和心理学

文学和政治学之间存在着跨学科研究的可能性，这已经是法学研究中学者们较为熟悉的议题。我现在要介绍的另一个跨学科研究领域，可能是法律研习们所不太熟悉的领域，即文学和心理学的跨学科研究。文学和心理学之间的跨学科研究是文学学者所更为熟悉的研究领域。读者反映理论需要进行文学和心理学之间的跨学科研究。特里·伊格尔顿（Terry Eagleton）在文艺批评理论的发展中引入了弗洛伊德（Freud）和拉康（Lacan）的思想，尤其强调了拉康的观点，即儿童文学所展现的是一幅图景，即"儿童的关注点从一个信号信息到一个信号信息的转移，遵循着一条潜在的、无穷尽的语言学链条"。对于拉康而言，这个链条是和儿童希望"在信号秩序中"建立对自我认知的"愿望"是相契合的。根据弗洛伊德和拉康的观点，这是源自儿童的恋母情结

94

129

（Oedipal Tie）。[24] 当代文学的心理学解释是根据社会历史学理论建立起来的。[25] 或许对于法律理论研究者而言更为熟悉后者，社会历史学理论在马尔库塞（Marcuse）的《爱欲与文明》（*Eros and Civilization*）以及近期罗伯托·昂格尔（Roberto Unger）的《激情：论人性》（*Passion：An Essay on Personality*）中都有经典的表述。和马尔库塞一样，昂格尔认为心理学的发展是和社会的发展相适应的，尤其和文学的发展是相适应的。昂格尔所提出的"视角重构"是通过交际伦理建立起来，且被认为是"授权心理学"。对于昂格尔而言，解决人类生存环境的问题，关键在于将政治学、伦理学和文学与新兴的社会心理学相结合。[26]

　　由于强调儿童文学的重点在于读者的角色，心理学理所当然应该在儿童文学评论中扮演着非常重要的角色。在这一领域中做出杰出贡献的是尼古拉斯·图克（Nicholas Tucker），他将让·皮亚杰（Jean Piaget）关于儿童心理学的理论用于儿童读者对儿童文学作品反应的研究。[27] 根据皮亚杰的观点，如果我们想获得关于成人的认知能力和道德观发展的认识，我们只能对儿童的经验进行研究。[28] 在非常著名的《儿童的道德判断》（*The Moral Judgement of the Child*）一书中，皮亚杰主要通过实证研究的方式，对儿童群体如何建立游戏规则进行调研，并绘制了儿童道德判断能力形成的发展图。对于皮亚杰而言，道德是一系列的规则。[29] 皮亚杰确认儿童是在实践中不断试验，不断成长的。而且，儿童在试图逐渐明白他们周围在发生的事情。尽管文学本身只是生活经验的组成部分，但作为组成部分的文学在潜在意义上具有极其重要的意义。[30] 在儿 95 童道德判断能力形成的最初时期，即出生后和大约 7 岁之间，皮亚杰认为儿童几乎主要是受到来自父母的影响，而且整个儿童群体，对规则没有一个整体的印象。只有在 7 岁和 10 岁之间，儿童开始逐渐意识到需要了解他们所遵循的规则内容，尽管这样，在这个阶段，这些规则仍然被认为是"神圣的和不可触摸的"，是由成人制定的，并且将永远持续下去。[31] 在这个意义上，儿童不会意识到要左右规则。他们仅仅是被动地接受规则。[32] 类似地，对于许多儿童而言，正义在本质上是当然存在的。正义不是社会或者个人的责任，正义就是自然而然发生的。[33] 从大约 10 岁开始，儿童开始具有了评估的能力，只有在这时，在大约 10 岁到 14 岁之间，他们开始关心例如公平或者正义的基本原则。

根据皮亚杰的观点，"儿童正义感的发展经历了三个主要的阶段"。第一个阶段是在 7 岁之前，在这个阶段"正义就是遵从成人的权威"；第二个阶段是在 8 岁到 11 岁之间，这一时期儿童开始有了简单的"绝对平均主义"的思想；最后的第三个阶段大约是在 11 岁左右，关于公平和正义的更为成熟的判断能力最终"建立"起来。[34] 儿童形成道德判断能力的发展过程，一方面是逐渐疏离了和父母的纽带，一方面是日益受到社会连带关系的影响。对于父母的责任逐渐屈从于对于社会的责任。[35] 同时，责任的概念逐渐受到了生活经验中固有的矛盾和意外事件的干扰。当 3 岁~11 岁的儿童仍然珍视家庭教育中获得的有序的生活经验时，更为成熟的儿童逐渐受到了社会上更为不稳定的环境因素的影响。伴随着对于规则和基本原则的评估，必定带来的是对于责任的理解。[36] 更为重要的是，儿童开始宣称他们希望改变规则，而且逐步运用权力来实现这一行为。在他们努力确认权力现状的过程中，他们开始意识到"权威"的概念，以及与之相对应的"民主"的思想。[37] 他们也开始评估其他人的责任。从最初信奉客观责任，更为成熟的儿童开始发展出一种主观责任观念。儿童不再简单地评估一种行为，他开始对错误行为的道德罪责进行评估。[38]

约瑟夫·阿德尔森（Joseph Adelson）在他关于青少年政治理解力的实证式研究中，对儿童关于政治概念和道德本质的理解力的发展过程进行了再次确认。和皮亚杰一样，阿德尔森勾勒出了儿童政治意识发展的图谱，印证了皮亚杰所提出的儿童的关注点从父母向社会的转变，这一点在儿童 12 岁~16 岁期间得到了强化。[39] 皮亚杰的最终结论是儿童关于正义的概念主要不是来自父母，或者是其他的成年人，而是来自他和其他儿童的交往，以及他们所接受的不同形式的教育。当然，儿童与其他儿童之间的交往可能同时是现实的，或者事实上是通过儿童文学来实现的。这一观点得到了事实的验证，即儿童常常在相当大的年龄之后，才能够对现实和幻想加以区别。[40] 事实上，根据莎拉·吉利德（Sarah Gilead）的观点，成人的文学经验常常是以混淆幻想和现实之间的区别为特征。[41]

图克完全接受了皮亚杰关于儿童的伦理和道德主体理解力发展需要经过三个阶段的理论，并且将它引入到对儿童文学的研究。根据图克的观点，儿童关于文学的经验，是一个从接受，事实上是屈从于绝对化的道德准则和具有完美结构的文学文本，到能够欣赏具有更加开放式和激发儿童好奇心的故事结尾的文本的完整转变。其实，和他/她逐渐增强与社会的联系相对应，儿童开始对文学作品进行品评。例如，随着儿童逐渐长大，他们开始能够接受和理解没有幸福结局的故事，不再依赖在幸福结局和完美的故事结尾中所体现出的明确的关于责任的描述。[42] 直到 3 岁之前，儿童仅仅具有识别能力，而不是认知能力。从 3 岁到 7 岁左右，儿童开始逐渐能够理解因果关系，理解故事是次第发生的。这些年龄段的儿童所阅读的儿童文学，以及图克所讨论的比阿特丽克斯·波特（Beatrix Potter）的经典文学作品，都具有以下的故事结构：基本的故事梗概，直接宣称的绝对的道德观念，以及至少在表面上是"幸福"的故事结局。[43] 在这一阶段，儿童文学的特点主要是以儿童读者不能总是对现实和幻想进行区别为假设前提。因此，文学创作总是在有意识地推翻这一假设。早在 14 世纪，乔叟（杰弗雷·乔叟，Geoffrey Chaucer）就进行过比阿特丽克斯·波特所进行的类似的工作，他将动物和人类都编入故事之中，而没有对他们各自所扮演的角色进行近距离的区别。在这类故事中，道德表现为一种强有力的外在力量，常常是具有神奇的力量，当然也是儿童自身所无法亲身实践的力量。弗罗伊德和荣格（卡尔·荣格，Carl Jung）都认为儿童在这个时期对于幻想的体验，反映了他/她人性中两个侧面的潜在发展——善良和邪恶。正如 C. S. 刘易斯所指出的，无论这一观点是否成立，或者这是否是一个经典的过度智识主义的没有任何意义的推论，这都只是一种推测。图克对这一命题持保留意见。[44]

在 7 岁到 11 岁之间，图克认为儿童和儿童文学都经历了一个重要的转变。早期儿童文学中有序的文学结构被打乱了。文学中所描述的儿童都开始尝试独立生活，并且能够做出道德判断。这是非常有意思的，因为这类文学作品暗示着儿童个人能力的发展阶段要早于皮亚杰的研究所指出的儿童的发展时期。皮亚杰认识到，在这一年龄段的儿童或许能够做出这样的判断，但是他们不会这样去做，因为他们没有完全地屈从于社会的经验性力量。在这个年龄段，根据皮亚杰的观点，尽管儿童开始逐渐形成了简单的公平正义观念，但是他们仍然愿意没有任何质疑地接受来自父母的绝对的道德判断。根据图克的观点，刘易斯·卡罗尔（Lewis Carroll）和伊妮·布莱顿（Enid Blyton）所提出的具有挑战性的个案是儿童独自进行阅读的个案，而不是运用他们的智慧去挑战成年人。图克的研究甚至更为深入，他认为在文学中，7 岁到 11 岁之间的这段时期代表了质疑社会偶像的时期。他认为，关于这一现象的解释部分原因在于儿童对于他/她的性别意识的逐渐觉醒。但是部分原因也可能在于儿童开始认真阅读他/她的儿童文学作品。在儿童认知发展的这一阶段，故事中的道德观对于儿童而言是真实的，而不是虚构的。[45] 图克所认为的最后一个阶段是在 11 岁到 14 岁之间。在这一时期，儿童能够进行抽象思维，图克认同皮亚杰关于这一年龄段的观点，即儿童能够主动地做出自己的道德判断。儿童不再满足于早期文学作品中令人惬意的完整的故事结构，希望出现一些不同的和具有挑战性的故事情节。他们不再单纯地接受善良和邪恶，他们开始追问为什么某些人是善良的，某些人是邪恶的，因此为这一年龄段、甚至更为年长的儿童所创作的文学作品中都充满了道德选择的两难困境，而且这些两难选择都是发生在现实的生活之中。不再有幸福的故事结局。正如皮亚杰所指出的，在这些儿童能力形成的关键发展时期，儿童觉得非常困惑，而且不知道该如何使用他们已经成熟的认知能力。他们所阅读的文学作品是令人困惑的，而且情节杂乱。小说常常描绘的是没有法律的社会，缺乏完整的故事结构。鲁德亚德·吉卜林（Rudyard Kipling）的《丛林之书》（*Jungle Books*）

98

和威廉·戈尔丁（William Golding）的《蝇王》（*The Lord of the Flies*），这两部作品在近期的研究中都被认为是描绘了具有这种危险和困惑的极具震撼力的个案。[46] 11 岁到 14 岁之间的儿童性格尤其不稳定，特别容易受到影响，他们比之前更期望寻求自己能够把握的一种稳定性。他们所阅读的大部分文学作品夸大了这些不确定性，侧重于这些不确定性所导致的危险，同时和法律与秩序的优势相对应，引导儿童去寻求更为稳定的生活。

对具体文学文本的分析

在这部分，我准备从研究的角度将文学作者分为两类，他们的作品分别被界定为"儿童作品"和"青少年作品"。这一分类是依循最初由皮亚杰提出、之后由图克所确立的分类方法。儿童文学是指为 3 岁到 11 岁的儿童所阅读的文学作品，而青少年文学是指为 11 岁~14 岁，以及 14 岁以上的青少年所阅读的文学作品。这不仅仅是为了分类上的便利（尽管事实上它是最方便的分类方法）。正如我们所看到的，皮亚杰的研究特别强调了孩子从儿童到青少年成长过程中，儿童心理状况发生的事实上的转变。因此，图克等将心理学分析应用于文学研究的学者们，都倾向于强调儿童文学理解能力发展中所发生的转变。同时，遵循图克和皮亚杰的分类方法，将儿童文学分为儿童文学和青少年文学，引用国家课程委员会（National Curriculum Council，简称 NCC）的指导性纲要或许是非常重要的，不是因为纲要本身是正确的或者错误的，而是因为这些指导性纲要是英国学校所必须遵循的，是儿童教育中所需要遵守的。

99　我们所要讨论的儿童文学作品包括比阿特丽克斯·波特的童话（它们之中的文本事实上并不是在 NCC 的指导纲要中），《爱丽丝漫游仙境》和吉卜林的《丛林之书》。青少年文学作品包括戈尔丁的《蝇王》，马克·吐温的《哈克·费恩历险记》和斯威夫特（乔纳森·斯威夫特，Jonathan Swift）的《格利佛游记》。这当然只是儿童文学中的一部分著作，不能说是包罗万象的，事实上也很难说具有代表性，但是对它们的研究至少是值得参考的。

青春期前期的文学
——比阿特丽克斯·波特的故事

我们有充分的理由认为没有几个孩子（或者甚至是成人），对比阿特丽克斯·波特的故事是不熟悉的。而且，从某种意义上来看，比阿特丽克斯·波特的故事其实是非常具有影响力的法理学故事。同样不可否认的是，它是儿童文学。更深入地讲，根据罗杰·兰斯林·格林（Roger Lancelyn Green）的观点，波特是"唯一一位为非常小的孩子进行真正文学创作的作家，而且她的作品也为成人所喜爱"。[47] 图克将波特的故事作为 7 岁以下儿童所阅读的经典文学作品。他尤其强调波特在作品中对于语言，以及插图的使用都极为认真。对于这个年龄段的儿童，插图常常和故事的文字描述同样重要，甚至较后者更为重要。正如图克所指出的，为年龄较小的儿童创作文学作品需要特别地认真，创作过程中所需要的文学技巧，比进行法理学论文写作所需要的文学技巧要更难，[48]对于读者的定位要极为准确。波特所创作的故事情节本身准确地契合了 3~7 岁儿童的心理接受能力的需要。故事中没有悲剧的情节，而是有很多冒险和危险，很多虎口脱险的情节，以及很多幸福的故事结局。首先，故事让儿童感到在世界上同时存在着有序和无序，有序的成人世界和小动物们潜在的无序世界，而这两个世界是儿童能够识别出来的。当一个小动物做错了事情，离开了有序的、安全的成人世界，马上就会体验到危险的存在。当波特使用一种特殊的语言来描述环境中的这种变化时，故事的插图也会发生相应的改变。在有序的世界中，动物常常穿着人类的衣裙，但是当处于危险时，动物则看起来就是一只动物，而且会像动物一样行走，用四只脚，而不是两只。两个世界的存在，以及两个世界之

100

135

间的转换，是波特故事的主题。[49]

《兔子彼得的故事》是波特的第一个故事，可能也是最著名的故事。它或许是小孩子所接触到的第一个法理学故事。在这个故事中，波特直接界定了两个世界：一个是彼得和它妈妈生活的安全的世界，"在一个非常大的枞树根部的沙坝里"；另一个是麦奎格（McGregor）先生的花园这个危险的世界，在那里，彼得的爸爸"发生了意外"，"被麦奎格太太做成了馅饼"。虽然妈妈的警告尚在耳畔，彼得还是穿上了他的外套，用两只脚小跑去侵犯别人的财产，去进行偷窃。当然波特并没有使用这些语言，她用了能够让 7 岁以下的孩子们理解的词汇来进行描述，并配上了相应的插图。彼得，"他很淘气"，"悄悄地从大门下钻了进去"，而且迅速地开始偷吃麦奎格先生的蔬菜。"悄悄地溜进"这个词的使用，以及关于彼得从大门下悄悄钻进去的插图，非常有效地勾勒出了偷偷摸摸潜入别人家园的行为，而且，彼得所要去的地方是小兔子不应该去的地方。彼得经历了一连串接踵而至的悲惨遭遇，开始的时候被麦奎格先生追赶，掉进了醋栗树丛中，藏身于一个水罐中，最后匆匆忙忙地从大门下逃了出去，这一切都让小孩子们感到十分的难受。[50] 波特曾经承认，她对故事的结尾都进行了精心的设计。在《兔子彼得的故事》一书故事的结尾，彼得丢了他的外套，外套被麦奎格先生做了稻草人。尽管他回到了安全的成人世界，但是彼得"在这个晚上都过得不好"，因为和他的姐妹们不同，他必须在睡觉的时候服下"一剂""甘菊茶"。这个故事的"道德"内涵很清楚：如果你进入了其他人的家园，而且你拿了不属于自己的东西，那么你将被逐出你所熟悉的成年人的世界，被置于一个危险的世界之中。非法侵入和偷盗行为，无论是小兔子还是小孩子，都是不应该去做的行为。[51]

非法侵入和偷窃是波特的故事中所反复出现的"违法"行为。故事中的主人公无论何时实施了这样的行为，行为人都会马上处于危险中，而且常常在最终返回成人世界之前经历一番磨难。正如《小兔班杰明的故事》（*The Tale of Benjamin Bunny*）中所描述的，常常有一个成人来拯救经历磨难的孩子。在《小兔班杰明的故事》中，班杰明犯了和彼得进入麦奎格先生的花园同样的错误，这次，掉进花园的彼得，和班杰明一样，似乎"没有尽情地在花园里好好享受一番"，没有吃任何东西，而是告诉班杰明，他真的需要"回家"。再一次，他们的闯入行为导致了一系列的灾难，彼得和班杰明在"黑暗"的篮子里待了"五个小时"，这让他们都哭了起来。当他们最后被兔子班尼先生所救的时候，班杰明受到了惩罚，"被揪着耳朵，……而且被用软鞭子抽打"。[52] 这些围绕着非法侵入和盗窃犯罪行为的兔子的故事，使得它们多次作为道德和法理学的寓言故事。《一个凶猛的坏兔子的故事》（*The Story of a Fierce Bad Rabbit*）讲述了一个坏兔子因为从另一个兔子那里偷了一个萝卜，并吃掉了偷来的萝卜，而遭到了惩罚的故事。[53] 倒霉的小兔子们在吃他们从麦奎格先生的花园里偷出来的花菜时被催眠了。再一次，小兔子们被它们的父母所救，但是它们在被救之前却听到了麦奎格夫妇在讨论如何处理所抓到的小兔子。[54] 当然这些不幸不是仅限于兔子。塞缪尔·惠思克（Samuel Whisker）在他做了不应该去做的事情之后，遭遇了类似的困境，结果，在此之后他提起老鼠就感到恐惧。[55]《两个坏老鼠的故事》（*The Tale of Two Bad Mice*）也是类似的故事，两个老鼠进入了玩具屋，淘气的老鼠进行了大量的破坏。最终，"尽管他们不敢再淘气了，但大拇指汤姆（Tom Thumb）为所有损坏的东西进行了赔偿，而且在每天很早的时候，在所有人醒来之前，亨卡·芒卡（Hunca Munca）都必须拿着她的笤帚和簸箕去打扫玩具屋！"[56] 最后，和上述这些故事的表现手法截然相反、完全不同、当然也更为复杂的故事是《金吉尔和皮克尔斯的故事》（*The Tale of Ginger and Pickles*）。在这个猫和小猎狗的故事中，他们因为在商店里买东西，却没有付钱而被抓到了，故事精确地讲述了法律经济学研究在两个多世纪中所一直探讨的问题，讲述了一个和波斯纳在《法律的经济学分析》（*Economic Analysis of Law*）中所讲的同样的故事，然而它要比波斯纳的论文读起来更有意思，一些人可能会认为，这个故事更贴近于生活。[57]

《爱丽丝漫游仙境》

和波特的童话一样著名的是路易斯·卡罗尔的儿童文学作品。和《猎鲨记》（*The Hunting of the Snark*）一样，《爱丽丝漫游仙境》和《镜中世界》（*Through the Looking Glass*），都包含了丰富的法理学内涵。如果根据我们之前对于儿童文学的分类，卡罗尔的儿童文学读者群是 7 岁到 11 岁的儿童。当然，他的文学作品具有皮亚杰或者图克所提到的为这一年龄段的儿童所创作的文学作品的特点，主人公是有主见的孩子，质疑社会权威，描述荒诞的故事情节，玩一些文字游戏。卡罗尔将这些都用在了他的儿童文学中，使得他的作品成为"经典"。[58] 而且，或许不同于波特的故事，卡罗尔作品中的这些元素使得我们必须意识到存在着两个不同的读者群，这也正是我们现在文本翻译中所提到的"双重视角"。在阅读卡罗尔的作品时，儿童和成人可能会获得截然不同的体验。例如，成人可能会忽视各种动物，或者是成人角色，例如桃心皇后所体现出的孩子气的情感。另一方面，一个儿童可能会发现这些孩子气的情感非常得令人不安。当然，波特所描绘的安全的成人世界已经不存在了。[59]爱丽丝故事中最终的安全感源自故事都是虚构的，所发生的事情都是在梦中发生的，而爱丽丝最后会回到她所生活的"正常"世界中。正是这样，爱丽丝的故事结构使得孩子们不仅能够暂时地逃离现实，并最终能够安全地返回到现实生活中。然而，对于成人而言，卡罗尔在故事中对于梦境的使用，使得他的故事受到了极大地欢迎，可能卡罗尔本人也清楚地意识到他最终将面对的是两个读者群，而且，同时，或许他在试图模糊这两个读者群之间的界限。[60]

在《爱丽丝漫游仙境》中，和法理学具有直接相关内容的故事情节是对桃心杰克的审判和爱丽丝的证据。一些评论家，例如凯瑟琳·布莱克（Kathleen Blake），尤其强调这两个故事情节，因为在这两个故事情节中，他们发现爱丽丝最终不再遵从历险中荒谬的规则。在审判的场景中，爱丽丝援引了规则存在的必要性和重要性，并以此消除了在之前的行程中令人困扰的混乱和荒诞。这一场景象征着爱丽丝的胜利。[61] 她不再害怕告诉陪审员，他们是一群"蠢东西"，因为他们害怕会忘记自己的名字。她拿走了一支吱吱响的铅笔，只给比尔（Bill）留下了蜥蜴，让他继续写字，但是却无法留下任何痕迹。爱丽丝的反叛在这个情节中达到了顶点，她被要求提供证据，而且根据第四十二条规则，即"所有高于一米的人都要离开法庭"，她被要求离开法庭。她拒绝离开，并提出了以下三条理由：首先她没有一米高，所以这条规则不适用于她；其次，这是一条武断的规则，并不是一条规范的规则，因此不能具有约束力；再次，"我无论如何都是不会走的"。而且，爱丽丝不但不离开法庭，而且决定破坏法庭。她宣称整个程序和所有证据都是没有任何意义的。当皇后认为宣判应该在裁定之前的时候，爱丽丝宣称，这是"胡说"，而且拒绝根据法庭的要求停止发言，当皇后气得脸色发紫，命令"砍掉她的头"时，爱丽丝回敬道，"谁会听你的话?!"，"你只不过是一张牌而已!"[62] 当爱丽丝最终有了自己主见的时候，梦结束了。

　　除了使用审判场景来帮助爱丽丝形成自己的主见，并且使得正确的推理取代了荒谬的行为，规则取代了混乱，卡罗尔也运用了大量的讽刺和比喻，来吸引更多的具有一定社会阅历的读者。事实上，整个审判程序中的不确定性和不连续性已经使得一些读者将对"红心杰克的审判"和卡夫卡的《审判》进行对比。[63] 审判的开始就强调了法庭的浮华：法官的假发，审判的长度，以及国王也是法官这一事实，更重要的是法官和陪审团的愚蠢。[64] 很多这样的讽刺在爱丽丝和其他的文学作品中被反复使用。在 19 世纪，冗长的司法行为屡受诟病。卡罗尔就曾经读过狄更斯的《荒凉山庄》和《匹克威克外传》（The Pickwick Papers），并且他很早就在大量的场景中使用了这种讽刺手法，在《爱丽丝漫游仙境》、《威廉神父的呓语》（Father William's nonsense）等故事中都有体现，或许最明确的体现这种讽刺的是在《猎鲨记》的"律师的梦想"（Barrister's

Dream）中。[65] "梦想"回应了红心杰克审判中的讽刺，不仅讥讽了法律行为的冗长和爱管闲事，而且同时强调了法律孤立偏狭的本性，法官、陪审团和律师实际上都是一伙的。在这个故事中，对自负、戴假发的法官，无能的陪审团和法律术语中荒诞的词语再次进行了讽刺。"梦想"最后三节韵文中的荒诞内容，即被判决有罪的猪"已经死了很多年了"，和《荒凉山庄》最后的情节有着惊人的相似。[66] 法律人格的本性和它所隐含的对于司法正义的否定在《爱丽丝漫游仙境》的"老鼠的故事"（the Mouse's Tale）中再次出现。[67]《律师的梦想》，或许还有红心杰克的审判都是对臭名昭著的中世纪的提克伯尼（Tichbourne）案件的讽刺。

104 尽管这样，我们在进行这样的比较性阅读时，已经进入了解释学中双重视野的范畴。[68] 对于儿童，卡罗尔的作品是在叙述一个不正确的司法程序有些荒谬的特质，以及对于合理规则的需要；对于成人读者而言，他的作品则描述了许多不仅是他所生活时代，并且一直流传至今的讽刺。或许其中最巧妙的是卡罗尔对于法律语言的讽刺用法。关于红心杰克的审判更像是一个文字游戏，从国王和帽匠关于字母的游戏开始到爱丽丝所看到的司法者通过语词对审判中民众的压制。或许在一个法律场景中最重要的是必须成为一个好的演说家。国王责备帽匠是一个不善于演说的人。[69] 像棋类游戏更为明显的象征意义一样，语词的象征意义在"照镜子"中也扮演着一个关键的角色，爱丽丝和矮胖子之间的交换被认为代表了当代法律讨论中的担忧，矮胖子以一种非常傲慢的口气说，"当我使用一个词时"，"它意味着我让这个词表达这种意思，而不是其他的意思"，爱丽丝则认为，"问题是你是否能够让一个词代表很多完全不同的事物"。[70]

《丛林之书》

青春期前第三个阶段的代表性文学作品是鲁德亚德·吉卜林的《丛林之书》。吉卜林的"丛林法则"所要表达的确切涵义已经成为学术界争论的主题，而另一个关于丛林法则的讨论则是和法理学研究相关的，吉卜林所描绘的"丛林法"是自然形成的还是理应存在正义的法律。沙姆斯·伊斯兰（Shamsul Islam）认为吉卜林自己的生活阅历和他的信仰使得他最终所描绘的是一个有序的、理性的和无处不在的丛林法则。[71]在《丛林之书》中，这种"法则"不仅仅是一种正义的表达方式，而且是整个社会的秩序。伊斯兰认为吉卜林的"丛林法则"具有三个主要的内涵，即道德秩序、权威者的命令和行动的规则。首先，"道德秩序"来源于吉卜林所曾经接触过的各种宗教信仰，如犹太基督教、伊斯兰教和佛教。[72]与此同时，吉卜林对大不列颠帝国务实的传教士对于基督教文明的传播所做的工作坚信不疑。[73]尽管这样，从哲学意义上来看，前者将秩序放在首要位置，意味着总是可能"有一些领域是法律所不应该干涉的，如果破坏这条规则将触犯更高层级的正义"。正是这种秩序的观念使得吉卜林反复强调要坚持遵守规则的重要性，这就直接引出了第二重内涵的主导型概念，"帝国"秩序。[74]伊斯兰认为，最后一个秩序是行动法则也是非常有趣的，因为对于吉卜林而言，它代表着人最终能够控制他自己的命运，甚至在一个依循自然规律而运转的世界中。[75]伊斯兰指出，吉卜林在表现丛林法则的最后一重内涵时，不仅明显地受到了佛教的影响，而且展示了西方法律理论学者所熟悉的新康德主义的立场，而不是自然的或是一种积极的立场。关于吉卜林"丛林法则"内涵的争论焦点并不集中在对于丛林法则所受到的影响，而是对于上述何种法则是丛林之书中所宣扬的主要法则所进行的评估。当伊斯兰认为最终道德秩序是丛林法则中居于主导地位的法则时，当代学者们提出了相反的观点。马丁·史密斯（Martin Seymour-Smith）认为吉卜林在印度的最后几个月中，由于他目睹了印度国内动乱引发的不安和动荡，他对于自然秩序存在的可能性的信念幻灭了，以致于当他返回英国后，他对于法律和秩序的最终印象是消极的。当吉卜林写作《丛林之书》时，它更多的是一部纪实小说，而不是对当时普遍流行的法律和社会问题的哲学探讨。[76]

105

当然，关于吉卜林作品主题的"争论"主要是一个成人学术问题。至少对于我们而言，最重要的问题是孩子如何理解吉卜林的丛林法则。吉卜林很清楚地意识到他首先是在为儿童创作文学作品，而且根据伊斯兰的观点，《丛林之书》的主要目的之一是让儿童体验到秩序和混乱是生活的主要内容。[7]吉卜林所描绘的是在一个没有法律的国家中所存在的有秩序的世界，然而这个世界常常容易陷入无序的状态之中，当然，波特和卡罗尔都运用了同样的方式对这一主题进行了描述。这里最重要的章节是第二本书中的第一章，"恐惧是如何产生的"，在这一章中有汉斯（Hathi）所重述的神话，它其实是对于圣经中"堕落"（the Fall）的清晰重述。汉斯所讲述的故事是一个"比丛林故事更加古老的故事"，它发生在一个天堂般的国度里，在那里有着丰富的食物和水，而且所有
106 的动物都"一起同行，而不是害怕彼此"。后来，邪恶进入了丛林，果树和其他树木都枯萎了，饥饿开始在动物们中间蔓延，动物们开始彼此争吵。"象群的首领"泰（Tha）认为"老虎的首领"应该成为"丛林的主人和法官"。然而，当争论的双方找到老虎来"评判"时，老虎跳向了其中的一方，然后咬死了它。这是动物们第一次见到了死亡。后来，当老虎逃走了，"没有了法官"，动物们立刻"陷入了互相打斗之中"。最后，泰回来了，而且决定，取代统治者的应该是"丛林法律"，从而消除它们心中的"恐惧"。[78] 如果汉斯的故事所描绘的是丛林的终极法律，作为神示的神圣法律，丛林之书中其他故事以一系列相得益彰的、合乎情理的自然法和制定法充实了丛林法则。[79]"丛林法则"以韵文的形式，本身以一系列的行为准则描绘了一系列的制定法。韵文描述了行为准则必须服从于制定法：

> 这就是丛林之法，和天空一样古老，和天空一样真实存在着；
>
> 遵守法则的狼会繁衍生息，违反法则的狼则必须面对死亡的惩罚。
>
> 就像缠绕着树干的藤蔓，法律也错综复杂——

正如帕克（Pack）的力量来自狼，狼的力量来自帕克……

这些都是丛林法则，这些法律不但众多而且具有权威；

但无论是哪种动物的法律，它都只有一个名字——服从！[80]

第一本书的前三个故事是描述丛林中法律和正义的最为重要的故事。第一个故事，"莫格利兄弟"（The Mowgli Brothers）直接描绘了丛林中无处不在的、理性的秩序，"一个不会没有理由就提出命令的法律"。这一法则和狼群的生存法则相辅相成，这使得狼群成为自由的种群。这些法律都一再地为阿克拉（Akela）所反复强调。[81] 法学家认为它是一种康德的道德秩序，而一个孩子或许会认为一个社会的建立和维系，以及它的正常运转，只是因为它遵循某种规则。概念是相同的，但是不同的视角，所获得的体验是不同的。在第一个和第三个故事中，莫格利（Mowgli）和谢利·可汗（Shere Khan）的冲突，以及它最终成为狼群的首领帕克，突出地展现了丛林对于首领的需要。丛林法则需要一个有权威的人去翻译丛林法则，并且将其付诸于实施。不仅如此，它需要一个有能力的、强壮的和公正的首领来履行它的职责。[82] 在第一个故事的结尾，莫格利驱逐了谢利，消除了危险，同时，它宣布了阿克拉的自然正义。[83] 即使莫格利是丛林中的首领，它仍然服从于丛林法则和它的理性力量。吉卜林在最后一本书的最后一段中强调了这一点，并且在结尾的歌曲中再次强调这一点。[84] 制定法常用的概念，丛林世界中自然界的权力等级，在不同的故事中被反复地强调：瑞克提克塔微（Rikki-Tikki-Tavi）是花园中的权威人物，卡（Kaa）是中央丛林中的权威人物等。[85] 他们是权威人物，因为他们代表了抵制危险秩序和安全的力量。危险的存在和维持自然法与制定法的需要贯穿整部丛林之书中，或许尤为突出地体现在《卡的狩猎》（Kaa's Hunting）和《红狗》（Red Dog）中。在这两部书中，丛林的秩序被不为法律所约束的力量——印度狭鼻猴和印度野犬所威胁。[86] 卡的故事中包含了大量关于法律和道德本质的有趣陈述：卡认为人们使用法律只是为了他们各自的利益，而不会试图

107

去理解法律的含义，即法律的重要性在于保护自由和彼此之间的尊重：没有法律的羞耻和没有法律所带来的危险，为什么惩罚必须付诸实施和遵守法律必须强制执行。[87]正是这样，《丛林之书》给法理学家提供了无穷无尽的学术争论，但对于孩子们而言，书中的内容，正如波特的故事和卡罗尔的"爱丽丝的故事"，却并没有那么令人困惑。尽管所有的故事都呈现的是一个充满冒险的世界和幸福的结局，都是有趣的，并充满了欢笑。每个故事中都存在着对比，有序的世界和无序的世界，有序的成人世界的安全，和当秩序被抛弃时所出现的危险世界。当然，讽刺的是，只有作为成人的我们，发现吉卜林的故事中部分内容是不清晰的，因为我们认为有更多的内容是丛林之书中没有写却隐含在其中的，丛林之书一定是在描绘自然法、制定法或者一种康德的道德秩序等，我们的观点是基于我们认为吉卜林一定会在这三种法则中进行一个选择的排序。但是，对于青春期前期的儿童而言，这个故事是不存在任何问题的。正如皮亚杰和图克所指出的，儿童只有在 11 岁之后心理更加成熟，

108 才会开始认真考虑这类问题，而这种心理发展会反映在那些需要读者进行判断和解释的更加复杂的故事中。下面我将讨论这类的文学作品。

青春期儿童文学

要求儿童为自己的道德判断承担相应的责任是青春期儿童文学作品，即 11~16 岁儿童阅读的文学作品的基本特点之一。关于法律与正义的讨论常常与这一要求联系在一起。而且，这一时期的文学作品常常以嘲讽的形式展示关于道德的主题和关于法律与正义的主题，这两个主题的内容常常纠缠在一起。在此部分，我将对公认的三部青少年文学作品进行讨论，这三部作品为青少年，事实上也为成人展现了道德以及法律和正义对于我们的要求。

《哈克贝利·费恩历险记》

尽管为儿童专门创作的文学作品几乎不会受到法律与文学研究者的关注，但是马克·吐温的《哈克贝利·费恩历险记》却是一个例外。学者们感兴趣的并不是马克·吐温对法律与正义问题的具体处理，也不是他创造性地准确运用语言的能力。批判法律学者所关注的是马克·吐温在他文学作品中所提供的新的研究论域。在《法律的想象》（*The Legal Imagination*）中，詹姆斯·伯艾德·怀特将《哈克贝利·费恩历险记》作为研究建构性文本的典型文本，建构性文本是一个社会用来形成社会价值的构成机制之一。怀特强调，正如律师不得不学习特定的法律语言，《哈克贝利·费恩历险记》的读者必须了解一系列的语言。[88] 非常明显，吐温为哈克（Huck）设计了一种"儿童"语言，并且为吉姆（Jim）设计了另一种"黑人奴隶"所使用的语言。怀特认为，尽管自由意识可能会与黑人奴隶语言的概念相冲突，因为它们代表了不同的象征含义，然而使用象征性的语言进行隐喻是吐温的重要创作方式，读者通过他所使用的一个词就能够辨识出农奴制盛行的社会中的伦理和法律问题。作品中黑人奴隶被限定使用的语言，故事的历史性，以及与此同时或许最重要的是哈克所被迫面对的一系列的道德困境都给读者，无论是成人还是孩子，留下了深深的印象。因此，这部文学作品不仅是描述性的，而且是建构性的。它描述了一系列伦理和法律的困境，要求读者去解读其中的意义，并作出自己的判断，就像哈克自己必须去做的那样。正如罗宾·韦斯特所认为的那样，《哈克贝利·费恩历险记》最终是一个对当时时代的阐释性作品。对不同语言的理解能力是律师所需的特殊能力，也是《哈克贝利·费恩历险记》的读者需要具备的。尽管这样，韦斯特还是倾向于认为，和其他文本一样，这部文学作品会限定读者的思考。换句话说，尽管读者可以辨识出哈克所面临的道德困境，他/她

109

也只能在这部作品中找到解决困境的办法，因为他/她被确定为是文学作品中的社会的一部分。[89] 任何孩子，事实上包括成人，当他们进入哈克的世界，遇到他以及他所面临的道德困境，就已经为这个社会以及描述这个社会的文学所限定。

当小说描述具体法律问题的时候，吐温运用了专业的法律术语。哈克和法官之间的讨论，就是他和一位擅长运用法律术语的人进行的讨论。哈克只能将钱交给法官作为 "consideration（约因或者对价）"，这是一个只有经过解释之后哈克才能够理解的法律术语。[90] 几页之后，当法官和哈克的父亲一起到法庭去争取哈克监护权的时候，吐温描绘了一个遥远的法律体制。在哈克所生活的社会中，"新法官"的教育性力量是令人印象深刻的，他强化了人们对于法官是卓越的政治力量的印象。[91] 然而，哈克的父亲能够用法律为他的酗酒进行辩解，其所体现的法律形象与至高无上的神圣的法律权威形成了鲜明的对比。[92] 无论从哪一方面来讲，法律体系对于哈克都是无用的，他不可能从中获得他所需要的正义。[93] 当然，对于吉姆而言，法律的力量代表并执行了一种对于现代读者和吐温而言都似乎是不正义的制度：农奴制度。然而，作品同时以同样的语言技巧展示了相对应的另一面，哈克的父亲认为"奴隶"的自由对于他而言是不公正的，他感到自己受到了伤害。这两个侧面都展示了法律的失败，[94] 法律没有为任何一方提供他们所需要的服务。哈克的父亲滥用法律，而哈克和吉姆通过逃避法律的权威而反抗它。与兔子彼得不同，哈克所拒绝服从的法律权威，无法给予他任何形式的安全保障。同时，彼得只是"淘气"，而陷于伦理困境的哈克在自我发现的过程中，却不得不做出道德选择。在一个没有法律的世界里，经常要面临各种危险的威胁，哈克没有其他的选择，只能制定他自己的规则，并为自己的行为寻求道德的合法性。最初他并不会因为抢劫了一个死人的家，或者因为行骗而感到内疚。[95] 故事的转折点出现在当他不得不决定是否要回到他所称之为"我的黑人"——吉姆的身边的时候。他在决定不回去之前经历了极其痛苦的抉择过程。[95] 毫无疑问，吐温在这里所展示的是在

110

制定法之上关于人类伦理的自然正义的概念。而且，当哈克意识到这一概念的时候，故事中的律师贝尔（Bell）对欺诈进行了调查，并将国王和杜克（Duck）送上了法庭，他再次确认了制定法的正义，[97]从而使秩序得到了恢复。故事中的道德是通过具有争议的结尾所展示和构建的，它们集中体现了叙事文学中现实和虚构之间的互动。[98]

《蝇王》

戈尔丁的《蝇王》一直是儿童文学中的经典作品之一。正是这部文学作品中象征修辞的使用使它成为儿童文学经典。马克·吐温用不同的语言象征不同的含义，戈尔丁在《蝇王》中（事实上在他的所有小说中），则是用物作为象征性隐喻。在整个故事中，伦理困境均以象征性意象隐喻。[99]当然，岛本身就是一个象征，是一个法律理论中常见的象征意象。它是一个远离伊甸园和天堂的黑暗角落，它一直都是法理学理论，基督教、犹太教和伊斯兰教等教义中的一个象征性符号。[100]作为一部文学作品，《蝇王》适宜不同的读者群阅读。成人学术研究者可能对故事的黑暗面感兴趣，而儿童更可能立刻被贯穿于整个故事的无序冲突，以及冲突所展现的符号象征所吸引。戈尔丁用标志权威的海螺象征至高无上的权力。当海螺被毁坏之后，男孩子们的生活变得野蛮。[101]戈尔丁描写了一个比马克·吐温的故事更为无望、阴冷的故事，当然也比吉卜林、卡罗尔和波特的故事更为残酷。试图建立法律和秩序的努力，以及根据法律治理来推选受过训练的领导者的努力，随着部分男孩子们所感受到的逐渐增长的恐惧而被消减。最初的努力的确带来了一些乐观的前景。随着"猎人"、火的守卫者、"大人物"和"小人物"的出现，社会等级逐渐产生了，男孩子们开始分享"学校男生"彼此认同的语言，大家都热衷于制定"大量的规则"。[102]然而，吸引孩子们的并不是规则所可能实现的无处不在的正义，而是使用规则作为惩罚借口担保的

111

可能性。[103] 这正是皮亚杰所认为的随着儿童日益成熟而逐渐被质疑的关于正义的概念。

从这个意义上，故事中的儿童仍然受到了成人世界的影响。罗杰（Roger）认为自己不能向哈瑞（Harry）扔石头，他认为："父母，学校，警察和法律会保护违纪的孩子"。但是，戈尔丁加上了这样不祥的预言，罗杰的判断"来自对他所并不了解的文明社会的要求"，而且文明社会对于他的影响"正在逐渐消失"。[104] 当杰克（Jack）打了皮吉（Piggy）不久之后，阻止罗杰伤害哈瑞的"禁忌"就不复存在了，就像吉卜林在关于秋天的故事中，动物们第一次"尝到"了死亡的滋味。[105] 当恐惧随着杰克的力量逐渐增长的时候，与之相对应，拉尔夫（Ralph）和皮吉的地位迅速降低。拉尔夫意识到，对于"鬼魂"的恐惧正在使"相互信任和有法可依的世界"逐渐消失。他在最后一次抗辩时提出，"规则是我们所唯一需要的"，他所得到的是无法辩驳的答案，"规则就是胡说八道"。当皮吉问"大人们会怎么说？"，他所得到的同样是并非回答的"歇斯底里的嗤笑"。[106] 孩子们的生活迅速陷入了无序混乱和野蛮的状态之中。杰克通过恐惧、实施制裁，和公开进行的毫无理由的惩罚进行统治。[107] 拉尔夫被迫离开，最终像动物一样受到捕杀。[108] 拉尔夫的让位是一个象征，当然最终皮吉的悲惨命运或许是更为重要的一个象征性意象。戈尔丁故意描绘了一系列具有各种命运的人物，儿童读者能够轻易地辨认出这些人物，而这些人物同时也代表了包括儿童和成人在内的人类中不同群体的剪影。皮吉，一个不受人关注、患有哮喘的孩子，他代表着理智。正是他，坚持要通过开会来解决问题，坚持要有秩序，要有领导者和规则，也正是他第一次发明了象征权威的海螺号。[109] 当他被打倒，本应毋庸置疑存在的理性秩序也随之崩溃了。只剩下拉尔夫为他的失败而哭泣。[110] 一个成人可能会认识到这是人类的悲哀。一个孩子可能会认为皮吉悲惨的死亡和混乱所带来的恐惧是有趣的事情。无论是上述哪一种，戈尔丁都让不同的读者留下了同样深刻的印象。

《格利佛游记》

　　和《哈克贝利·费恩历险记》、《蝇王》一样,《格利佛游记》获得了不同读者群的欣赏,并因此成为青少年儿童作品中的经典之作。这部作品首次出版后,立刻就获得了巨大的成功。麦克·福德（Michael Foot）认为它是一个能够而且应该让所有人阅读的小说,无论他是参议院的议员还是幼儿园的孩子。他进一步指出,所有在政界任职的人,无论他是在都柏林、美国还是伦敦,都应该认真阅读《格利佛游记》。[111]根据戴维·诺克斯（David Nokes）的观点,这部小说的成功在于它貌似非常简单[112],然而在本章研究的所有文学作品中,《格利佛游记》对读者的要求是最高的。文学作品层次越高,内容越复杂,就越需要读者采用解释的双重视角来进行阅读和分析。《格利佛游记》中微妙的讽刺隐喻都是由斯威夫特（Swift）的学生们解读或反复研读出来的,甚至直到今天,游记中很多内容的象征性意象还尚未确定。[113]近期,研究者们认为斯威夫特最初的目的是限定不同的读者群,并迫使他们从小说中获得他们各自的体验。F. R. 里维斯（F. R. Leavis）在辨别斯威夫特的文学创作目的方面进行了大量的研究。[114]新历史主义的支持者里斯·贝拉米（Lis Bellamy）认为,斯威夫特所使用的方法论意义上的象征主义是指他自己和从属于分散的政治性组织或者社会公共组织的读者同时是故事中的创作者和故事的阅读者。当然,斯威夫特想告诉他的读者,《格利佛游记》更多的是一部道德童话。他通过将讽刺贯穿在一部儿童历险故事的幻想中来试图使读者受到思想的触动,这种方式不但能够使故事变得更为开放,同时也对故事的内容进行了限定。终极悖论是斯威夫特意图颠覆所有文学作品,包括他自己的文学作品所使用的叙事为主体的文学创作手法。[115]斯威夫特有意使用了儿童文学的创作方法,即使用了一种儿童游戏和玩耍时所使用的语言,从而达到文学的讽刺意图,这种创

113 作方法正是约翰·特劳戈特（John Traugott）所坚持的。小人国中通过草绳舞和"跳跃爬行"的方式来决定政府官员的风俗，其重点不仅仅在于强调政治游戏的本质是幼稚的，而且，在更深层次上，强调政治的成功常常决定于人们在儿童时期为了达到特定目的所学会的技巧。[116]

在开始研究斯威夫特在游记中对于法律和正义的运用之前，我们或许有必要重申这样一个事实，斯威夫特想使他的作品能够让不同的读者阅读，而不是使游记中的象征意象被呆板地翻译为政治的或其他的内容。戴维·诺克斯早已对学术过度解释的危险提出过警告，在将《格利佛游记》作为一部儿童文学来研究的时候，这是我们应该特别需要注意的一个警示。[117]斯威夫特非常喜欢创造特别的语言。和《哈克贝利·费恩历险记》一样，詹姆斯·伯艾德·怀特将《格利佛游记》和斯威夫特的另一部作品《一个木桶的故事》（*A Tale of a Tub*）作为作家构建语言群落的经典范例。[118]除了使用对于不同读者具有不同含义的语词之外，斯威夫特同样将语言作为讽刺的工具。他对律师的评价很低，部分原因在于他不喜欢律师们所使用的"一种古怪的只有律师们才能明白的行话，而其他普通人是无法理解的"。[119]斯威夫特关于律师"行话"的远用在《格利佛游记》中得到了非常准确的表现，例如因为进入了王宫，或是"撒尿灭火"就要受到控告并被宣判有罪。格利佛在没有举行听证会和按照严格的法律要求提供证据的情况下，被判定有罪。对于格利佛而言，无论在比喻意义上还是字面意义上，正式的法律很遥远，正如法律离哈克也非常遥远。而且，法律常常因为满足政治的需要而变得腐败。斯威夫特是一个严格的批判法律学者。格利佛决定放弃获得公正审判的机会，选择逃跑：

> 我曾经考虑过参加我的审判，因为尽管我能够否认几个起诉状中的事实，我还是希望他们能够减轻对我的刑罚。但是，在我曾经读过的司法判例中，我观察到，案件的结果直接取决于法官认为这个案件是否应当结束。在这样的生死关头，我不能相信法官可以帮

助我对抗拥有强大权力的对手。[120]

　　第一册书《到小人国的航行》（Voyage to Lilliput）主要对宪法和法律进行了讽刺，尽管在其他三册书中也有一些段落包含了法理学视角的研究。像"撒尿灭火"被认为是对于乌德勒支协议的讽刺，因此对格利佛的控告也是对英国政府关于荷兰乌德勒支的态度的批评。事实上，人们认为第一册书中的很多内容都是对于乌德勒支协议的分析，包括斯威夫特对奴隶制和专制制度的批评，格利佛以奴隶制和专制制度不正义为由，拒绝遵从皇帝的要求，即他应该消灭不来夫斯库民族（Blefescudians），将他们的国家划入皇帝所拥有的疆土范围。[121] 对于乌德勒支协议的评论是面向一个读者群的，对于奴隶制的拒绝的道德理由是面向另一个读者群的，对于野心过度膨胀的政府的愚蠢和荒谬法律的嘲讽则是为上述两个读者群外的另一个读者群所创作的。

　　专制君主的残暴统治是文学中反复出现的主题。[122] 皇帝的称号和皇帝，以及皇帝的法律一样滑稽可笑。"打蛋理论"（egg-breaking law）对于特定的读者群，例如儿童而言是一个非常愚蠢的法律。但是，对于更具有文学修养的读者而言，它是对《测试法案》（Test Acts）的讽刺。格利佛所得出的推论，即法律的措辞意味着任何人都可以根据自己的需要对其进行翻译，这一观点给认为任何一部法律都可以成为解释创作对象的当代法学学者以重要的启发。[123] 很多小人国的法律看起来是荒谬的。格利佛肯定了正义实施过程中的奖赏和惩罚，同时他对腐败、欺诈和法律与政府的不必要的复杂性进行了尤其严厉的谴责。格利佛提出了当时较为先进的观点。格利佛所要求的正是斯威夫特在他的政治论文中所要求的内容。[124] 在第二册书《布罗卜丁奈格的旅行》（Voyage to Brobdingnag）中，他继续对君主专制和政府进行了讽刺。第二册旅行的特别之处在于，它不仅是法理学意义上的讽刺，而且也是法史学意义上的讽刺。因为斯威夫特将常识上的政治和作为理性科学的政治学相提并论。在格利佛所描绘的用最平实和简单的术语所制定的一系列的法律和只有通过解释才能发现其内涵的法律的联系中，斯威夫特再次对法律术语进行了讽刺。对于格利佛而言，布罗卜丁奈格的法律似乎不需要任何经验，任何人都可以理解它。[125] 第三册旅行中对作为科学的法律进行了进一步的批判。在这一册中，格利佛说出了斯威夫特自己的政治观点，宪法权力分立和单独的财产所有权能够约束联邦。[126] 在最后一册书《慧骃国游记》（Voyage to the Coutry of the Houynhnyms）中，斯威夫特对当代哲学的主要论争，即霍布斯和洛克之争，或自然与理性之争进行了探讨。[127] 在论述理性的相对优势时，斯威夫特将法律作为直接进行讽刺的武器。我们有必要将这段文字全部引用。在英国文学中没有哪部作品在尖锐地讽刺法律程序方面能够超过它，没有哪部作品的故事叙事方式能超过这部作品：

115

> 我已经说过，我们船员中的一些人是因为违反法律而离开他们的国家；我已经解释过词的含义；但是他仍然对法律如何通过感到困惑，为了每个人的利益而制定的法律，可能会成为任何一个人的灾难。我说在我们中间有一群人，他们从小接受的教育就是学习使用代表不同目的的语词，即根据他们所获得的报酬，把白色的说成是黑色的，把黑色的说成是白色的。而这个社会的所有其他人则都是奴隶。例如，如果我的邻居想要我的牛，他雇了一个律师来证明他应该从我这里把牛牵走。这时我必须雇另外一个律师来捍卫我的权利，所有法律都不允许人们为自己说话。那么在这个案例中，我这个真正的牛的主人就面临着两个劣势。首先，我的律师，从小练习捍卫谎言，当他为正义辩护时，显得与自己的角色格格不入，这样一个不自然的司法官员，如果不是敌视他所扮演的角色，也会常常表现得非常笨拙。第二个劣势是我的律师必须得非常的小心谨慎，否则他将被视为降低了法律的实践价值，而被法官所训诫，或者为同行所排斥。现在，殿下应该了解了这些法官是被任命来决定所有关于财产的争议、审判罪犯的人，是从那些已经又老又懒的最

圆滑的律师中挑选出来的。他们是律师中的极品，无论他们之前做过什么，他们可能以法律的名义再次去做类似的行为，因此他们特别注意记录下之前违反普通正义和人类常理的所有决定。这些他们所制造的案件以先例的名义被作为权威来裁断最邪恶的意见，而且法官一直都在遵循着这样的形式原则。

然而，或许最后一段将这一观点表达得最为清楚：

> 插句话，我的主人说这是一个遗憾，根据我对他们的描述，这些有着如此卓越思考能力的生物，例如这些律师，即使不是鼓励去做，也应该是其他人智慧和知识方面的导师。在这一问题上，我以他们的名誉担保，根据他们所进行的所有交易，他们往往是我们中最愚蠢的和最笨的人，是我们谈话中最应该鄙视的人，是所有知识和学问公开的敌人，他们使人类讨论的每个问题的理由，都像这些律师自己职业中的问题一样，变得堕落不堪。[128]

格利佛的"主人"回答，英国的法律显然是因它在"推理上的粗陋的缺陷"而著名。[129] 正如我们之前讨论过的，两个多世纪之前，在《格利佛游记》中提出的很多观点，即使在现在也是非常中肯的。[130]

一些结论

~~~~~~~~

第一个结论，而且或许是最重要的是，儿童文学尤其适宜不同的读者群阅读。因此，它是这样一种文学，它必然会建立起法律与文学学者所称的语言社群，同时对它的解读需要文学评论者使用解释的双重视角。这些特点使得儿童文学成为一个最适合法理学研究，也可能是法理学研究中最有意思的研究对象之一。它成为法律与文学方法研究中的一个典型的案例，而且或许是任何解释性法律学科中一个典型的案例。对

116

153

于儿童这个特殊的读者群而言，这一结论是很重要的。儿童文学，在对法律问题和法理学问题进行描述的过程中，普遍遵循了皮亚杰和图克所划定的界限。青春期前期的儿童文学作品是用非黑即白的术语来描述这些问题。好和坏是可以被清晰地判断出来的，秩序和混乱的对比常常非常明显，在每个故事中都展现了一种自然的正义。青春期前期的儿童能够在文学中学到很多东西，但是由于他们无需为故事添加更多的信息，青春期前期的儿童并不需要作出伦理学或者法理学的判断或者决定。随着儿童心理和智力上的逐渐成熟，文学也在发生变化。故事叙事反映了儿童逐渐远离和父母的联系，进入更加广阔的社会。儿童开始逐渐意识到社会压力，并意识到要遵从社会建立的理性规则。儿童社会和成人社会被区别开来，儿童开始逐渐意识到自己生活在很多不同的社群中。无处不在的正义被需要读者来作出决定的法理意义上的判断所代替。儿童必须在法律和正义的概念之间选择，这对于作为实证主义哲学家的、自然主义、康德主义或者政治学的法官而言可能会更为熟悉。换句话说，儿童必须使用他们的文学或社会学经验来形成自己关于法律和正义的概念。儿童在文学中获得更多的自我确信，儿童就会越有力量。尽管这样，读者的力量仍然来自作者，因此任何所赋予的权力都受限于作品本身，以及作品所使用的语言，因为儿童是被置于一个由文本所组成的社会中。这种授权和它所受到的限制只能是来自对儿童文学的法理学研究所得出的最重要的结论之一。和其他文学一样，儿童文学在同时进行指导和教育，限制和解放。

对于成人读者而言，最直接的结论是儿童文学为成人提供了一个极其丰富的法理学研究的理论资源。儿童文学中所提出的许多问题，无论是政治的还是伦理的，对于成人和对于儿童一样，都是非常中肯的。法理哲学家从《哈克贝利·费恩历险记》中所得到的启发和法律历史学家从《格利佛游记》中所得到的启发一样多。即使法学学者对文学作品可能并不是非常熟悉，但是从它们中所获得的启发和从任何所熟悉的法理学著作或者法律历史著作中所获得的启发一样多。它们之间的区别并不在于作品本身，而在于研究者如何看待这些作品。当然，这并不是一个新的发现，这是法律和文学已经提出的研究角度。如果需要解释空间并对作品与读者之间的关系进行区别研究，对儿童文学进行研究是最适合不过了。如果卡夫卡的《审判》或者加缪的《局外人》被当代研究者认为是法理学研究的范本，那么《丛林之书》、《哈克贝利·费恩历险记》和《蝇王》也当之无愧。对于任何接受法律教育的人而言，一个最终且或许是更加理智的结论是，一个学生去法学院学习之前，他们可能已经通过吉卜林、吐温和戈尔丁等人的著作，以及莎士比亚、奥斯丁和狄更斯的著作进行了学习。所有这些作家都是法律与文学研究中非常著名的学者，而且也是文学院的教师们所推崇的文学大师。学生因此也知道了莎士比亚如何看待宪法，狄更斯对于司法正义和法律程序的看法，以及奥斯丁是如何思考男性主导的法律秩序中女性的地位问题。换句话说，在进入法学院进行各种复杂的法律术语的学习之前，学生已经从文学中，当然也是从生活中了解到了法理学中的基本问题，并且对答案应该是什么有了判断。而且，对于绝大多数从不可能进行直接的法律研究的人们而言，儿童时代所阅读的法律文学为他们对这些法理学基本问题进行认真思考，并进行判断提供了唯一的机会。只有社会中的很小一部分人将会在 18 或者 19 周岁之后进行法律研究，但绝大部分读过相当多儿童文学作品的人却早已经参与了法理学问题的争论。如果我们使用福柯的提法，即法律语言是一种"特殊的知识"，那么文学，尤其是儿童文学则是这方面的翘楚，也正因为此，我们应当重视儿童文学的研究。

118

注释

1. W. Auden, "Today's 'wonder-world' needs Alice", in R. Phillips, ed. , *Aspects of Alice* (Harmondsworth: Penguin, 1974), 7.
2. See P. Hunt, *Criticism, Theory and Children's Literature* (Oxford: Blackwell,

1991），5-6.

3. 强调儿童文学与其他学科的不同的最早的一个论断，参见 Elizabeth Rigby, 'Children's Books', *The Quarterly Review*, 74 (1844), 1-3 and 16-26, in P. Hunt, ed., *Children's Literature* (London: Routledge, 1990), 19-22. See also Hunt, *Criticism*, 20-1 and 39.

4. Hunt, *Criticism*, 21.

5. *Ibid.*, 60.

6. See Hunt, *Children's Literature*, 81-6.

7. N. Tucker, *Suitable for Children? Controversies in Children's Literature* (Brighton: Sussex University Press, 1976), 18-19.

8. Hunt, *Criticism*, 104.

9. See Chambers in Hunt, ed., *Literature for Children: Contemporary Criticism* (London: Routledge, 1992), 66-77.

10. Hunt, *Criticism*, 44-64.

11. 在实践中，一个判定写给儿童的文学作品是儿童文学的最直接方法是，它是否出现在儿童文学出版商的出版目录上。See John Rowe Townsend, "Standards of Criticism for Children's Literature", *Top of the News*, 1971, in Hunt ed., *Children's Literature*, 57-61.

12. See Paul, "Intimations of Imitations", in Hunt, ed., *Literature for Children*, 66-77. 关于伊瑟尔（Iser）观点的引用参见 Chambers, "The Reader in the Book", in Hunt, ed., *Ibid.*, 91-114. See also Hunt, *Criticism*, 9 and 66, 105-17.

13. 比如，参见 Umberto Eco, *Interpretation and Overinterpretation* (Cambridge University Press, 1992).

14. 他们的观点及相关的评述请参见 Hunt, *Children's Literature*, 24-32.

15. P. Hollindale, "Ideology and the Children's Book", in Hunt, ed., *Literature for Children*, 24-5.

16. Hunt, *Criticism*, 109.

17. Hunt, ed., *Literature for Children*, 18.

18. L. Paul, "Enigma Variations: What Feminist Theory Knows About Children's Literature", *Signal*, 54 (1987), 186-201.

19. Hollindale, "Ideology and the Children's Book", 19-40.

20. Hunt, *Criticism*, 151-4.

21. See *Ibid.*, 81-96, Paul, "Enigma Variations", 198-201, and Townsend,

"Standards of Criticism", 69–71.

22. M. Myers, "Missed Opportunities and Critical Malpractice: New Historicism and Children's Literature", *Children's Literature Association Quarterly*, 13 (1988), 42.

23. Watkins, "Cultural Studies, New Historicism and Children's Literature", in Hunt, ed. , *Literature for Children*, 183.

24. In Eagleton, *Literary Criticism: An Introduction* (Oxford: Blackwell, 1983), 151–93.

25. *Ibid.*, 176–9.

26. R. Unger, *Passion: An Essay on Personality* (New York: Free Press, 1984), 3–89, and 275–300.

27. 其中最重要的著作是尼古拉斯·图克的著作《儿童与书籍：一个心理学和文学研究》(*The Child and the Book: A Psychological and Literary Exploration*, Cambridge University Press, 1981)。

28. See J. Piaget, *The Moral Judgment of the Child* (London: Routledge and Kegan Paul, 1932), ix.

29. *Ibid.*, 1–2 and 16–17.

30. Tucker, *The Child and the Book*, 4.

31. Piaget, *Moral Judgment*, 18 and 32–8.

32. *Ibid.*, 41–56.

33. *Ibid.*, 250–75.

34. *Ibid.*, 38–41, 270–94 and 314.

35. *Ibid.*, 98–9. See also 23 and 45.

36. *Ibid.*, 106–7

37. *Ibid.*, 56–69.

38. *Ibid.*, 104–94.

39. J. Adelson, "The Political Imagination of the Young Adolescent", *Daedalus*, 100 (1971), 1013–50.

40. Piaget, *Moral Judgment*, 195–6. 关于确定事实与想象中的困难，参见 Hunt, *Literature for Children*, 41–3.

41. See S. Gilead, "Magic Abjured: Closure in Children's Fantasy Fiction", in Hunt, ed. , *Literature for Children*, 80–109, 图克 (Tucker) 也对此表示了怀疑，参见 Tucker: *The Child and the Book*, 183–5.

42. Tucker, *The Child and the Book*, 5–17.

43. *Ibid.*, 46-65.

44. *Ibid.*, 67-94.

45. *Ibid.*, 98-132.

46. *Ibid.*, 136-144-87. 为十几岁的孩子而创作的这类文学作品中的另一部经典作品是《安妮日记》(*Anne Frank's Diary*)。

47. Green, "The Golden Age of Children's Books", in Hunt, ed., *Children's Literature*, 47.

48. Tucker, *The Child and the Book*, 58-60. 同样可以参考玛格丽特·雷恩 (Margaret Lane) 的研究: Margaret Lane, *The Tale of Beatrix Potter* (Harmondsworth: Penguin, 1985), 116-18.

49. 关于波特所创作的故事的情节构思, 参见 Tucker, *The Child and the Book*, 57-66.

50. 参见图克 (Tucker) 在上引文中的观察, 第 62 页。

51. 《兔子彼得的故事》被收录在《比阿特丽克斯·波特故事全集》(*The Complete Tales of Beatrix Potter*) 中。参见 *The Complete Tales of Beatrix Potter* (London: Warne, 1989), 11-20.

52. *Ibid.*, 55-68.

53. *Ibid.*, 133-8.

54. *Ibid.*, 199-208.

55. *Ibid.*, 175-96.

56. *Ibid.*, 71-84.

57. *Ibid.*, 211-22.

58. 参考兰斯利·格林 (Lancelyn Green) 在 "儿童文学的黄金时代" (The Golden Age of Children's Books) 一文中的评论, 引自 Hunt, ed., *Children's Literature*, 40-1, and Tucker's in *The Child and the Book*, 19.

59. See Tucker, *The Child and the Book*, 10 and 98.

60. 吉利德 (Gilead) 最近发表了一篇关于卡罗尔运用 "结构" 和梦境来进行故事创作的分析, 并对他是为一个或者两个读者群进行创作的问题进行了探讨, 参见 Gilead, "Magic Abjured", in Hunt, ed., *Literature for Children*, 80-109. 马丁·伽德尔 (Martin Gardner) 对此的评论, 参见他在《注释版爱丽丝》(*The Annotated Alice*, Harmondsworth: Penguin, 1970) 中的 "导论" (Introduction) 中第 8-10 页的评述。《爱丽丝漫游仙境》中最明显的证据是卡罗尔在《照镜子》(*Looking Glass*) 的结尾第 345 页的自嘲, "生活是什么, 难道只是一场梦么?"

61. K. Blake, *Play, Games and Sports: The Literary Works of Lewis Carroll* (Ithaca: Cornell University Press, 1974), 128-31.

62. *Annotated Alice*, 143-62.

63. Blake, *Play, Games and Sport*, 15.

64. *Annotated Alice*, 143-4.

65. 关于威廉神父（Father William）疯话的一个版本是这样的："在我年轻的时候"他的父亲说，"我相信法律"，并且和我的妻子讨论每一个案件；并因此锻炼了我下颌肌肉的力量，使得我在之后的生命中一直拥有如此强健的下颌肌肉"。See *Ibid.*, 71.

66. See M. Gardner, *The Annotated Snark* (Harmondsworth: Penguin, 1974), 83-8.

67. *Annotated Alice*, 51.

68. Gardner, *Snark*, 83-4.

69. *Annotated Alice*, 148-50.

70. *Ibid.*, 269.

71. S. Islam, *Kipling's "Law"* (London: Macmillan, 1975). 也可以参考图克在《儿童与书籍》（*The Child and the Book*）第160页的评述。

72. 吉卜林认为，伊斯兰教的特点在于它总是与一种"易于被人们所接受的文化"相联系。而犹太基督教并不是这样的，尽管在吉卜林的所有著作中通过反复地引用圣经而强调犹太基督教的影响。伊斯兰认为正是佛教所讲述的永恒真理深深地吸引着吉卜林。See Islam, *Ibid.*, 25-47.

73. Islam, *Ibid.*, 48-85. 尤其在第67-68页体现了吉卜林对于没有法律的恐惧和担忧。

74. *Ibid.*, 7-8.

75. *Ibid.*, 86-120.

76. M. Seymour-Smith, *Rudyard Kipling* (London: Macmillan, 1990), 101-20 and 244-54.

77. Islam, *Kipling's Law*, 122-3.

78. R. Kipling, *The Jungle Books* (Harmondsworth: Penguin, 1989), 173-88.

79. 在一个严格的托马斯主义者看来，泰的"法律"是神法的启示，因此可以被认为是自然法。

80. *Jungle Books*, 189-91.

81. *Ibid.*, 36-42.

82. *Ibid.*, 94-5.

83. *Ibid.*, 49-53.

84. *Ibid.*, 341-3.

85. *Ibid.*, 117-31, and 256.

86. *Ibid.*, 55-78, and 298-321.

87. *Ibid.*, 55-60 and 73-8.

88. J. White, *The Legal Imagination* (Boston: Little, Brown and Company, 1973), 19-25.

89. R. West, "Communities, Texts and Law: Reflections on the Law and Literature Movement", *Yale Journal of Law and the Humanities*, 1 (1988), 132-40.

90. M. Twain, *The Adventures of Huckleberry Finn* (Harmondsworth: Penguin, 1985), 66-7.

91. *Ibid.*, 71-3.

92. *Ibid.*, 74.

93. 对于哈克的父亲而言也是如此，他也无法通过法律获得他所期待的正义。See *Ibid.*, 77-8.

94. *Ibid.*, 78.

95. *Ibid.*, 103-4, 123-5, 205-7, 227-40 and 249-53.

96. *Ibid.*, 145-9, 281-7 and 319.

97. *Ibid.*, 266-8 and 302.

98. 关于对最后一段的解读一直是具有争议的一段内容，即哈克（Huck）和汤姆·索亚（Tom Sawyer）重新联手精心设计了一个赌局试图帮助吉姆从"囚禁"中逃跑。参见彼得·肯文尼（Peter Coveney）在他对《哈克贝利·费恩历险记》的导论（Introduction）第37页中关于这一争议的评述。

99. 参见马克·金汉-维克斯（Mark Kinkead-Weekes）和艾·格里格（Ian Gregor）的研究：Mark Kinkead-Weekes and Ian Gregor, *William Golding: A Critical Study* (London: Faber, 1967), 18-19.

100. 关于《蝇王》（*Lord of the Flies*）中所体现的具有宗教色彩的象征符号的评述，参见 Kinkead-Weeks and Gregor, *Golding*, 27.

101. W. Golding, *Lord of the Flies* (London: Faber, 1954), 17 and 36, and Kinkead-Weekes and Gregor, *Golding*, 56-9.

102. *Lord of the Flies*, 20-5, 29-32, 36, 46-7, and 60-5.

103. See Kinkead-Weeks and Gregor, *Golding*, 26.

104. *Lord of the Flies*, 67.

105. *Ibid.*, 77-8.

106. *Ibid.*, 99-100.

107. *Ibid.*, 154-5, 165, 176, 198 and 209.

108. *Ibid.*, 188-9, 150-4, 176 and 191-223.

109. *Ibid.*, 17, 23-4 and 36.

110. *Ibid.*, 200-223. 同样可以参见 Kinkead-Weeks and Gregor, *Golding*, 64.

111. 参见他关于《格利佛游记》(*Gulliver's Travels*)(Harmondsworth: Penguin, 1985, 9) 的介绍 (Introduction)。也可以参见 D. Nokes, *Jonathan Swift: A Hypocrite Reversed* (Oxford University Press, 1985), 317.

112. Nokes, *Ibid.*, 317.

113. See L. Bellamy, *Gulliver's Travels* (London: Harvester Wheatsheaf, 1992). 或许关于政治性象征意向最令人印象深刻的设计仍然是在斯派克的《斯威夫特》中,参见 W. Speck, *Swift* (London: Evans, 1969), 100-34.

114. See "Introduction", *Gulliver's Travels*, 18.

115. Bellamy, *Gulliver's Travels*, 8-9, 19-25 and 110-18.

116. J. Traugott, "The Yahoo in the Doll's House: *Gulliver's Travels* the Children's Classic", in C. Rawson and J. Mezciems, eds., *English Satire and the Satiric Tradition* (Oxford University Press, 1984), 127-50.

117. Nokes, *Swift*, 319.

118. J. White, *When Words Lose Their Meaning: Constitutions and Reconstitutions of Language, Character and Community* (University of Chicago Press, 1990), 133-4.

119. *Gulliver's Travels*, 297.

120. *Ibid.*, 103-8. 对格利佛的"旅行"的嘲讽可能是对于奥特贝利 (Atterburry) 主教的审判的嘲讽,这一案件是在几乎完全没有证据的情况下被判决的,也因此被认为是对于将法律程序用作政治手段的嘲讽。

121. *Gulliver's Travels*, 89. 关于这段的富有挑战性的翻译是由奥瑟·凯斯 (Arthur Case) 做出的,参见 Bellamy, *Gulliver's Travels*, 47-9.

122. 学者们普遍认为,与其说斯威夫特主张激进的共和主义政治,不如说他事实上希望回到古宪政时期的平衡政治。关于小人国皇帝的荒谬可笑,参见 *Travels*, 62, and 65-7. 对于斯威夫特保守主义思想的评述,参见 Speck, *Swift*, 15 and 111-112. 或许最有意思的研究是乔治·奥威尔的论文"政治与文学:关于《格利佛游记》的研究",参见 "Politics v. Literature: An Examination of *Gulliver's Travels*" in *The Penguin Essays of George Orwell* (Harmondsworth: Penguin, 1968), 376-93.

123. *Gulliver's Travels*, 79 and 84–6.

124. *Ibid.*, 94–7. See also Speck, *Swift*, 117.

125. 和第四册一样，第二册是对哲学的讽刺，而不是对政治的讽刺。这册尤其是对前亚里士多德哲学的讽刺，和法律一样，前亚里士多德哲学的语言是它自己专业化的语言。See *Gulliver's Travels*, 143 and 176–7.

126. *Ibid.*, 214–17.

127. 或许斯威夫特的观点是根据他个人的喜好，在这场争论中斯威夫特到底认同哪一方的观点仍然是一个有待研究的问题。关于斯威夫特在当代霍布斯–洛克之争中的立场的讨论，参见 Nokes, *Swift*, 325–8, and Speck, *Swift*, 127–30.

128. *Gulliver's Travels*, 296–8.

129. *Ibid.*, 306

130. See Speck, *Swift*, 114, and Foot, "Introduction", 28–9.

法律、文学和女权主义

我们生活在故事所描述的鸿沟之间。[1]

女权主义文学批判：概览

　　和法律与文学运动一样，女权主义文学并不是一个新的研究领域，然而在近些年，它已经成为文学学术研究中最活跃和最引人瞩目的研究领域之一。女权主义文学批判不仅拥有和法律与文学研究一样广阔的发展前景，而且它的目的也与之类似，即教育读者，并揭示文学作品中的政治内涵。女权主义文学的这两个方面本质上都是属于当代的。在最近的两个世纪中，女权主义文学评论主要有两个发展方向，第一个被学者们称之为英美角度，它强调文学的社会政治性质；第二个被学者们称之为法国角度，它着重于研究作为文学作品的女权主义文学创作，或者称之为女性写作。玛丽·伊格尔顿（Mary Eagleton）认为，女权主义英美学者所观察的是女性的社会政治地位，而女权主义法国学者则将女性作为一种写作形式进行研究。因此，后者认为女性写作是一种受到情感影响的写作形式，前者则描述在公共领域和宪法法院中的女性角色。[2] 这在某种程度上是和法律与文学研究的部分内容是相重合的。在法律与文学的研究中，其中一个角度的研究侧重于对语言性质和语言使用的研究，而另一个则强调文学语言的政治性内涵。尽管这样，二者最重要的区别之一在于，女权主义文学批评中的两种研究倾向常常看上去是彼此竞争，而不是作为两个相互补充的研究力量。对于这种现象没有什么合理解释，事实上最新的女权主义批评学者的观点认为当前的任务应当将二者相综合。

120　　近些年来多数女权主义文学研究都倾向于支持法国学者的研究，认为法国学者的研究至少在学术研究中居于优势地位。[3] 除此之外，事实上，所有女权主义文学批评学者都认为当代女权主义文学批评"复兴"的起源是凯特·米利特（Kate Millett）具有重要影响的著作《性政治》（*Sexual Politics*），这部书直接奠定了英美学者研究的基础。[4] 科拉·卡普兰（Cora Kaplan）一直都是米利特著作最著名的批评者，他认为这部书仅仅强调了女权主义的一个侧面。[5] 根据卡普兰的观点，女权主义文学批判必须意识到女权主义存在着多样性，因此女权主义的政治性研究也应该是多样性的。在作出这个结论的过程中，卡普兰是反对将早期女权主义与左翼政治势力联系在一起的学者中的一员。这一多元论的研究路径也获得了陶丽·莫依（Toril Moi）的支持。莫依和卡普兰认为女权主义文学批评应该沿着朱丽娅·克里斯特娃（Julia Kristeva），露西·伊利格瑞（Luce Irigaray）和海伦妮·西苏（Hélène Cixous）等法国女权主义学者的精神分析和文本探究的研究路径进一步深化。尤其是卡普兰多次试图将女权主义引向拉康的研究方向，认为精神分析是能够连接政治、社会和文学的媒介。文学领域对女性声音的排斥不仅仅是历史或是政治发展的结果，而且也是性心理发展的结果。因此，卡普兰所认为的应当为女权主义文学批判研究者们所特别强调的文学作品，是对女性受压迫状态和寻求解放过程进行研究的文学作品。他认为，妇女的性别，是现在所有女权主义批判理论、女权主义文学或者其他相关研究领域的核心内容。[6] 当卡普兰着重于研究精神分析理论和女权主义理论之间的结合，尤其是拉康的分析理论时，莫依则专注于法国语言学家的研究，尤其是朱丽娅·克里斯特娃的符号学。这一符号学理论最初是为了颠覆弗洛伊德的精神分析理论。克里斯特娃的目的是突破她认为在所有学科中模糊了性别差异的精神分析理论，并以此来实现对人的自我意识的解放。[7] 根据莫依的观点，这个目的，应该是所有当代女权主义研究者的终极目的，即最终实现对性别印记的解构。

在米利特出版她的《性政治》的同时，莫德·埃尔曼（Maud Ellman）[121] 出版了《关于女性的思考》（*Thinking about Women*）。根据莫依的观点，埃尔曼的著作是对文学的第一次解构主义批判。米利特使用了"政治愤怒"（political anger），而埃尔曼则对文学的力量有了更深刻的体会，她使用文学"嘲笑"（laughter）这个词来表达她的观点。男性文学作为政治作品而被批判，而不仅仅被认为是一种政治表达。[8] 正是这种解构主义思路，提升了法国女权主义批判理论，正像莫依所承认的，严格的法国女权主义批判理论更多的是进行语言学研究，而不是文学分析。[9] 正如克里斯特娃所指出的，文学批判理论中所演化出的这种同时关注文本和政治性问题探讨的多元主义思想，其智识源流来自米歇尔·福柯和雅克·德里达（Jacques Derrida）。福柯首次提出形而上学的哲学共同体是对男性秩序的保护，任何真正的女权主义者必须去颠覆这个哲学共同体。德里达在语言学领域对这一观点进一步加以延伸和拓展。正是他们的理论影响，使露西·伊利格瑞形成了关于文学文本批判的女权主义德里达理论。在这一理论的形成过程中，伊利格瑞已经有意识地在海伦妮·西苏所提出的女权主义诗学理论方面进行最初的尝试。她希望这一理论为文学制定规则，而不仅仅是文学的一个传播媒介。[10] 朱丽娅·克里斯特娃将女性文学批判性理论研究的重点从文本转向了读者。在这一研究重点转变的过程中，克里斯特娃不仅吸收了福柯和德里达的思想，而且吸收了巴特的"作者已死"（assassination of the author）的理论，消除了文本中的权威形象。正是这种研究重点的转变，颠覆了由英美派学者所主导的女性文学的特殊价值，它也因此被认为是对女权主义社会政治研究的最危险的挑战。大量语言学理论的研究对批判文学实践目的的实现构成了威胁。正是女权主义文学批判运动中激进的偶然事件，从文本到文本的文学批判理论，完全不同于从性别到性别的文学批判，体现了多元文学批判理论的逻辑发展过程。根据一直对文本的同一性持怀疑态度的学者克里斯特娃的观点，如果存在着女权主义文学同一性理论，那么它一定是女权主义理论中处于边缘地位的理论，而且也将一直处于这样一种非主流研究的地位。[11] 借用巴特的隐喻，女权主义的讨论是在对文字的研究中形成的，就像是听到的"语言的沙沙声"。[12]

为了在当代女权主义文学批判理论中占据优势地位，当"法国研究"出现了分歧的时候，正如我们在本章的下一节所指出的，"英美研究"或许成为与女权主义批判法学研究最直接相关的理论研究。当然，就女法律人对法律和文学的研究程度而言，英美学者的女权主义文学批判理论是关于运用文学来揭示法律政治内涵的评论。尽管这样，我们不应该认为"英美"研究思路是对语言本质研究的排斥，即使这一研究思路的直接目的是为了揭示文学的政治内涵。这两种不同研究倾向之间最主要的区别是实践性的。当克里斯特娃对女权主义文学的同一性观点采取回避态度的时候，坚持英美研究思路的学者们，例如伊莱恩·肖瓦尔特（Elaine Showalter）则强调女权主义文学同一性的特质。肖瓦尔特认为，这种文学常常是一种经验性的表达，而且也因此是一种政治性的和历史性的表达。正是这一基本事实将英美女性文学批判理论、英美女性文学及相关研究领域与其他研究相区别。当克里斯特娃等批判学者强调文本研究，否定背景研究价值的时候，肖瓦尔特直接将批判研究的重点放在文本的创作背景上，而不是将文本作为文本研究。[13] 在这个意义上，英美学者是米利特的《性政治》以及她对弗洛伊德思想所进行的批判研究的真正继承者。尽管这样，许多英美学者仍对米利特的观点进行了批判，尤其是肖瓦尔特对米利特没有提出女权主义文学同一性的观点进行了强烈的批判。她认为，正是由于米利特在其著作中没有提到这一观点，直接导致了学者对其的双重反对。克里斯特娃和莫依希望抑制女权主义文学同一性观点，而肖瓦尔特则希望对此予以强调。[14]

肖瓦尔特的观点，以及与此相类似的观点，在英美女权主义批判学者中获得了相当广泛的支持。学者中更具分歧的问题之一是女权主义学者是否应当仅仅研究由女性创作的文学作品。迈拉·杰伦（Myra Jehlen）

122

在支持语境化研究的同时，已经强调指出使用男性作家所创作的文学作品作为研究参考文献的重要性。[15] 安妮特·科罗（Annette Kolodny）在承认可能存在女性文学的同一性的同时，强调这种同一性是以男性文学为参考确立的同一性。[16] 在之后的论著中，科罗在充分肯定女性文学存在的巨大价值的同时，逐渐倾向于一种多元主义的立场，提出存在着多种女性文学的可能性，以及存在着多种女性政治的可能性。[17] 从科罗的观点中所衍生出的观点已经日益为罗莎琳德·考沃德（Rosalind Coward）和莉莲·罗宾森（Lillian Robinson）等英美女权主义学者所接受。[18] 另一个对法国研究方向的观点进行批评，同时又支持女权主义文学理论多元化的学者是佳亚特里·斯皮瓦克（Gayatri Spivak）。斯皮瓦克的理论是法国文学批判理论中过度智识主义思想最具代表性的批判理论。对于英美学者而言，例如肖瓦尔特和斯皮瓦克，20 世纪晚期的社会形势需要的是活跃的政治，而不是令人多愁善感的文学。换句话说，英美文学批判学者所坚持的仍然是在 20 世纪 70 年代居于主导地位的社会女权主义学者的观点。[19] 正如斯皮瓦克所指出的，随着社会形势发展的迫切要求，女权主义必须"走出教室"。文学批判理论只是具有教育意义的第一步。[20]

正如我们之前所指出的，沟通女权主义文学批判理论中政治性研究和文本研究两种不同研究倾向之间分歧的努力，已经成为许多女权主义批判学者当前的研究目的。正如我们所看到的，对于支持文本主义研究的卡普兰和莫依而言，法国派女权主义者似乎并不倾向于认为两派研究之间存在着差异，而是更加倾向于认为二者之间存在着共同的研究兴趣点。因此卡普兰已经提出，和如此众多的英美派女权主义学者一样，女权主义者必须警惕精英主义和过度智识主义，警惕将女权主义文学批判变成过于具体化或者与文学不相关的研究论域，女权主义者首先必须将其作为一种政治力量来加以展示。在提出这一观点之后，卡普兰立即提出女权主义需要文学理论，而且认为特里·伊格尔顿的思想是作为实现文学与政治学彼此联合所必需的。她认为，对于女权主义者而言，文学往往是，或者已经是在非常明显的常识意义上是政治性的。有趣的是，在对伊格尔顿的观点表示认同的同时，卡普兰的一个批判性观点是文学和政治之间的结合实现了女权主义的智识化，并使我们降低了对作为教育机制的女权主义文学的依赖。根据卡普兰的观点，专注于将文本同时作为文本和作为政治进行研究，而不是单纯的作为政治进行研究，是进行女权主义问题研究最有效的研究方式。[21] 根据另一位具有影响力的法国女权主义思想家安妮·勒克莱尔（Annie Leclerc）的观点，女权主义所必须做的是去发现一个新的声音。换句话说，我们必须在已经建立的激进的男性政治之外去发现新的女权主义的声音。勒克莱尔曾精辟地总结过，"世界是男人的世界，男人是世界的代言人"。[22] 用一个有趣的，也将是我们在之后的章节中所讨论的一个较为契合的比喻，露西·伊利格瑞指出男性的声音已经"强奸"了女性的声音，违背了她们的意志，而且占有了她们。因此语言学批判一定仅仅是社会和政治批判多元化的先驱。[23] 和卡普兰一样，勒克莱尔认为，真正的女性的声音只有通过对性问题的探讨才能获得。对于女性，当前的任务是必须重新获得关于她们自己身体的语言。还是在本章的一个特别的章节中，在第二部分我们将着力探讨"强奸"的问题，这是一个非常适合的研究主题。正如勒克莱尔所提出的一个鲜明的观点，语言能够被作为反抗男性压迫的武器。[24] 因此，在最后的分析中，将当代法国派和绝大部分英美派女权主义者结合起来的思想，是对激进女权主义政治在当前所扮演角色的确认，是对可以描述一种同一性的声音理论的确认。根据卡普兰的观点，文学总是为新的政治力量的演化提供发展空间，新兴女权主义的同一性理论能够在文学中孕育发展。[25] 因此，女权主义批判文学理论的两个分支是互补的，是同一个基本目标的组成部分。法国派批判理论学者凯瑟琳·克莱门特（Catherine Clement）对两个目标可能在多大程度上结合在一起进行了研究。福柯曾经试图将语言作为实现政治行动和唤醒政治意识的先决条件，在福柯思想的影响下，克莱门特认为女权主义讨论在最传统的修辞学论证方法之后，将会更加具有演示性，主题也更加分散。根据克莱门特的观点，真正的知识的民主传播源自教师，因为他们的知识是第一个层次的交流。交流和文本使用因此居于政治程序的开端。它以它的观点和概念化的思想孕育了政治思想。因此，她认为，"阶级之间的斗争并未停止。一直都存在着想象、期望、创造和文学创作……在别的地方，在另一个层面的现实中，存在着阶级斗争，而且在阶级斗争中存在着妇女斗争。所有这些都缺少一个环节，这一环节正是我们为了成功地链接我们的两种语言而应当试图通过思考来加以完成的"。[26]

文学理论和批判法律女权主义

除了研究兴趣上的巧合，批判女权主义法学学者对于文学研究并不是十分专注。虽然女权主义法学研究者意识到研究的可能性，但是仍然没有几个女权主义法学学者真正将其列入这一研究领域中，例如苏珊·曼恩（Susan Mann），苏珊·曼恩对詹姆斯·伯艾德·怀特及其对简·奥斯丁的著作《爱玛》（*Emma*）的研究进行了否定性的评价，这一观点表明她认为在法律研究中应特别限制对于文学主题的研究和对文学作品的使用。尽管她愿意承认文学在展示修辞的力量和推理的不确定性方面的价值，尽管这样她对于法律和文学的赞美，并没有比我们将在下一章所讨论的理查德·波斯纳嘲讽式的肯定多多少。有人认为，这是法律与文学研究的悲哀。许多非法学的学者选用简·奥斯丁的小说来描述 18世纪财产和信托法的本质，其中大部分是对于女性优先权利的描述。[27]尽管这样，根据曼恩的观点，怀特在他对奥斯丁的小说所进行的分析中展现了一种理性建构的规范的社会秩序，并将其与奥斯丁的各种女主角的行为进行了对比。根据曼恩的观点，怀特同时也在建立一个完整的男性至上的标准的社会基础，这一基础完全忽视了 18 世纪英格兰妇女在社会和经济现实中的地位。[28]怀特可能事实上已经忽视了这一具体的社会现实，但是这不应当成为对使用奥斯丁的小说来展示法理学论断合理

125

性的质疑理由。另一个对怀特著作进行批判的学者是艾米丽·哈蒂根（Emily Hartigan）。对于她而言，无论是怀特还是理查德·维茨伯格，没有对女性文学进行研究将使得他们的作品缺乏说服力。而且，或许是批判法律女权主义学者所不可避免的，哈蒂根也对曼恩所批判的基础主义而感到不安。尽管这样，和曼恩不同，哈蒂根准备接受法律和文学研究的可能的研究成果，即使事实上她可能不能将这一研究成果为己所用。[29]另一个已经承认法律和文学的研究价值，但是选择反对运用文学文本来进行法学研究的是卡罗尔·桑格（Carol Sanger），她对于两部小说，《推定无罪》（*Presumed Innocent*）和《善良的母亲》（*The Good Mother*）的研究，至少含蓄地承认了它们作为典型男性文学的价值，但是却没有在另一方面做出努力，即任何文学都可能传递一个更为积极的女性的信息。[30]或许在朱迪思·科夫勒（Judith Koffler）的研究中，我们会发现与之相同之处。朱迪思注意到语言的力量和它作为女权主义政治表达媒介的潜在价值，然而她再一次倾向于对法律经济学，以及法律虚无主义的弊端进行研究，而不是对其表示批判。这两者似乎都是通过语言分析来实现的。这种语言分析可能是可以逆转的，这种研究常常更多的是被用于盲目乐观的论证，而不是对真理信仰的论证。[31]

批判法律女权主义者对于法律与文学的研究似乎是不连续的，其主要原因无疑是受到了北美女权主义学者对文学作品价值的观点的影响，他们反对任何看似过于文学化的作品，以及那些第一眼看上去似乎不具有明显政治色彩的作品。英美女权主义文学批判学者也持有同样的观点。因此，曼恩对怀特的批评理由就是怀特过于强调对作品原文的研究，而不是对其所蕴含的"社会和文化"内容的探讨。[32]北美批判法律女权主义比各种侧重于作品原文研究的学者更加活跃。这种社会历史性的、经验主义的女权主义法律研究方式最近被珍妮·施罗德（Jeanne Schroeder）再次加以强调，她认为对文学研究的发展，而不是对法律历史性的强调，已经模糊了妇女被压迫事实的文化起源。[33]主张法律政治性的批判法学研究在 20 世纪 80 年代就已经成为批判法律女权主义研究中居于主导地位的重要学术力量，或许其中最著名的是凯瑟琳·麦金农（Catherine MacKinnon）政治立场鲜明的作品（她的关于强奸本质的具体评论将在下一节进行探讨）。[34] 批判法律女权主义因此与女权主义批判理论中研究视野更为广阔的政治运动，而非对文本原文研究的女权主义文学批判理论结合在一起，当然其中包括了和英美派女权主义文学批判理论的结合。这一结合或许是值得我们期待的。批判法律女权主义和英美派女权主义文学批判理论拥有同样的文化和理论起源。批判法律女权主义的政治内涵的经典表述来自罗宾·韦斯特的著作。她是一位能够在批判法律女权主义和法律与文学研究两个领域中都有着重要影响的学者。尽管这样，正如我们之前所指出的，对于韦斯特而言，对政治的研究是最主要的目的，不能因为过度地将文学作为文学进行研究而放弃这一目的；文本的背景，而不是作为文本的原文，必须保留它所特有的对于政治研究的价值。[35] 毫无疑问，韦斯特的女权主义思想的提出是具有鲜明政治色彩的。例如，在她颇具影响力的著作《作为性别的法理学》（*Jurisprudence as Gender*）一书中，韦斯特坚定地将激进的政治化女权主义思想置于由琳恩·布朗（Lyn Brown）和卡罗尔·吉利根（Carol Gilligan）的作品为代表的文化女权主义思想之上。[36] 在《作为性别的法理学》一书中，韦斯特认为文学文本是对女权主义批判法律理论研究的补充，并对文学文本的研究非常谨慎，就像她对波斯纳和怀特的批判一样，这无疑是因为她害怕对文本原文的研究将会超过对于批判女权主义政治内涵的探讨。像众多英美派女权主义批判学者一样，韦斯特所热衷于支持，并在具体法律场景中着重加以研究的是多元化女权主义思想。多元主义将最有效地揭示当代法理学研究中的父权等级结构，并提出"法理学重建"的途径。[37] 在她对于怀特的批判中，韦斯特强调我们必须记住，理解我们的法律不仅要将其作为承载我们传统和文化信仰的文本，而且也要将其作为暴力、侵犯、同情和尊重相互作用的工具。文学有它自己的价值，但是对于法律而言，文学的重要性在于"它以叙事修辞，对法律规定和法律制度所施加于法律社会所排斥的人的影响进行描述和揭示"。[38]

127

因此，在上述努力之外，或许是由于上述学者的努力，在对法律与文学的女权主义研究思路的近期评估中，卡洛琳·海布伦（Carolyn Heilbrun）和朱蒂丝·雷斯尼克（Judith Resnick）表示，对从至少是为批判法律女权主义理论提供了各种可能的文学学科中排斥女性声音的行为感到失望。[39] 显然，这种排斥不仅仅是女权主义法学的缺陷，正如女权主义文学批判学者所常常指出的，这部分文学作品是男性文学。但是海布伦和雷斯尼克质疑这不是它们的缺陷。她们认为两部文学作品可能会被女权主义法律批判学者所青睐，艾丽斯·沃克的《紫色》（我们将在下文中讨论它）和托马斯·哈代的《无名的裘德》。哈代对于 19 世纪英国通奸和离婚法律中妇女地位的描述是法学研究者们所没有做过的研究。[40] 或许用文学来研究法律现象最出色的学者是女权主义学者，琳达·赫什曼（Linda Hirshman）对纳塞尼尔·霍桑（Nathaniel Hawthorne）的《红字》（*The Scarlet Letter*）中波士顿 17 世纪通奸法案的不公平现象作了类似的研究。[41] 尽管这样，除了韦斯特和科夫勒所进行的尝试性研究之外，正如卡洛琳·海布伦所认为的，文学还尚未被作为读者可能理解女性苦难的研究资源被开发出来。正如海布伦和雷斯尼克所共同认为的，无论通过文学来研究女性的地位和女性政治有着怎样的不利之处，也不论我们对于跨文本分析有着怎样的疑虑，女权主义和文学之间的联系是最重要的一点，"我们作为女权主义理论的研究者已经在很久以前就意识到有必要用一种新的语言来展示女性的经验"。他们认为应当把握文学所提供的这个通过文学研究来拓展女权主义研究的机会。[42]

关于强奸的讨论

强奸是一种很常见的犯罪，强奸也是学术研究常常探讨的问题。然而，近些年来要求学术界关注这一领域研究的声音仍然是来自北美的学者，其中两位学者在对强奸的政治性和文学性内涵理解的拓展方面做出了重要的贡献，其中第一位是凯瑟琳·麦金农。麦金农批判理论的基本观点是关于强奸的法律是从男性角度建立起来的。因此，这也是最重要的，关于强奸的法律所关注的是"事件"而不是强奸的"经验"。尽管麦金农承认目前关于强奸的法律失败的原因在于对于"性"的含义界定和对于"性体验"的争论，麦金农将她的研究重点主要集中在强奸的政治意义，而不是强奸的语词含义的界定。当然，强奸不仅仅只是性交的经验。它被界定为一种用暴力实施的行为，是对身体的侵犯，事实上这是在每一个性行为中都会发生的。强奸是一个普遍的社会犯罪，而不仅仅只是个体犯罪。在她具有巨大影响力的著作《迈向女性主义的国家理论》（*Towards a Feminist Theory of the State*）中，她对强奸问题公开发表了自己的观点，她宣称："如果性行为是界定女性的核心概念，而被迫性行为是性交行为的核心概念，强奸就是女性社会生活中必要的，而不是例外的组成部分。"[43] 因此，女性关于强奸的经验不仅仅局限在男性决定使用暴力的场合中。女性关于强奸的经验也不再由侵犯事件或者暴力行为加以界定。尽管这样，由于强奸被男性定义为暴力侵犯行为，确定强奸是否发生就仅仅只能依靠是否获得了受害人的同意，而作为确定强奸行为的法律标准仍然是由男性来单独制定的。尽管在强奸的行为界定中，女性的同意是行为界定的形式要件，但是基于男女双方地位的不平等，受害者的"同意"不应成为为被告辩护的有利证据。这不仅是生理上的不平等，而且也是经济上和社会上的不平等。而且根据定义，即使女性拒绝同意性交，同时男性使用暴力，法律仍然关注的是男性，而不是女性的体验或者"从一个理性的强奸犯的视角来构想一种可以认知的伤害行为。强奸法一定不会对女性关于突发性行为的观点进行考察，而对男性作出赦免的裁决"。[44] 对于强奸行为同意的假设是男性为男性而设置的。除了同意的问题，和对于女性关于强奸的体验的本质问题一样，麦金农所指出的第三个问题是强奸审判的场合，她认为，这一场合并没有修正非正义，而只是以正式的和公开的方式再次侵犯了女性的隐私权。[45] 当越来越多文本主义和多元化倾向的女权主义学者想让女性重

129

新开拓性行为语言的时候，麦金农想让女性宣扬关于女性身体的政治。

麦金农对于强奸政治意义的研究赢得了很多人的支持。尽管这样，它也受到了很多批评，尤其是来自倾向于通过语词研究来确定强奸内涵的学者的批评。这些批判者中最为著名的是罗宾·韦斯特。麦金农研究中最重要的观点是所有两性关系都往往是对女性身体的侵犯，韦斯特虽然没有从理论上对这一观点提出质疑，但她认为如此激进的政治立场将衍生出一种受蒙蔽的女权主义，这种女权主义不能意识到还存在着其他观点的女权主义，语言学女权主义或者其他学科。韦斯特认为，麦金农的女权批判法学思想与男性主导的批判主义法学有着同样的缺陷，都是完全受限于短期的政治目的，因此不应该被用来代表大量潜在的女权主义法学观点。对于韦斯特而言，强奸的问题不仅仅在于性或者性关系，而是在于整个突发性性关系的讨论中。[46] 正如帕特丽夏·威廉姆斯（Patricia Williams）所观察到的，性不是一件不好的事，只是性"如何发生"才可能成为问题。[47]

在对强奸问题的研究上，作出突出贡献的第二个学者是苏珊·埃思里奇（Susan Estrich）。她在 1986 年发表了论文《强奸》（Rape），该论文对强奸问题的研究产生了巨大影响，论文的观点在她之后的论著《真正的强奸》（Real Rape）中被进一步完善，她将强奸与埃思里奇提出的根据经验来讲话的能力相结合。[48] 正是她所提供的信息的特殊紧迫性，将埃思里奇文章的地位在女性法律理论中提升到一个新的高度，而这甚至是麦金农所从未拥有过的。埃思里奇的论文观点是根据麦金农关于强奸的体验政治的观点，对于女性身体的侵犯，以及仅仅通过暴力和同意确定犯罪的不充分性等观点形成的。她认为，权力要比身体攻击严重得多。[49] 适用同意标准的司法实践已经反复表明仅仅提出拒绝同意从来都是不充分的，必须同时有相应的事件或者行为来证实拒绝同意的意思表示。因此，女权主义学者研究的首要任务应当是修改法律，认可口头拒绝意思表示的法律效力，而不是只认可行为具有法律意义。[50] 埃思里奇的著作所涉及的正是互文性和政治改革的领域，而不仅仅限于对政治性

130

问题的讨论，她强调强奸在文本中的定义，并且和韦斯特一样，她从一个多元化的视角来研究性行为。埃思里奇所支持的改革提出了一个现实的理论和现实的实践。埃思里奇最直接的目标是对性的攻击行为进行重新定义，用新的语言来界定新的体验。尽管这样，这并不意味着根据《密歇根改革法案》（*The Michigan Reform Statute*）的提议抛弃"同意"理论。但是，它的确意味着关于强奸的符号学的承认。强奸必须被重新界定，它不应被作为单纯的暴力性行为，而是应作为被施加了权力影响的性行为。因此，当埃思里奇表示赞成转向对受权力影响的逐级性攻击行为研究的时候，不同程度的性攻击行为的基本体验不会是难以辨识的。换句话说，性攻击行为是存在着多种形式的，而不是单一性的体验。[51] 对于强奸的重新定义将会丰富对强奸本质的新的理解，从而在实践中能够更好地理解法律和司法程序应当如何应对任何性攻击行为所导致的侵犯性伤害。[52]

和麦金农单纯的社会政治性分析相反，埃思里奇研究思路的优势在于她不仅仅限于对强奸动力学的分析，而且提出了关于强奸的特定语言。历史和政治能够设定背景，但是只有语言能够改变规则。经验性的问题被转化为语言性的问题，而且常常是掌握话语权的人就是掌握权力的人。[53] 强奸犯罪，事实上强奸这个词是由男性来定义的，这已经成为女权主义理论讨论中的重点之一。正如施罗德所指出的，rape 源自罗马词 raptus，是最古老的早期英国法律术语中的一个词，至今仍然在法律中使用。在中世纪早期的欧洲，rape 被认为是一种没有经过一位已婚女性同意的诱拐行为。这里的同意不是被诱拐的女性本人的同意，而是她所在家族的同意，根据中世纪早期欧洲家族的性质，这种同意一直被认为是家庭中男性家长的同意。因此，从它的词源上看，强奸是一种盗窃行为，而不是性行为。正如麦金农所指出的，强奸也不总是被认为是一种暴力行为。一个女子可能和她的爱人私奔，她的家庭则被强奸了。暴力是在更近的时候被加上的，但并不是为了从观念上或者在实践中提升女性的地位。增加暴力情节只是为了作为强奸的证明性事实。强奸的词

131

源是对一个男人的盗窃行为，这对关于强奸的讨论和对于强奸行为的现实认定都产生了相当大的影响。公众关于强奸的报道继续强调的是男性因此而受到的损失。当代对强奸的界定无论是在实质上还是在证据上仍然依赖于暴力的概念。对于强奸语词研究的强调，而不是对强奸法律政治现实的研究，已经得到了卡罗尔·斯玛特（Carol Smart）的支持，她强调指出，对于强奸的研究是一个非常具体的"历史和文化"的"讨论"，强奸是一种"经验"，它是"通过语言形成的"，"这种语言是女性主体观念形成的一部分"。语言界定了女性，法律语言界定了女性的法律人格。而这些语言都是由男性来定义的。[55] 在对性侵犯行为重新界定的强烈呼声中，当代批判法律女权主义者根据强奸所具有的这一特点，提出了和安妮·勒克莱尔为代表的女权主义文学批判学者相同的观点，女性应当拥有自己的语言，而这一语言首先是对性的重新界定。正如施罗德反复强调的，如果强奸一度是被错误界定的，那么它应该被重新定义。语言不会对女权主义法律理论构成威胁。它将成为女权主义法律理论发展新的契机。[56]

关于强奸的文学作品及相关研究

本章的最后部分是研究文学作品如何能够促进对于上文所提出的各种关于强奸观点的更好理解。换句话说，本文是探讨文学在多大程度上将有助于批判法律女权主义理论教育作用的发挥，尤其是它将集中探讨两个基本的研究角度，这是关于强奸的女权主义批判理论中所普遍采用的研究角度：和强奸实践相对应的经验体验以及"同意"的本质。即使文学不能，或者或许不应该取代法学学术论文，但至少文学能够作为补充和进行举例说明。如果这两个问题能够为公众所意识到，那么法律与文学研究教育作用的发挥则成为了现实的力量，而不是威胁，其对强奸概念和经验进行重新界定的更为宏大的政治目的则一定能够实现。

女性的声音《侍女的故事》

《侍女的故事》（*The Handmaid's Tale*）在 1985 年第一次出版之后，迅速成为最近两个世纪中最受争议的女权主义作品。它已经受到了女权主义批判法律学者的关注，同时它被援引作为研究另一个长久以来备受争议的女权主义主题——关于堕胎的法律和伦理问题的探讨。[57] 这一节将指出，《侍女的故事》作为研究女性在强奸中的地位同样具有重要的价值。《侍女的故事》的基本故事情节设定在一个不是很遥远的未来，在美国一个叫吉利厄德（Gilead）的地方，由信奉正统基督教的男性费思福（Faithful）司令进行管理。在这个政治制度下，女性处于完全受压迫的地位，被剥夺了任何形式的社会权利或者经济权利。她们的权利是通过法律被剥夺的。[58] 甚至她们的身份也被剥夺了，女性仅仅能使用她们所属指挥官的姓氏。因此这本书女主角的名字叫做奥芙蕾德（Of-fred），由"of"和"Fred"组成。赫什曼认为，她们仅仅是社会的孵化器。她们生活的唯一目就是哺育孩子，尤其是哺育男性的战士。由于哺育者没有其他的身份，这些女子穿着与众不同的红色穆穆袍（色彩鲜艳的女式宽大的长袍）。女性原有的身份被剥夺，取而代之的是一种由法律认可、男性决定的、性关系所确定的身份，是这部书中最直接的，也是最有力的隐喻之一。

阿特伍德（玛格丽特·阿特伍德，Margaret Atwood）反复地对两个特殊的主题进行了讨论，第一个，将强奸和法律放在一起，从而含蓄地指出对强奸的文字界定是不充分的；第二个，是女性关于强奸的体验，将其作为对身体的侵犯，并因此成为和自己所拥有的身体的斗争，并最终战胜自己的身体。这两个主题都曾经为麦金农和埃思里奇所讨论过。指挥官和奥芙蕾德之间性交的实际情形与其说是经历，不如说是活动。对于这种仪式的第一次叙述，生动地描绘了一个被迫进行的性行为。在

133

这次性交中，指挥官的妻子象征性的抓着奥芙蕾德，奥芙蕾德知道自己没有被强奸，或者至少根据吉利厄德的法律，她没有被强奸（在这里作者是指根据奥芙蕾德所知道的所有的法律，暗示着所有当代关于强奸的法律）。叙述中着重强调了对于奥芙蕾德身体的侵犯，更像是一次活动，而不是一次经历，并留下了让读者进行批判性思考的空间，它是否是这样一个事实，它是一个活动而不是一次经历，因此它最终不是一次强奸：

> 我的胳膊被举起来了：她抓着我的手，我的两只手都在她的手中。这被认为象征着我们拥有同一个身体，是同一个人。这一行为真正的含义是她被控制着，她在经历着这一过程，……我的红裙被拉到了腰部，然而没有被拉得更高。在裙下，指挥官在干我。他所干的是我的身体的下部。我不能说这是在做爱，因为这并不是他在实施的行为。性交用在这里也不准确，因为它是需要两个人进行，而不是只有一个人实施行为。强奸也不能用在这里。这里所发生的事情让我找不到任何一个词汇来描述。这里有选择，但不是很多选择，这就是我所选择的。[59]

阿特伍德所提出的主要问题是对于女性是否存在着其他的选择，而且如果没有选择，是否每一个性交活动都是强奸，或者没有一个性交活动可以被定义为强奸。语言成为奥芙蕾德所喜欢的能够迅速逃离目前处境的一种方式，"我身体的一部分在摧毁我自己，而另一个我则在描述这一切。"[60] 这是关于强奸的女权主义描述中普遍的主题。因此，基于同一基调，通过拒绝加入到性交活动中，这些描述试图让女性保留对于自己身体的所有权。在另一个场景中，奥芙蕾德描述自己"沉沦在自己的身体里，就像陷入了沼泽中难以自拔"。[61] 尽管这样，甚至她的语言也遭到了强奸。女性从来都不能对性的经历进行充分的描述，因为她们所使用的语言使得性行为成为了活动。奥芙蕾德的经历只能用她所能获得的语言来进行描述。因此，女性的性体验从没获得过彻底的解放。当奥芙蕾德回忆她在吉利厄德帝国建立前的早期生活，她意识到甚至在那个时候也没有自由、文学或者体验等。她记得，甚至在那时，"我们生活在故事所描述的鸿沟之中"。[62] 与之类似，当她在夜晚难以入睡的时候，她试图描述她的感觉，奥芙蕾德发现她自己找不到合适的语言来描述"lie 和 lay 之间的不同。Lay 常常代表了 lie 的过去时。甚至男人们曾经说，我喜欢躺着。尽管这样，他们有时会说我喜欢睡她。所有这些都是纯粹的推测。我并不知道男人们曾经说过什么。我只知道他们是如何说这件事情的"。当她在思考这个问题的时候，她回忆起和朋友莫若（Moira）的一次对话，是关于莫若的一篇文章的主题，它是关于约会强暴（date rape）的论文："我说的是约会强暴。你是如此时尚的一个人。它听起来像是一块甜点，约会强暴"。[63] 奥芙蕾德从没有像现在这样感到自由。语言使她找不到问题的答案。她关于色情文学的回忆，色情文学是由男人写给男人看的文学，这成为一种暗示，如何诱捕女人的身体成为男性的讨论主题。

134

第二个仪式展示了一个有趣的并行主题，随着她和指挥官私人关系的日益亲密，奥芙蕾德对性行为场景的描述也更具有经验性。在某种程度上，这似乎是暗示一种形式的同意，即使它并不是一种自主决定的同意。但是当然在这种场合，这种感情使得性行为变成了非法，在吉利厄德法律所允许的性行为的限制之外，因此也显然在奥芙蕾德所描述的性行为的许可范围之外。正如奥芙蕾德所说，这是一种没有名字的活动。矛盾的是，奥芙蕾德现在用强奸的语词来描述这一仪式中所进行的活动，她认为这是对个人隐私的一种侵犯行为："这种性行为，受精，和蜜蜂对花所实施的行为没有什么区别，对于我而言，这是非常不合体的行为，令人尴尬的违反礼仪的行为，这在帝国建立之前是不可能发生的。而且我也对指挥官的妻子感到内疚。我觉得我是一个入侵者，侵入了原本属于她的领地。"[64] 这样，她被指挥官强奸了，而她在强奸指挥官的妻子。这两个行为都让她有罪恶感。当然这也是她所接受的来自姑姑们的教育，她们是对像奥芙蕾德一样的哺育者进行教育的女性指导者。性不是一件个人的事情，或者一种经验。性是一种活动。吉利厄德的法律所保护的是由男性决定的性行为的语言和伦理。姑姑莉迪亚（Lydia）认为如果一个女人被看到了，那么她就被看她的人插入了，女孩子们是绝不能被别人插入的，这生动地展示了界定强奸的语词的使用，而且将强奸以比喻的形式描述了出来。姑姑莉迪亚所进行的描述就是男性所认为的插入和强

135　奸。尽管这样，在姑姑莉迪亚的语言中，为这种插入行为负责的并不是男性，而是姑娘们自己。[65] 当指挥官进入奥芙蕾德的房间时，这是对她身体的一种侵犯，是对仍然属于她的某种东西的侵犯。[66] 在"测试"中，詹妮亚（Janine）叙述到她在十四岁的时候被轮奸。她所得到的是来自作为观众的姑娘们异口同声的歌声"是她的错，是她的错，是她的错"。[67] 吉利厄德是一个信奉神权伦理，使用神的语言的神权政治。阿特伍德通过让吉利厄德拥有和使用圣经的手稿，来加强了神权政治给读者的印象。[68] 吉利厄德是在一种先验的神权理论的统治下，而且女性受到相同的神权政治力量的压迫，神权政治在 20 世纪的北美洲仍然压迫着她们。在圣经中，强奸是男性对于自己财产的权利，这一规定被写入了罗马法，写入了中世纪早期的英国法律，这一概念在当代的法律文本中依旧被保留下来。在吉利厄德，唯一的违法性行为是无权拥有女人的人和女人在一起进行的性行为。就像她所承认的，奥芙蕾德的合法主人是指挥官。[69] 因此，奥芙蕾德和司机的性交行为是通奸，甘地安（Guardian）被女人们撕成了碎片因为他承认和属于国家的女人发生了性关系，因此他所犯的不是对女人的不当行为，而是犯了最高的叛国罪。[70]

和性活动相类似的内容在全书中被反复提到，它是由强奸的语言，而不是由强奸的经验所决定的。医生对奥芙蕾德的检查被用强奸的语言来描述，因为它是对身体的侵犯，而奥芙蕾德没有被授权可以自由决定自己的身体与谁发生性关系。医生用语言征服了奥芙蕾德。奥芙蕾德是他的"甜心"，正像她是指挥官和吉利厄德的"孵卵箱"。医生所拥有的，也正是文中所着力描写的，是侵犯奥芙蕾德身体的权力，他表面上是医生，其所暗示的是任何能够使她怀孕的人。奥芙蕾德必须被证明已

经怀孕，否则她将成为"非女人"。这里又是一个选择，而且奥芙蕾德的同意再一次不能够根据自己的意志自由作出。和语言一样，环境要求奥芙蕾德要有性欲，而不是奥芙蕾德自己。[71] 最为重要的是，奥芙蕾德在回顾吉利厄德建立之前她的性经历时，承认了男性掌控了性的过程和性的语言，认识到吉利厄德和当代北美洲在这方面，至少在理论上是没有什么差别的。[72] 医生对于一个前吉利厄德女性检查的电影，是由姑姑莉迪亚放给姑娘们看的，为了让女孩子们对插入行为有印象。[73] 在读到医生对奥芙蕾德的插入时，它让我们感到了前吉利厄德色情电影里所描绘的同样令人不安的矛盾，女性被残害，被强奸，被杀掉。[74] 指挥官试图通过给她礼物来获得奥芙蕾德的感情则被定义为最终的侵犯行为，它被描述为一种在她早期自由生活时所不能理解的约会强奸。对于奥芙蕾德而言，这种活动，无论和谁，都是一样的，无论它是否合法，也无论它是否是强奸。[75] 吉利厄德和当代的北美洲有什么不同么？当然关于性欲的讨论没有区别，因此，对于强奸的讨论也没有什么区别。

一系列的文本

有许多其他作品可以被用来从法理学角度研究强奸，《侍女的故事》只是其中一个例子。因此，这里将要简要分析的作品不仅仅是我个人喜欢的，而且也是一系列能够用来研究女性法律权利的作品。尽管这样，我们认为这些作品确实为法学学者分析文学作品中所展示的各种问题提供了研究样本。

安德里亚·德沃金（Andrea Dworkin）的《慈悲》（Mercy）应该是最具影响力的文学作品之一。德沃金一直以一种公开的政治立场来研究强奸问题，而且她最近出版的一部小说有力而坚决地要求必须实施反对男性对女性公开歧视的政治行为。[76]《慈悲》描述了一个反复被强奸的年轻女子的生活，她将强奸和一系列政治事件相联系，它们和当代美国文化和政治中的极端法西斯主义相联系。根据德沃金的观点，女性被政治所排斥，与儿童、犹太人和黑人一样被边缘化，不仅仅在政治生活中受挫，而且由于无法获得自己的听众而受挫。[77] 这种被排斥和被挫败的关键在于不能在男性所主导的法律秩序中实现女性的正义。[78] 这本书的大部分内容是对神权政治，犹太教和基督教的理论进行批判。在这方面德沃金显然认同阿特伍德的观点。[79] 事实上，《慈悲》中所涉及的很多主题在《侍女的故事》中都可以找到，它同样包括三个最重要的内容，强奸的界定、同意问题和由男性主导的语言在对强奸表达上的局限性。德沃金认为每一个性行为最终都是一种强奸，而且男性的存在将对女性构成一种持续的强奸威胁。当每一个可能带来快乐的性行为变成一个权力和征服、侵犯和痛苦的问题时，前一个观点在书中被反复强调。只有和另一个女人，主人公安德莉亚（Andrea）才能感受到基于平等的性的快乐。男性的存在是对女性遭受强奸的持续的威胁，作为一种对身体的可能侵犯，在书的第一章中就被加以描述，当安德莉亚仍然是一个小女孩的时候，尽管仅仅是被男人摸了一下，她都感到自己被强奸了。事实上，强奸可以被定义为被威胁，被看到，以及被触摸到。[80] 所以，对于德沃金而言，强奸不仅仅是阴茎勃起和阴道的插入行为。随着书中故事情节的发展，更多性交的例子所描述的都是非阴茎勃起的插入行为。因为每一个性行为总是两个不平等的"合作者"之间的权力宣告，所以每一个性行为都是强制发生的，因此事实上"同意"变得毫无意义。[81]

最终，正是这一点从纯政治意义的角度将德沃金的作品在事实上提升到了和阿特伍德作品同样的高度，强奸的问题是一个语言问题。性欲是强奸的语言。[82] 语言压迫着女性。语词是权力，而女性被排斥在语词之外。[83] 德沃金的论文不仅探讨了阿特伍德所探讨的问题，也探讨了之前我们所分析的基于文本研究的女权主义文学批判学者所研究的问题。最终强奸的主要问题是语词自身的问题。这是一个符号学的问题。正如我们反复强调的，强奸只是一个有些糟糕的词，一个由于它的表述不充分而招致众多批评的词。最重要的是，它是一个由男性决定，并且为男

137

性利益服务的词。[84] 安德莉亚反复地告诉她自己，强奸这个词并不存在，而且她逐渐意识到强奸这个词所表达的内容是为了从萨特存在哲学的角度排除女性的存在："这样的事情没有发生，而且这样的事情不能发生。不是所谓强奸的任何行为发生，或者被打败的人实施了如此坏的行为，没有词语来对其进行描述。如果你认为有什么发生了，而你没有语言来描述它，那么你就陷入了无路可走的困境。"[85] 男性的存在是对女性的否定，性欲和语言的压迫是对这种关系最直接的表述。[86] 女权主义因此是一种存在主义的责任，兼具文本意义和政治意义。德沃金认为，女性将必须在提出一种政治观点之前学会如何描述这种经历，从而将这种政治观点表达出来。[87] 在《慈悲》的序言中，她认为女权主义学者有责任通过文本提出一个建设性的女权主义研究日程。在后记中，她通过从作品内容中提炼，进一步明确了这一个日程表。它首先是一个讨论。目前关于强奸的讨论一定会被"关于胜利的讨论"所取代。这种讨论将在文学作品中被提出来，这将能够挫败来自过度智识主义的危险。很明显，德沃金自己的智识主义的同意是同英美文学批判学者相一致，和法国文学和政治批判学院派学者的观点相对立的，但是最终她的研究计划是相互补充的。她的结论是，女权主义必须逐步认识到"符号"的权力是一门新的符号学，与此同时，她的研究强调强奸作为权力，而不是作为性欲的真实内涵。[88] 德沃金反复强调《慈悲》不是自传，然而她承认这样的文学作品只能根据亲身经历才能完成。

一个同样悲惨、但是更加公开的自传性小说，是艾莉·达妮卡（Elly Danica）的《不要》（Don't）。和德沃金一样，达妮卡强调强奸所带来的长时间持久的影响，以及伴随而来的强烈的孤独感。被边缘化不仅是生理上的，而且是精神上的。从故事的文字和故事的隐喻含义来看，艾莉被社会强奸了，被社会的商人和法官强奸了。法律和秩序的力量直接和她作对。达妮卡的作品所反复强调的内容是已经为人们所接受的对强奸的男性化定义的不充分性，作为政治的和作为语词的强奸的局限性。最终达妮卡通过文学，通过一种新的表达方式所提供的可能性实

138

183

现了自己的自由。正如阿特伍德和德沃金所强调的，文学会对自由产生影响。[89] 另一部描绘乱伦和强奸的著名作品是《紫色》，这是一部描述了对主人公双重排斥的作品，作为女性和作为黑人。这本书的第一个场景是西莉（Celic）被她的父亲强奸，而且在她之后的生命中她一直忍受着这样的生活。社会的力量在反复地压迫着西莉。和阿特伍德、德沃金和达妮卡作品中性的压迫一样，这部作品中性的压迫同样象征着社会对女性的压迫。在《紫色》中或许最生动的描述，不仅仅是社会及其秩序的不合理性，而是社会及其秩序对女性的漠视。强奸是一种持续的威胁，也是权力的一种持续的表达机制。最重要的是，正如它对于德沃金的意义一样，和权力相关联的性欲代表了对女性人格的压迫。[90] 女权主义文学最后一个例子，可以被用来说明当代法理学关于强奸研究局限性的作品，是朱丽亚·沃兹涅先斯卡亚（Julia Voznesenskaya）的《女性十日谈》（*The Women's Decameron*）。在这部作品中，十个女性每一个人描述了一个被迫进行性交行为的经历，只有其中的四个能够被法律认定为强奸，而且四个中只有一个有可能根据美国或者英国的法律被起诉，更别说能够胜诉。所有这些故事都展示了当代政治的不完备使得无法对关于强奸的法律表述进行充分、准确的界定。[91]

对于由男性所写的文学作品在多大程度上可作为研究强奸问题可能的文本资料，当然是充满了争议。在这一问题上，女权主义文学批判学者的观点各异。尽管这样，在女权主义文学评论领域，很多男性文学批判学者已经表示赞成分析这类的文学作品。事实上，正如学者们认为男性作家的文学作品不能被简单地认为是女权主义研究文本的非充分性的个案一样，这些学者认为有一些男性作家的作品可以被用于研究对强奸经历的描述。[92] 卡罗尔·桑格（Carol Songer）已经对一些近期的男性文学作品提出批评，认为它们没有对女性的性经历进行描述，尤其是这些作品是为商业市场而不是为文学评论而创作的。[93] 男性作者的这种写作能力的缺乏，不仅限制了文本的内涵，而且使它所构建的内容变得刻板。受到这一批评的商业化的文学作品中，典型的是最近的一部畅销书——理查德·诺斯·帕特森（Richard North Patterson）的作品《罪恶的程度》（Degree of Guilt）。这部小说中充满了我们常常见到的特征化的描写：精明的强奸受害者抛弃了自己的孩子，自甘堕落，并从此冷眼看待社会上所有的人和事。另一个心地善良的强奸受害者，则没有陷入无尽的自责中。前一个受害者事实上并不快乐，而后一个受害者则成为我们都可能予以同情的主人公。她当然不应当被强奸。在小说的结尾，她最终和一位做律师的英雄一起站在游艇上。从政治角度来看，小说关于强奸的描绘有时是富于同情色彩的，但是从文本角度来看，它对于强奸的理解是完全消极的。[94]

　　尽管这样，与此同时有一些由男性作者创作的文学作品中对于强奸的描述已经引起了评论界的关注。当然，最著名的著作之一就是莎士比亚的《鲁克丽丝受辱记》（The Rape of Lucrece），另一部是塞缪尔·理查森（Samuel Richardson）的《克拉丽莎》（Clarissa）。理查森没有对克拉丽莎的强奸进行描述，特里·伊格尔顿认为它没有在文本中对男性的性进行充分讨论。根据伊格尔顿的观点，洛夫莱斯（Lovelace）对于克拉丽莎的强奸也是对于女性语言的强奸："克拉丽莎的身体就是作品讨论的内容"。然而，正如强奸是对男性文本的强调，因此，对洛夫莱斯而言，男性强烈的挫折感来源，是女性文本中无法看到的。在伊格尔顿看来，强奸本身是女性历史和政治地位的标志，对于她们而言，唯一的存在宣言就是死亡。伊格尔顿反复重申，文学总是展示一种政治可能，因此理查森的《克拉丽莎》代表了一种我们所不能回避的事实，即目前女性仍然无法实现自身的解放。[95]另一部类似《克拉丽莎》的18世纪的文学作品是肖代洛·德·拉克洛（Choderlos de Laclos）的《危险关系》（Les Liaisons dangereuses），它出版后马上引起了轰动。拉克洛用占有、击败和征服这样的语言来描述西莉（Cecile）所遭受的强奸和德·拉泰夫人（Madame de Tourvel）的引诱。在这两部色情小说中，描述瓦尔蒙特（Valmont）和德·梅尔代依（de Merteuil）侯爵的语词是男性征服，而描述女性的语词是女性屈服和被征服。尽管这样，这些描述中引人注

140

目的细微差别实际上体现在强奸犯瓦尔蒙特和他的受害者所使用的语言的对比上。最典型的例子是在西莉被强奸后的不同寻常的记述中。西莉的记述非常清楚地表明性交行为是不用经过同意的，是强迫的，和一种被侵犯的经历。她只能谴责自己没有做好自己的防护。瓦尔蒙特的描述则清楚地表明最终他获得了同意，即使最初没有获得同意，这足以证明他征服了他"迷人的敌人"。这次征服更像是一次活动。瓦尔蒙特从没有想去描述一次性交的经历，而只是用征服和屈服这样的语言来进行记述。[96]

　　如果只是想表明男性对于强奸经历的享受，以及对于强奸的政治性和文本性讨论的不适当性，最后这个例子是比较合适的，即莫德凯·里奇勒（Mordechai Richler）的《伍斌爵士的养马人》（*St Urbain's Horse-man*）。《伍斌爵士的养马人》的故事建立在对于强奸和其他各种性行为的错误谴责的基础之上，并将其分成各种不同的社会群体进行了讽刺，英国中层阶级、南美犹太人，以及最重要的是对英国法律秩序的讽刺。有时作品中的讽刺，例如在小说结尾的审判场景的描述，就是狄更斯风格的讽刺。然而，作品中描述性的文字所体现的讽刺更接近加缪的风格，而不是狄更斯的风格，显得更加尖锐。审判是由一系列被用漫画夸张手法所描绘的律师们来进行的，这些律师主要是为了他们自己的利益，只是稍微考虑了所谓受害者的利益，或者所谓的犯罪行为人的利益。所谓的性攻击行为的受害者"通常"是有"良好教养的"，"美丽的年青女孩"，不幸的是她（们）已经变成了换工，也因此让自己暴露于被定期性侵犯的危险之中，尤其是法庭获悉在过去的三个月中她有四个晚上彻夜未归。当杰克（Jake）被确认实施了性攻击行为，法官对他进行了严厉的惩戒，但不是因为他实施了性攻击行为，而是因为他和实施性攻击行为的人在一起。一定程度上由于他令人鄙视的行为，杰克被警告这样的行为会对他的家族带来严重的伤害，但他被给予缓刑，并被罚款 500 英镑。他的共同被告，被极度鄙视的小哈瑞（Harry），被严厉谴责并判刑 7 年。没有人提到对被法律确认的受害者的任何补偿和抚慰。[97]

141

注释

1. M. Atwood, *The Handmaid's Tale* (London: Virago, 1987), 67.

2. M. Eagleton, ed., *Feminist Literary Criticism* (London: Longman, 1991), 1-21.

3. See T. Moi, *Sexual/Textual Politics* (London: Routledge, 1985), and C. Kaplan, *Sea Changes: Culture and Feminism* (London: Verso, 1986).

4. K. Millett, *Sexual Politics* (London: Virago, 1977).

5. See Kaplan's "Radical Feminism and Literature: Rethinking Millett's *Sexual Politics*" in *Sea Changes*, 15-30.

6. 卡普兰 (Kaplan) 对精神分析学的引用，尤其是对于雅克·拉康 (Jacques Lacan) 思想的引用，参见论著《剧变》(*Sea Changes*)。

7. 关于克里斯特娃的符号学思想的最通俗易懂的介绍，可以参见 T. Moi, ed., *A Kristeva Reader* (Oxford: Blackwell, 1986).

8. Moi, *Sexual/Textual Politics*, 31-40.

9. *Ibid.*, 97.

10. *Ibid.*, 66-7 and 102-4.

11. *Ibid.*, 150-73.

12. R. Barthes, *The Rustle of Language* (Oxford: Blackwell, 1986).

13. 最新的参考文献: Showalter, "The Feminist Critical Revolution", in E. Showalter, ed., *The New Feminist Criticism: Essays on Women, Literature and Theory* (London: Virago, 1986), 3-17.

14. See Elaine Showalter, *A Literature of Their Own: British Women Novelists from Bronte to Lessing* (Princeton University Press, 1978). 在这部专著中她强调了区分和辨别一部具体的女性主义文学作品的必要性。

15. M. Jehlen, "Archimedes and the Paradox of Feminist Critism", *Signs*, 6 (1981), 575-601.

16. See A. Kolodny, "Some Notes on Defining a 'Feminist Literary Criticism'", *Critical Inquiry*, 2 (1975), 75-92.

17. See A. Kolodny, "A Map for Misleading: Or Gender and the Interpretation of Literary Texts" and "Dancing Through the Minefield: Some Observations on the Theory, Practice and Politics of a Feminist Literary Criticism", reprinted in Showalter, *Feminist Criticism*, at 46-62 and 144-67 respectively.

18. See R. Coward, "This Novel Changes Women's Lives: Are Women's Novels Feminist Novels?", and L. Robinson, "Treason Our Text: Feminist Challenges to the Literary Canon", both in Showalter, *Feminist Criticism*, at 105–21 and 225–39 respectively.

19. 关于女性文学批评和左翼政治之间的关系，以及强调女性身份认同的英美学者由于与政治运动的密切联系而陷入困境的相关研究，参见 J. Goode, "Feminism, Class and Literary Criticism", in K. Campbell, ed., *Critical Feminism: Argument in the Disciplines* (Buckingham: Open University Press, 1992), 123–55.

20. G. Spivak, "French Feminism in an International Frame", in M. Eagleton, ed., *Feminist Literary Criticism*, 102.

21. Kaplan, "The Feminist Politics of Literary Theory", in *Sea Changes*, 57–66.

22. A. Leclerc, "Woman's Word", in D. Cameron, ed., *The Feminist Critique of Language: A Reader* (London: Routledge, 1990), 79.

23. 相关研究参见 "Women's Exile. Interview with Luce Irigaray", in Cameron, ed., *Feminist Critique of Language*, 80–96.

24. Leclerc, "Woman's Word" in Cameron, ed., *Feminist Critique*, 74–9.

25. Kaplan, "Pandora's Box: Subjectivity, Class and Sexuality in Socialist Feminist Criticism", in *Sea Changes*, 147–76.

26. 克莱门特和海琳·西苏（Helene Cixous）的对话，参见 *The Newly Born Women* (Manchester University Press, 1985), 136–60.

27. 关于简·奥斯丁小说中的法律问题的各种评述，参见 E. Hildebrand, "Jane Austen and the Law", *Persuasions*, 4 (1982), 34–41; L. Redmond, "Land, Law and Love", *Persuasions*, 4 (1989), 46–52; G. Treitel, "Jane Austen and the Law", *Law Quarterly Review*, 100 (1984), 594–86.

28. S. Mann, "The University and the Library: A Critique of James Boyd White as Writer and Reader", *Standford Law Review*, 41 (1989), 959–1009.

29. E. Hartigan, "From Righteousness to Beauty: Reflections on *Poethics* and *Justice as Translation*", *Tulane Law Review*, 67 (1992), 455–83. 尤其是在第460页，她特别强调她并不认同曼（Mann）对于怀特（White）观点的分析。

30. C. Sanger, "Seasoned to the Use", *Michigan Law Review*, 87 (1989), 1338–65.

31. J. Koffler, "Forged Alliance: Law and Literature", *Columbia Law Review*, 89

（1989），1375-93.

32. Mann, "White", 981.

33. J. Schroeder, "Feminism Historicized: Medieval Misogynist Stereotypes in Contemporary Feminist Jurisprudence", *Iowa Law Review*, 75 （1990），1135-217.

34. 麦金农（MacKinnon）对于女权主义法律理论的最重要的贡献体现在她的著作：*Towards a Feminist Theory of State*（Cambridge, Mass: Harvard University Press, 1989）. 关于麦金农的论著及其政治视野的评述，参见 E. Jackson, "Catherine MacKinnon and Feminist Jurisprudence: A Critical Appraisal", *Journal of Law and Society*, 19 （1992），195-213. 关于批判法律女权主义思想及其与批判法律研究运动之间关系的综合评述，参见 D. Rhode, "Feminist Critical Theories", *Stanford Law Review*, 42 （1990），617-38.

35. See West, "Communities, Texts, and Law: Reflections on the Law and Literature Movement", *Yale Journal of Law and the Humanities*, 1 （1988），129-56. 她的最近的著作是 *Narrative, Authority, and Law*（Ann Arbor: University of Michigan Press, 1993）.

36. See L. Brown and C. Gilligan, *Meeting at the Crossroads: Women's Psychology and Girls' Development*（Cambridge, Mass: Harvard University Press, 1992）.

37. See West, "Jurisprudence and Gender", *University of Chicago Law Review*, 55 （1988），1-72, and "Jurisprudence as Narrative: An Aesthetic Analysis of Modern Legal Theory", *New York University Law Review*, 60 （1985），145-211.

38. West, "Communities", 尤其是第 146~156 页的内容。她得出了与《法理学与性别》第 71 页中同样的结论。

39. C. Heilbrun and J. Resnik, "Convergences: Law, Literature, and Feminism", *Yale Law Journal*, 99 （1990），1913-53.

40. W. Goetz, "The Felicity and Infelicity of Marriage in *Jude the Obscure*", *Nineteenth Century Fiction*, 38 （1983-4），189-213.

41. See L. Hirshman, "Bronte, Bloom, and Bork: An Essay on the Moral Education of Judges", *University of Pennsylvania Law Review*, 137 （1988），177-231. 关于赫什曼论文的评述，参见 J. Honnold, "Hirshan, Bronte, and Hawthorne on Law, Abortion and Society: Brava and Addendum", *University of Pennsylvania Law Review*, 137 （1989），1247-50.

42. Heilbrun and Resnick, "Convergences", 1921 and 1927.

43. See MacKinnon, *Feminist Theory of State*, 172-83.

44. *Ibid.*, 180-2.

45. 这一观点在她的论著中进行了专门的阐述，参见 *Feminism Unmodified* (Cambridge, Mass: Harvard University Press, 1987), 80-2.

46. 韦斯特认为这些研究都是"令人失望的单线性研究"，"不能令人满意"。See West, "Jurisprudence and Gender", particularly 28-55, 42-50 and 64-6.

47. See P. Williams, "Alchemical Notes: Reconstructed Ideals from Deconstructed Rights", *Harvard Civil Rights-Civil Liberties Law Review*, 22 (1987), 401-34.

48. S. Estrich, "Rape", *Yale Law Journal*, 95 (1986), 1087-184, and *Real Rape* (Cambridge, Mass. : Harvard University Press, 1987).

49. Estrich, "Rape", particularly 1105-121.

50. *Ibid.*, 1121-32.《密歇根改革法案》(The Michigan Reform Statute) 不再将"同意"作为认定强奸的必要条件之一，而是提出只要是通过暴力就可以认定为强奸。这一方案施行后引起了很大的争议。当艾丝崔茨 (Estrich) 提醒人们这一法案只是去除了"同意"的条件，而不是对强奸予以重新界定时，玛莎·查马勒思 (Martha Chamallas) 则认为这是关于强奸立法的重要突破。See M. Chamallas, "Consent, Equality, and the Legal Control of Sexual Conduct", 61 *Southern California Law Review* 1988, 796-800.

51. Estrich, "Rape", 1147-57 and 1179-82.

52. Estrich, *Real Rape*, 102.

53. Schroeder, "Feminism Historicized", 1149.

54. See *Ibid.*, 1170 and 1177-8. 也可以参考卡梅伦 (Cameron) 等著的《女性批判》(*Feminist Critique*)，在本书的第16~18页强调了强奸语言的深远影响力。

55. C. Smart, "Law's Power, the Sexed Body, and Feminist Discourse", *Journal of Law and Society*, 17 (1990), particularly 203-8. 根据斯玛特 (Smart) 的观点，我们无法理解对麦金农强奸观点进行批判的讨论的力量。

56. See Schroeder, "Feminism Historicized", 1189, 1201 and 1215-17, 他认为语言学基础为所有问题的解决提供了最重要的希望，"翻译的希望"。

57. See Hirshman, "Bronte, Bloom and Bork", 224-30.

58. Atwood, *The Handmaid's Tale*, 185-6.

59. *Ibid.*, 104-5.

60. *Ibid.*, 106.

61. *Ibid.*, 83.

62. *Ibid.*, 67.

63. *Ibid.*, 47-8

64. *Ibid.*, 170.

65. *Ibid.*, 39.

66. *Ibid.*, 59.

67. *Ibid.*, 81-2.

68. *Ibid.*, 98.

69. *Ibid.*, 91.

70. *Ibid.*, 290-2.

71. *Ibid.*, 70-1.

72. *Ibid.*, 66-7.

73. *Ibid.*, 124.

74. *Ibid.*, 128.

75. *Ibid.*, 166-7 and 266-7.

76. A. Dworkin, *Mercy* (London: Arrow, 1990).

77. *Ibid.*, 20-8.

78. *Ibid.*, 331.

79. *Ibid.*, 10-2, 132-3, 274-86 and 329-30.

80. *Ibid.*, 214-8.

81. *Ibid.*, 149-51.

82. *Ibid.*, 224-6.

83. *Ibid.*, 30 and 32.

84. *Ibid.*, 46, 60, 68, 113 and 163.

85. *Ibid.*, 230, and also 163 and 175.

86. *Ibid.*, 232. 关于男女双方亦敌亦友相互依存的关系的观点，最经典的表达应该是德国存在主义法理学家卡尔·施密特（Carl Schmitt）在《政治神学》（*Political Theology*）、《议会民主的危机》（*The Crisis of Parliamentary Democracy*）等大量著作中所进行的评述。

87. See Dworkin, *Ibid.*, 2. 德沃金（Dworkin）认为萨特是关于责任概念研究的权威。

88. *Ibid.*, 334-9.

89. E. Danica, *Don't* (London: Women's Press, 1988).

90. A. Walker, *The Color Purple* (London: Women's Press, 1983), particularly 3-4,

7, 34, 59, 83–4, 96–7, 107 and 221.

91. J. Voznesenskaya, *The Women's Decameron* (London: Minerva, 1986), 150–82.

92. See Goode, "Feminism, Class and Literary Criticism", and also S. Heath, "Male Feminism", in M. Eagleton, ed., *Feminist Literary Criticism*, 193–225.

93. C. Sanger, "Seasoned to the Use", 1338–65.

94. R. Patterson, *Degree of Guilt* (London: Hutchinson, 1993).

95. See T. Eagleton, *The Rape of Clarissa* (Oxford: Blackwell, 1982), particularly 2–6, 47–50, 54–6, 61–3, 76–88 and 101.

96. Choderlos de Laclos, *Les Liaisons Dangereuses* (London: Ark, 1970). 尤其在该书的第263~267页对西莉 (Cecile) 所经历的强奸进行了另一种描述。参见该书的第203~206、262、316、335~338页和第372页等内容中所展示的关于性的语言。

97. M. Richler, *St. Urbain's Horseman* (London: Vintage, 1971), particularly 427–51.

当代小说中的法律和正义：关于责任的概念

毫无疑问，和其他文学作品相比，当代文学作品是被法律与文学学者所更为广泛地加以研究的作品。对当代文学作品的研究并不是一个特别新的研究视角。当然，有一些当代的"现代"文学作品的主题是非常新颖的，我将在本书的最后两章中对几部这样的文学作品进行研究。然而，在这一章中，我想简要的分析一个案例，关于当代文学作品是如何被作为理解当代批评理论和批判性法律研究中关键性概念的媒介。在这章我将要研究的概念是"责任"。

当代文学中的责任

在法律与文学研究中，卡夫卡的《审判》和加缪的《局外人》被证明是受到研究者尤为青睐的两部作品。尽管这样，具体的责任概念仍然没有获得任何特别的关注。理查德·维茨伯格认为加缪的小说是体现尼采"愤懑"哲学的代表作品。[1] 我认为，加缪和卡夫卡的小说确实表现了尼采式的绝望，但他们也揭示了关于责任和自尊的多种可能的表达方式。更重要的是，这些作品的重要性并不在于他们是否有可能告诉我们关于法律的具体运行情况，例如奥匈帝国或者法国的民事司法程序。《审判》和《局外人》这两部作品实际上所表现的是通过描述法律运行情况以及深入探究作为个体的人参与法律的动机，从而揭示人们的生活状况。这也就是为什么维茨伯格尤其关注代表社会伦理道德的预审检察官和小说中的个人英雄之间的相互影响。这种写作方式将读者置于陪审员或者事件参与者的角色，使得读者成为故事叙述的一部分。加缪对任何具体的场景都不感兴趣，但是他意识到，任何司法程序重要的、本质性的内容都能被用来描述人类的生存状况。这就是为什么在这部小说叙事中戏剧化的成分几乎没有，从而使读者在融入故事的过程中逐渐产生负罪的内疚和绝望。随后，读者不仅意识到了绝望，而且意识到了自己对于自己的这种绝望状态所应承担的责任，最终产生希望。加缪所分离出来的罪恶取消了对源自自尊的责任感的内疚。因此，在《局外人》的审判场景中，正如默尔索试图为自己的行为所做的辩解，他逐渐意识到，他的行为之所以是犯罪，并不是因为对阿拉伯人的谋杀，而是因为他对人类生存的异化表示了屈服，放弃了希望。通过审判，默尔索第一次开始体验到了生命，第一次意识到必须证明自己存在的价值，不是对法庭，而是对自己。在他被执行死刑前的最后遗言中，默尔索最终承认了他的罪行，恳求给予他应有的惩罚。加缪关于《局外人》的最重要的评论，是他在《局外人》出版后的第 13 年为《局外人》所撰写的编后记：

> 因此对于我而言，默尔索不是一个被抛弃的人，而是一个可怜的、赤裸裸的人，他喜欢的是没有黑暗面的纯粹的阳光下的生活。他并不是缺乏感觉，他是为一种顽固的，也因此是激烈的追求绝对化和追求真理的热切所驱使。然而，他所追求的真理是消极的，是一种纯粹感情化的真理，但如果没有这种消极的真理，任何战胜自己或者战胜世界的胜利是不可能发生的。[2]

默尔索是一个"社会的局外人"，但是这个"局外人"是人类生存状况的组成部分，尽管他不是决定性的因素。维茨伯格认为，默尔索是一个必然会被社会所疏远的人，而且他的"天真"只能是更加促使这种悲剧的发生。但对于加缪而言，这不是一个"天真"或者其他的什么问题。小说的重点在于，默尔索对于他自己是真实的，也正是这一点使得《局外人》不是一个为律师讲述20世纪40年代北美刑事司法程序的故事，而是一个描述存在着希望的人类生存状态的小说。理查德·维茨伯格认为默尔索必然是一个悲剧性的人物。对此他进一步指出，真正具有意义的是作者所创作的作品，而不是作者的创作意图。维茨伯格认为，在现代社会律师居于一种独特的地位，他可以用语词来掩盖真相，并因此形成对个体和社会的伤害。[3] 在某种程度上，这事实上也是加缪的观点，但加缪同时认为不仅律师或者检察官的行为是有意义的，而且个体所作出的行为选择也是有意义的。[4] 和其他人对他作品的解读一样，加缪对于自己作品的解读也是有一定依据的，而且更好地反映了小说创作的文化背景，因为加缪强调弱者的积怨只是20世纪的催化剂，而不能用来界定20世纪。而且，如果文学最直接的背景是作者所生活的社会背景，那么清楚地了解加缪所感受到的他的社会对他的影响将非常有助于我们对作品的理解。如果《局外人》最终不是对"希望"的文学宣言，那么加缪所描述的故事是与他所坚持的人生哲学相互抵触的。在《西绪福斯的神话》（*The Myth of Sisyphus*）中，他提出作为一种有限的生存条件，人类生存状态的荒谬之处不是生活是充满希望还是充满绝望，而是生活是以自我为中心的还是应当承担社会责任。人类生存中没有什么因素可以排除幸福，事实上，加缪认为文学是描绘和提高这种可能性的首要途径。对于现代人而言，"艺术作品"是"使人保持自己的思想和保留他的冒险精神的唯一机会"。能够保留自我确信的唯一方式是进行创造，而艺术是惟一真正的创造性途径。加缪通过对西绪福斯真实的"神话"的解读，来描述他自己的哲学立场："西绪福斯教会我们以更高的忠诚否定诸神，举起重石。他同样认为所有的一切都是很好的。因此没有主宰的世界对于他而言似乎并不是贫瘠的，也不是没有意义的。对巅峰的挑战足以充满一个人的内心。人们应当去想象西绪福斯的幸福。"[5]

　　卡夫卡的《审判》或许比其他任何一部小说都要受到法律与文学学者们的关注。卡夫卡的世界看上去非常的阴冷，而且这种印象很难消除。

尽管这样，在书中著名的章节，即第九章关于守门人的寓言中，卡夫卡提出了和加缪同样的观点。在这一章中，牧师告诉约瑟夫 K. 一个寓言。在寓言中，一个人来到了法律面前，法律被描绘成了一扇由一个看门人把守的大门。当这个人询问时，守门人拒绝让他通过，仅仅告诉他以后可能会让他进去。法律之门一直开着，这个人试图进入，但是守门人警告他，在法律之门内有很多门，每个门都有人把守。卡夫卡暗示通向法律的大门是一个永无止境的过程。这个希望得到允许进入法律之门的人大吃一惊，只好坐在门外。他在门外等着，偶尔和看门人谈谈话，直到最后，他问守门人："每个人都想获得法律的支持，他们是怎么做到的呢？……这么多年竟然除了我之外没有人想要获得允许？"这是这个人的最后一个问题，因此守门人悄悄地和他说："这个门是专门为你开的，因此除了你之外没有人能够获得通过这个门的许可，我现在要关上它了"。这个法律是为这个人制定的，获得这个法律的决定也是由这个人做出的。他最后没有获得他的法律，是因为他没有承担责任，他最终死去了，也是因为他将自己的生命浪费在无望的希望中了，而这同样是他承担责任的一种方式，或许也是我们的。这个寓言是整部小说的寓言，K. 总是不去承担自己的责任。当神父讲完这个寓言的时候，K. 立刻评论道，"守门人骗了他"。在做出这个结论的时候，K. 承认他一直生活在欺骗和谎言中。在最后一章，K. 的死亡方式是被别人像"狗"一样杀死，这再次确认了他的最终命运，和我们所有人一样，是缺乏自我的无意义的生活。尽管这样，他的死被认为和默尔索最后的呼喊具有相同的宣告意义，K. 承认自己无法承担应当担负的责任，只能死去。无论从哪一个角度来看，对于昂瑞斯·布兰切特（Maurice Blanchot）和雅克·德里达等许多学者而言，这个寓言主要是关于一个主题——责任的承担。[6] 加缪当然认为他和卡夫卡都是在描述相同的事情，因为"卡夫卡所描述的人们的生存状况越悲惨，他所希望表达的生活的希望显得越坚定和更积极"。正如加缪以及随后的艾瑞克·弗洛姆（Erich Fromm）所指出的，《审判》中罪的程度取决于由道德法律和民法所决定的人类内在和外在生存状态的双重性特质。罪不能界定人们的生存状态，也不能遏制希望。正如加缪所提到的，他和卡夫卡是通过写作将人们的生存状态描述成为一种由自我认知的可能性和责任感所决定的一种希望。[7]

海德格尔政治思想中的责任

　　加缪和卡夫卡所描述的自我确信的责任，不仅体现在当代的哲学著作中，而且也通过作为隐喻的法律的概念和术语来体现。马丁·海德格尔（Martin Heidegger）几乎没有关于政治和法律的论述。然而，在1933年初他为纳粹工作的短暂时期里，他提出了一系列关于国家社会主义法律本质的观点，其中最著名的论断发表于1933年5月27日他担任弗莱堡大学（Freiburg University）校长为学生所做的演讲中。在他的演讲中，海德格尔指出，"德国大学给予法律以最大限度的自由"。[8]在理解这一论述的涵义之前，需先理解这一论断提出的语境。在战后不久海德格尔所著的《事实与思想》（*Facts and Thoughts*）一书中，海德格尔重申了他在弗莱堡所采取的立场的重要性。海德格尔想要的仅仅是成为国家社会主义的精神领袖。他想要改革德国大学，以及围绕德国大学形成的德国社会。因此，海德格尔被任命为教区长，尽管任职时间不长，但代表了他在真实的政治情境中对国家社会主义理想进行界定的决心。[9]海德格尔在弗莱堡大学的校长演说一直备受争议。在一段时间里，很多海德格尔的辩护者们，直接违背了海德格尔自己的意愿，试图论证这篇演讲并非海德格尔本人所做，或者将其认为是某种政治上的偏差。尽管这样，随着在过去几年中"海德格尔争论"再次成为学术热点，学者们在这一问题上已经达成共识，海德格尔在1933年所发表的观点是不能被忽视或者否认的，事实上对于包括德里达和哈贝马斯（尤尔根·哈贝马斯，Jürgen Habermas）在内的学者而言，它们是海德格尔哲学思想最纯粹的实践。[10]

海德格尔主张对自我确信的力量以及责任的承担所能导致的可能性的重新认识。这种自我确信仅是指如果"我们知道我们自己是谁"。在他 1935 年所做的关于尼采的系列讲座中，他承认人的基本确信和真理的本质之间的相互关系"是论著《存在与时间》（*Being and Time*）的最初创作初衷"，他继续指出，"通过存在自身，人的本质决定于存在真理的扼要表达"。[11] 这也是他担任教区长期间所做演说的最初缘由，他强调"德国大学的自信是它存在的根本"。"存在"是海德格尔思想中的一个核心概念，尤其是对于 1933 年的海德格尔而言，"存在"是真实的，而且具有潜在的决定意义。在整个演讲中，海德格尔不断地将真正的"本质"与当代科学化的学术的完整性进行对比。在给学生的演讲中，他所提出的新"宪法"摒弃了它的形而上学结构。在《存在与时间》中，此在（Dasein），即存在的存在性，被作为克服这种形而上学暂时的决定性结构被提出来。[12] 在《澄明》（*Lichtung*）中这种自信或"存在"代表了真理和毫不隐瞒，表达了"自我确信"，而且需要责任的承担。德国学生，事实上是德国人民，作为一个拥有文化和历史传统的民族，应当自信，并体现自己的存在，以至于能够通过法律来约束自己。这将是责任的最终承担形式。在这种意义上，"自信"将会是获得"存在"的第一步，"存在"的最高表现形式即海德格尔所引用克尔凯郭尔的论述"重新复苏"（re-trieval），德里达将其描述为"再次进入灵魂的入口"。[13] 青年时代的海德格尔仍然坚持"重新制定"真正的法律的理想，这也是他希望德意志民族要完成的理想。在政治上，他一直反对对权利和义务进行不加限定的自由的学术解读，他认为应当将其置于国家社会主义自我确信的语境中进行解读。这种自我确信代表"最大化自由"的观点部分指向了《澄明》的隐喻，因为只有在这个基本存在的"空间"或者"光"中自由才能够被确定。但它也将海德格尔带回了他与康德最初的相遇中，正是围绕着自由的二律背反定律，康德建立起了他的批判哲学。[14]

在讲座的结尾，海德格尔有意识地，毫不妥协地消解了关于自由的经典隐喻概念，"既然它仅仅是消极的，这种自由不是真正的自由"，海德格尔认为代替这一自由概念的是一种接受了责任的概念，并且包含着自我决定的精神任务的自由的概念。[15] 在这个政治动荡时期，海德格尔对抽象意义上的法律提出一系列相似的、相关的论断。1933 年夏，在他的课程"哲学的基本问题"（The Fundamental Questions of Philosophy）中，他评论道，"基本问题"是"法律和存在的结构问题"。[16] 正如德里达所指出的，将法律和存在问题相区分代表着这一时期海德格尔思想中政治哲学的发展。随着这两个问题日益被作为一个问题来看待，人们需要重新确认他们自己的"法律"，换句话说，在一个社会或者民族中的他们因存在而应承担相应的责任，成为这一时期海德格尔著作的核心主题。用海德格尔自己最喜欢的隐喻来说，如果"存在"在"空间"或者澄明中被发现，那么它只能通过这一空间中的路径或者林中路被重新找回。这一旅程的向导则是关于存在和法律的问题。如果个人存在的本质能够被正确的理解，个人和"真正"社会的关系被重新界定，那么，对于 1933 年的海德格尔而言，国家社会主义的政治理想是能够实现的。[17] 甚至在他遇到尼采之后，海德格尔仍然拒绝抛弃这一理想，除了来自例如马尔库塞这样的信徒的借口，他一直拒绝改变自己的观点，相反他认为他的理论是真正的国家社会主义，而现实中的国家社会主义仅仅是一种形而上学的欺骗理论。根据菲利普·拉康·拉巴特（Phillippe Lacoue-Labarthe）的观点，海德格尔将他的余生都投入到重新复兴他的国家社会主义理论中。[18] 正如布兰切特所指出的，根据海德格尔的观点，希特勒（阿道夫·希特勒，Adolf Hitler）在抛弃有"责任"的政治的同时就已经抛弃了国家社会主义理论。[19]

148

批判理论中的责任

关于描述海德格尔思想的各种影响的文学作品所涉及的内容非常多，已经远远超过了本章所讨论的内容。我们有必要将本章的研究限定为对于海德格尔关于责任的理论研究，尤其是源自他所提出的责任概念的当代法律批评理论的发展。和海德格尔所关注的问题相同，卡夫卡和加缪所关注的也是法律批判理论的核心问题。这些关于技术性问题和人类生存状况恶化的讨论，在很多方面已经成为海德格尔批判理论的基点。海德格尔坚持认为"哲学已死"，人类思想发展的未来在于进行交叉学科的研究，例如政治学、心理学，尤其是语言学之间的交叉学科研究，这已经成为20世纪批判理论的研究重点。当然，也正是这一思想指导了法律与文学交叉学科的研究。海德格尔及其追随者们，例如德里达，阿伦特（汉娜·阿伦特，Hannah Arendt）和马尔库塞，一直都支持跨学科研究，或者进行"西塞罗式统一体"（Ciceronian unity）式的学术研究，而这也正是以詹姆斯·伯艾德·怀特为代表的法律与文学学者所倡导的。

在我们进行批判法学研究之前，有必要对这些"跨学科"（cross-disciplinary）研究中相关的研究界限进行简要回溯。承袭海德格尔的思想，很多从事跨学科研究的学者都专注于打破学科结构，尤其着重研究哲学、心理学、文学和政治学之间的相互关系，这与卡夫卡和加缪所进行的研究如出一辙。让·保罗·萨特（Jean-Paul Sartre）创作了一系列的小说来探讨一种替代性讨论的可能性。他在《想象的心理学》（*The Psychology of Imagination*）一书中也对哲学和精神分析学的关系进行研究，试图延伸他在《存在与虚无》（*Being and Nothingness*）中所讨论的主题，即人类生存中的自由的核心问题。阿伦特、福柯和马尔库塞都在哲学和精神分析学之间的关系研究中延续了这一研究旨趣，并且都继续关注这一研究对于人类生存政治的影响。福柯所致力于进行的打破结构和学科壁垒的学术探究，被用于进行脑部疾病的自然和历史治疗。[20] 根据大卫·考兹·豪（David Couzens Hoy）的观点，福柯是站在了"自觉的历史"（有意识的历史）（history of consciousness）的终点，这一历史源自康德和黑格尔，经过胡塞尔和海德格尔，直至德里达和福柯自己。他认为，对于这些学者而言，"自觉的历史"已经成为"个人的主体事务"。[21] 正因为如此，德里达在他关于卡夫卡的寓言"在法律的门前"
（Before the Law）的讨论中指出，他运用弗洛伊德和海德格尔的理论来
解读这则寓言，是在试图解读康德的"道德法"（moral law）。[22] 正是这
种与生俱来的历史性将福柯置于传统之中，决定着学者们对人类生存状
况进行研究的基本思路。根据福柯的观点，任何类似的作品，无论是小
说还是其他，都是同一文学传统的一部分，因为所有这类学者都要时刻
提醒自己存在语言主观化的倾向。根据福柯的观点，文学已经作为后现
代的媒介接管了学术研究的话语权，因为这一观点认为文学涵盖了历史
心理和人类的自觉意识。福柯认为"意识"（consciousness）必须从表达
它的语言中解放出来，他含蓄地对弗洛伊德及其精神分析学的"文化" 150
进行了批评。福柯通过阐释分析布兰切特关于小说叙事运用的论文，指
出如果语言能够真正地被内化，它将能够成为自我确信的表达。[23]

　　和福柯相比，赫尔伯特·马尔库塞对哲学和精神分析学之间关系的
研究更加深入，尤其是在《爱欲与文明》（Eros and Civilization）一书
中。在这本书中，他认为弗洛伊德的论文主要是研究人的思想表达所受
到的限制性因素及其具体的行为方式。他认为弗洛伊德的这一观点仅仅
是历史偶然性的体现。正如福柯所指出的，弗洛伊德把"现实准则"置
于"快乐准则"之上是历史的偶然。和早期弗洛伊德所倡导的精神分析
学的科学路径不同，马尔库塞认为弗洛伊德后期所采用的是政治——社
会学的分析路径。和卡夫卡、海德格尔以及很多其他 20 世纪早期、中
期的学者相同，马尔库塞描述了一个"压迫的社会"，以极权国家为典
型，它建立在从属于社会统治的个人的"异化行为"之上。他认为，正
是失去了"安排自己生活的责任"压垮了人们。弗洛伊德宣称这种主体
性是"自我压抑"（self-repression）的产物。尽管马尔库塞强调精神分
析学政治的、并因此具有历史偶然性的本质并提出了这一理论假设，他
所提出的替代方案仍是建立一个基于艺术和诗歌、拥有想象的自由潜在
性基础之上的没有压迫的社会。和海德格尔、伽达默尔、阿伦特和福柯
一样，马尔库塞最初的思想源自康德的第三部著作《判断力批判》（The

Critique of Judgement）和对于主体性的确认，同样和福柯相同的是，马尔库塞提出要运用"解放"文学，而不是"意识"哲学，建立一个"新"的心理学。[24] 在他之后的著作《单向度的人》（*One-Dimensional Man*）中，马尔库塞重复了他对被科学化、技术化所压迫的 20 世纪人类社会生活的相同的批判：如果人们想要重新确认他/她的责任，他只能通过重新确认"艺术"（art）优于"技术"（technics），而这也正是希腊人和康德后期所主张的观点。[25]

如果马尔库塞对哲学和精神分析学之间的关系研究做出了极为重要的贡献，并且最终通过他的研究推动了关于人类生存政治的发展，汉娜·阿伦特则对人类生存状况的本质和消亡进行了最为深入的研究，而且她在进行这项研究的时候参考了马尔库塞、萨特、海德格尔和康德的著作，他们的研究均涉及人类的思想和自由的概念。和马尔库塞一样，在《思想的生活》（*The Life of the Mind*）中，她试图对意识研究进行重新定位，从思考的能力到思考的方法，从一种思想科学的或者形而上学的哲学到"思考行为"（act of thinking）的社会历史性的批判理论。从政治意义上来看，在她关于犹太人或者"被社会遗弃者"的专题研究中，阿伦特强调人们不仅需要保留隐私，而且需要在人类公共事务中，使现代社会中相分离的"社会"和"政治"彼此沟通。在海德格尔之后，责任不仅是存在于社会之内或者社会之外，而是在这个社会中，为这个社会而创造或者"运行"。通过这一研究，她论证了海德格尔的理论和个人的异化所导致的问题，并且通过这一理论提出了基于基本的人权和自由理论所建立的内在主体参与性民主的理论。正如她所指出的，这不是一种自然法（Natural Law），或者是一种关于基本权利的民主共和概念，而是一种自觉的、康德式的、通过社会表达的权利概念。[26]

批判法学思想中的责任

这些批判理论所研究的共同主题，尤其是异化和责任，是当代很多批判法律理论的核心概念（尽管不是全部）。一些批判法律学者并不认为阿伦特能够重建权利概念，尽管这样，批判法学研究仍专注于社会和社会意识的研究，而且这一研究被认为是阿伦特和马尔库塞用以探讨更广泛的政治论域中法律问题的交叉学科研究路径，同时这也是当代法律与文学研究者所推崇的研究路径。任何批判理论，尽管它可能呈现出政治、经济或者法律正义等多样化的视角，它仍然主要是关于方法的理论。这一交叉学科的方法论界定了所有的批判理论。在被公认的批判法律研究运动研究者中，罗伯特·乌戈尔（Roberto Unger）被认为是最忠实的运用跨学科的研究方法改变了法律方法。乌戈尔的政治观点早在他 1975 年所著的《知识与政治》（*Knowledge and Politics*）一书中有所体现，在这部著作中，他认识到在个人和社会之间存在着必要的张力，而且认为文明社会对个人责任的接受是法律存在的唯一可能的正当理由。他宣称，对这一假设的接受将能够导向责任和自由。尽管乌戈尔对于现代哲学结构主义思想有所批评，他依然不仅关注社会解构主义研究，而且关心社会的重建。他认为实现社会重建必须接受裁决的目的性理论，这一理论是通过实体正义而被重新导入，并获得自身的合法性。正义的普遍性理论被否定，替代它的是承认法律是社会伦理的直接反映。乌戈尔认为这一系统将需要个体的贡献，并因此发展成为一个作为社会典型代表的个体的自我肯定。[27]尽管这一观点在之前的 20 多年间一直被修订，但它本质上仍然未变。

在他最近出版的著作《激情：一篇关于人格的论文》（*Passion：An Essay on Personality*）* 中，乌戈尔要求我们去"实践我们的社会观念"，

152

---

* 在下文中作者将该书简称为 *Passion*，即《激情》。——译者注

我们必须"将这一观念和一个更好的方案付诸实施，否则将无法实现自我肯定"。同时，《激情》一书的重点在于乌戈尔日益关注方法论的研究，尤其是跨学科"方法"特点的研究。在《激情》一书中，基本的问题或者"困境"（predicament）仍然是"语境化和社会团结"（contextuality and solidarity）。和他的早期论著不同，乌戈尔更为深刻的指出，这是一个关于讨论和语言的问题。和理查德·罗蒂以及保罗·利科一样，他肯定了故事叙事在社会重塑中可能发挥的作用，但并不认同社会理论是推动社会团结的方式。和阿伦特一样，他提到了个人的异化，和理查德·维茨伯格一样，他认为正是尼采式的愤懑首先界定了人们在现代的生存问题，将神学、政治学和文学之间潜在的密切联系相分离。他认为，普鲁斯特（Proust）和卡夫卡的现代主义文学作品所呈现的并不是一个重构的社会，也不是在释放人格的潜能。然而，他承认他们的巨大成功在于确认了作为一种方法的形而上学的基本问题。和阿伦特一样，乌戈尔决定提出一种标准的伦理学。他的这一理论将会是康德式的，而不是海德格尔式的"自我肯定"（self-affirmation）。如果存在一个新的视角，它将由社交伦理所引导，并经由心理学授权而具有代表意义。对于乌戈尔而言，解决人类生存状况问题的关键在于政治学、伦理学、文学和心理学的联合。在做出这一论断的时候，他将自己置于溯源于海德格尔、阿伦特、卡夫卡和加缪的学术传统中。在强调需要将心理学的实践作为社会学而不是生物科学而进行重新界定的时候，他所持的观点和马尔库塞的观点是完全相同的。乌戈尔认为，正是心理学可以消除"异化"（alienation），重新将"学术自由"（the school of freedom）界定为"激情"（passionate），因此关于这些"激情"的激进的主观认识、想法、确信以及意味着自我肯定的涵义将会使我们"延伸民主政治的边界"。一个新的否定人类思想理解客观化的理论将会有助于一个新的非客观化的社会的形成。[28]

乌戈尔的研究思路在批判法律学术研究中并不是孤立的。在过去的20多年中，责任的概念，自我肯定，社会意识，现代社会的危险以及现代社会对人的异化一直都是批判法律论著所讨论的主要议题。彼得·盖贝尔和杜肯·肯尼迪（Duncan Kennedy）在他们具有深远影响的论文《颠覆经典》（*Roll Over Beethoven*）中谴责我们害怕个人主义和个人主义所带来的责任，这一思想显然源于萨特，因此从也可回溯到海德格尔的思想。他们认为"在孤独的痛苦中"，"我们开始依附于法律意象的乌托邦式的内容"。[29]根据盖贝尔的观点，我们"对于现实的认知"不可能通过萨特式的"错误意识"而获得。盖贝尔学术论文中的显著特点是对彼此疏离的人类生存状况的描述。通过宣称唯一的解决方案在于分享政治或者"活的经验"，宣称"个体的成长和变化不仅仅通过单纯的自由意志发生，而且通过其他人的肯定"，他所提出的不仅仅是海德格尔式的论断，而且是卡夫卡式的论断。[30]当然在当代批判法学中，没有观点能够充分体现卡夫卡寓言所表达的主旨，而且将其通过一页"法律"文本表达出来。对于批判法律学者而言，多元主义代表了一种具体的象征，而且体现了强调作为研究先决条件的讨论方法必要性的意识，因为任何这样的象征形象的出现都是在批判法律意识中逐渐产生的。例如，阿兰·哈特森（Allan Hutchinson）已经承认方法和媒介必须改变，以便于"自我创造成为社会变革的发动机和推动力……我们能够通过生存掌握生活。我们不能在语言之外完成这个任务，但是我们不能完全通过语言去完成它。"[31]

事实上，最初的观点尤其认为思想家，例如阿伦特和马尔库塞的政治视野，或者事实上他们对于人类生存状况问题的跨学科的研究方式，和之前几十年中很多批判法学思想家的研究路径极为相似。然而，这一研究路径需要在这一章的内容中被再次确认，因为它为一系列的研究提供了联系的纽带。这个研究系列可以追溯至涵盖了包括例如卡夫卡和加缪的叙事小说，例如海德格尔这样思想家的政治哲学的批判法律学术研究的当代形式，要想理解批判法学思想，人们必须理解它与义学理论和文学文本之间的联系。批判法律理论的风格、修辞和学术目的不仅体现在卡夫卡、加缪和其他类似的小说家的著作中，也体现在像海德格尔和马尔库塞这样的思想家的论著中。在某种意义上，它为法律与文学学术研究的合理性提供了支持性的论据。关于法律与文学研究正当性的更加有力的支持性论据来自文学中的法律研究，尤其是通过确认文学中的法律作为法理学研究的价值。而最有力的论据是法律是生活的一部分，是决定人类生存状况的内在因素。尽管这样，人类的生存情境不是一个纯粹的法律状态。只有这一点被理解了，政治的、社会的和哲学的文本才能被允许进入法理学讨论中。在这一点上，叙事文本不应当被包括在这一学术讨论中的观点是毫无理由的。只有一个叙事文本被理解为一部小说，只有读者能够理解卡夫卡从来没有试图让我们去了解的奥匈帝国刑事诉讼程序的本质，叙事才能被理解为有助于关于人类状况本质的一般性的讨论。同时，通过将文本本身作为一部小说，并且从属于解释的词义变迁，没有必要要求一个叙事文本应当对概念加以界定。我们"创造"我们的解释，并且通过"创造"解释进入参与性对话。正如约瑟夫·辛格（Joseph Singer）所提出的，"不确定"（indeterminacy）不是一个吞噬一个理性的、完整存在的所有可能性的怪物。[32] 它仅仅是生活的事实，如果我们理解它，它能够被用于提升我们对自己生活可能性的理解。这个简单的事实就蕴含在康德最终修订的第三版的《批判》（*Critique*）中，在海德格尔 1933 年对弗莱堡学生所做的演讲的目的中，这一事实使得卡夫卡为约瑟夫·K. 提出了"法律门前"的预言，使得加缪看到了西绪福斯的"幸福"。

注释

1. Richard Weisberg：*The Failure of the Word*：*The Lawyer as Protagonist in Modern Fiction*（New Haven：Yale University Press, 1984），114-29.

2. A. Camus, *The Outsider*（London：Penguin, 1983），119.

3. Weisberg, *Failure*, 116-22.

4. E. Simon, "Palais de Justice and Poetic Justice in Camus's *The Stranger*", *Cardozo Studies in Law and Literature*, 3（1990），111-25.

5. A. Camus, *The Myth of Sisyphus* (London: Penguin, 1975), 86-95 and 111.

6. M. Blanchot, "La Lecture de Kafka", *La Part du Feu* (Paris: Gallimard, 1949), 9-19, and J. Derrida, "Before the Law", in D. Attridge, ed., *Arts of Literature* (London: Routledge, 1992), 181-211.

7. Camus, *Myth*, 120-3, and E. Fromm, *Man for Himself* (London: Routledge, 1960), 141-72.

8. M. Heidegger, "The Self-Assertion of the German University", *Review of Metaphysics*, 38 (1985), 476.

9. M. Heidegger, "Facts and Thoughts", *Review of Metaphysics*, 38 (1985), 481-502.

10. 最近关于海德格尔思想的论争源自维克多·法里亚斯 (Victor Farias) 的论著《海德格尔和纳粹主义》(*Heidegger and Nazism*, Philadelphia: University of Pennsylvania Press, 1989)。在 1989 年《批判性调研》(*Critical Inquiry*) 的第 15 卷中收录了一系列讨论这一争议的论文，包括哈贝马斯 (Habermas) 的论文《工作与世界观：从德国视角探究海德格尔论争》(Work and *Weltanschauung*: The Heidegger Controversy from A German Perspective) 学者们写了很多论著对法利亚斯的观点予以回应，包括菲利普·拉康-拉巴斯 (Phillippe Lacoue-Labarthe) 的《海德格尔，艺术与政治》(*Heidegger, Art and Politics*, Oxford: Blackwell, 1990) 和 A. 让劳特 (A. Renaut) 的《海德格尔和现代性》 (*Heidegger and Modernity*, University of Chicago Press, 1990)。大量关于"海德格尔争议"的文学作品被收录在理查德·伍林 (Richard Wolin) 等编著的《海德格尔之争》 (*The Heidegger Controversy*, New York: Columbia University Press, 1991)。德里达对海德格尔"校长致辞"的研究论文，参见《关于精神：海德格尔及其质疑》 (*Of Spirit: Heidegger and Question*, University of Chicago Press, 1987)。

11. M. Heidegger, "On the Essence of Truth", in D. Krell, ed., *Basic Writings* (New York: Harper and Row, 1978), 127-9.

12. M. Heidegger, *Being and Time* (Oxford: Blackwell, 1962), 38 and 279-89.

13. Derrida, *Of Spirit*, 5, 14 and 31.

14. D. Dahlstrom, "Heidegger's Kantian Turn: Notes on His Commentary on the *Kritik der Reinen Vernunft*", *Review of Metaphysics*, 45 (1991), 329-61.

15. Heidegger, "Self-Assertion", 470-6.

16. 参见法里亚斯, *Heidegger and Nazism*, 131-3.

17. Heidegger, "Facts and Thoughts", 199.

18. P. Lacoue-Labarthe, "Neither Accident Nor Mistake", *Critical Inquiry*, 15 (1989), 481-4.

19. M. Blanchot, "Thinking the Apocalypse: A Letter from Maurice Blanchot to E-lizabeth David", *Critical Inquiry*, 15 (1989), 475-80.

20. See M. Foucault, *The History of Sexuality*, 3 vols. (London: Penguin, 1979-88).

21. D. Hoy, "A History of Consciousness: from Kant and Hegel to Derrida and Foucault", *History of the Human Sciences*, 4 (1991), 261-81.

22. Derrida, "Before the Law", 190.

23. See M. Foucault, "Maurice Blanchot: The Thought from the Outside", in *Foucault/Blanchot* (New York: Zone, 1987), 55-8. 这篇稍后发表的论文所提出的观点, 和福柯早期论文中对小说的分析和运用是相左的。

24. H. Marcuse, *Eros and Civilization* (Boston: Beacon, 1955), xiv-xxiii, 3-51, 89-102 and 140-98.

25. H. Marcuse, *One-Dimensional Man* (Boston: Beacon, 1964), 236-41.

26. H. Arendt, *The Life of the Mind* (New York: Harcourt Brace Jovanovich, 1971), 22-78 and 248-325, and *The Human Condition* (University of Chicago Press, 1958), 19-216.

27. R. Unger, *Knowledge and Politics* (New York: Free Press, 1975), 174-90 and 221-2.

28. R. Unger, *Passion: An Essay on Personality* (New York: Free Press, 1984), 15-42, 72-7 and 275-300.

29. P. Gabel and D. Kennedy, "Roll Over Beethoven", *Stanford Law Review*, 36 (1984), 36-42.

30. P. Gabel, "The Phenomenology of Rights-Consciousness", *Texas Law Review*, 62 (1984), 1593.

31. A. Hutchinson, "The Three 'Rs': Reading/Rorty/Radically", *Harvard Law Review*, 103 (1989), 367-9.

32. J. Singer, "The Player and the Cards: Nihilism and Legal Theory", *Yale Law Journal*, 94 (1984), 1-70.

第三部分

关于当代文学作品的两个研究

伊凡·克利玛的《审判中的法官》

　　所有法律与文学学者的共同点是他们认为文学通过文本为我们展现了一个无限可能的世界。文学文本展现了作为文学的社会、历史、政治以及伦理等多样化的世界。换句话说，文学文本为法学学者提供了一个对社会进行观察的语境化的窗口，这也将是本章所要论述的重点，我们将通过伊凡·克利玛的小说《审判中的法官》来展示这样一个窗口。通过这个窗口，克利玛不仅以叙事的方式从各种角度展示了 20 世纪法理学的研究目录，通过他的主人公律师亚当（Adam），对所有包括自然法、实证主义、康德哲学以及批判法律理论在内的全部法律进行了思考，而且同时通过当代小说的具体语境以及它对于法律状况的描述来对法律及法学理论进行反思。小说的核心主题在对被孤立的主人公进行描述时被表现得淋漓尽致，这使得它可以用来讨论我们在之前几章所探讨的很多问题。孤独，或者被政治排斥，是人类生存中的一个问题，理查德·维茨伯格认为，当代小说总是将从事法律职业的主人公描绘成一个孤独的人，同时他指出这种描述方式可以溯源至尼采和海德格尔。当然，乔治·斯坦因（George Steiner）所提出的这种疏离在以大屠杀为代表的大量文字精确的描述中达到了顶峰。[1] 毫无疑问，大屠杀已经被证明不仅是文学文化，而且也是法律文化中的转折性事件，同样毫无疑问的是亚当对于大屠杀的体验，成为《审判中的法官》的主要线索之一。[2] 对大屠杀最初较为温和的法理学回应是哈特和富勒之间的争论，而它本身其实就是推动新的法理学出现的最强有力的动力。个人所体验到的

158　这种最终的疏离感，被认为是需要对社会进行根本性的重组。这种体现个人与社会疏离的作品有两个层次，第一个层次是感到与规范社会中各个部分的法律制度格格不入，例如女性、黑人、穷人，以及科利玛所描述的世界中那些受到政治不公正对待的人们感到与他们所生活的社会格格不入；第二个层次是所有生活在现代世界中的人们所体验到的普遍的疏离感，在克利玛的世界中，尤其在他所描述的 1986 年的捷克斯洛伐克能够明显体验到这种疏离感。尽管现在我们到处可以体验到这两种疏离感，在克利玛的观察视角中，他对这两个层次的疏离体验仍然进行了强调。对现代社会律师所扮演的特殊社会角色的描述，已经被证明是作家们所普遍采用的写作方式。通过对律师的描写，作家展现了个人所体验到的强烈的社会疏离感，尤其是在一个极权主义政治体制中所感受到的疏离感。而且，这种方式在本文所讨论的文学作品创作之前就被使用过，例如卡夫卡的《审判》。在大陆法系国家里，法官同时也扮演着检察官的角色，因此会更加倾向于认为作为个人的法官是居于社会之外的。卡夫卡、加缪、陀思妥耶夫斯基和克利玛都通过充分利用对这种检察官——个人——社会三者关系的描述，来强调为批判法律学者所全力强调的个体之间、个体与社会之间彼此疏离的这种体验。

　　克利玛叙述中最有意思的侧面之一是对它所展示的现实体验。当然，人们对现实生活的体验要比卡夫卡，或者加缪通过隐喻方式所揭示的现实体验要强烈得多。因此，《审判中的法官》看起来更加类似于《罪与罚》（*Crime and Punishment*），而不是《审判》或者《局外人》。事实上，亚当必须要面对的被起诉的犯罪，和《罪与罚》中拉斯科尔尼克夫（Raskolnikov）所面临的罪责是极为类似的。我们常常认为作品中的叙述越接近现实，在法律与文学研究中，它就越具有研究价值。[3] 因此，作为这部小说的核心内容，个人所体验到的这种疏离，和对约瑟夫·K. 或者默尔索的描写相比，更能让人感受到现实生活中个人对社会的疏离。亚当是一个现实感很强的角色，他作为个人和他作为律师所获得的体验也更容易让读者所接受。亚当显然被设计成一个具有双重角色的人。他是一个普通人，同时他也是一个法官。因此，亚当所致力于从事的工作是一种"排斥政治"（Politics of Exclusion），作为一种排斥别人的力量，他本人同时也被社会所排斥。他受雇于将个人不仅从法律制度中驱逐出去，而且更重要的是让他们无法获得正义的审判。同时，他也感觉到自己不仅被作为整体的社会和周围的人所排斥，而且最终为他所代表的法律制度，他曾经一度认为他是其中一部分的法律制度所排斥和拒绝。《审判中的法官》因此展现了两种叙事，作为个人的亚当的叙事和作为律师的亚当的叙事。这两种叙事贯穿了整部小说，但是在结构上是截然分开的。小说不断地叙述了亚当作为一个普通人，为自己的生活和问题所困扰，以及不得不面对作为一个法官所需肩负的责任，而且不断地回放着亚当的个人经历和法律体验。在进行这些叙事，并通过这些叙事来展示亚当从事法律职业经历的过程中，克利玛娴熟地展现了律师是由律师的过去和现在共同塑造的。他对律师思想的历史分析和批判法律学者的观点非常相近，二者都认为律师是一个历史的和政治的产物，直到现在这一观点仍然是业已确立的文学传统的核心内容。

文学的法理学：律师的形象塑造

小说中亚当对自己经历的最早回忆是在第二次世界大战期间。[4] 这是他"第一次遇到惩罚性司法，或者更确切的说是遇到全副武装的警察"。[5] 这些回忆中所弥漫的都是孤独和绝望。亚当是一个背井离乡的人，在一个由背井离乡者们所组成的社会中艰难地生活着。他总是能感觉到背叛，个人对个人的背叛及其所反映的个人对自己国家和人民的背叛。换句话说，战争期间亚当的经历，从一个集中营到另一个集中营，就是他所体验到的疏离感，这是人类生存中个体所体验到的疏离。这些战争年代的经历以隐喻的形式在整个小说中展现出来。亚当失去了很多朋友，也失去了家庭，然而随着失去的越多，这些失去对于亚当的影响却越来越小，而这更加突出了亚当的孤独感。而且，这种失去同样形成了他对于法律正义的最初印象。他的两个叔叔被逮捕了："法庭，曾经作出裁决并因此无权再自称为法庭的法庭，宣布了一个不可避免的判决，并在之后不久他们就被执行了枪决"。[6] 亚当承认，他永远忘不了这些记忆，而这些也成为他余生中重要的组成部分。[7] 这些早期经历中所体验到的现实痛苦被封印在第一个记忆中的最后一个审判里，亚当后来意识到，事实上这些记忆对人类生存的命运起了决定性的影响。纳粹的占领不能被认为是一个例外：

160

> 假如我能够做什么来保证人们永远不会失去他们的自由，从而使得他们永远不会让自己处于一个封闭的、无法逃脱的、被杀戮者的刀子所统治的困境中，我随时愿意成为一个革命的士兵，成为新一代杀戮者的宠儿，让他们拿着他们的屠刀将分散的人们驱赶进一个重新建起的围栏中，并用他们的屠刀开创一个美好的未来。[8]

第二段回忆则让人感受到了一种幼稚和天真，亚当将他早期的行为归因于他在二战期间的经历。在学校，他第一次接触到了他认为介于哲学和政治学之间的二分思想。这种二分思想对小说中亚当关于法理学问题的态度产生了决定性的影响。亚当的经历直接导致了一种仇视实证主义政治的思想路径：

> 我认为思考例如美、幸福、正义、健康或者甚至是真理等概念是没什么意义的。而且对于我而言，更加重要的是如何使得人们来获得美，如何使人们能够有机会去宣扬或者发现真理。尽管这样，我相信，在我们的绝大部分争论中，真理在我这一方，因为毕竟，我自己有着任何人都不可重复的生活经验。[9]

甚至在这一阶段的早期，亚当仍然坚持一种马克思主义早期关于正义的观点。"所有犯罪的基础"都是"不平等，而且首先是物质的不平等"。[10] 他的朋友米尔克（Mirek）认为，这样一个规则系统太容易被程式化，而且会忽视生活中各种各样的矛盾。批判法律学者在很多场合对法律的规则化、程式化应用提出了批评，即任何法律秩序的最大优势均在于严格适用法律规则，正因为如此，法律秩序的贡献在于它的稳定性，而不是对于自然法正义的关注。米尔克是亚当失去的另外一个朋友。他抛弃了亚当，或者，更准确的说是亚当所代表的法律制度，逃到了德国。亚当在学校的最后一年，他被任命为青年组织班委会的主席。亚当成为他的同学们的法官，而且立刻承担起了作为他们的政治领袖的责任："我的经历和信仰使得我非常适合这个职务。"[11] 当他意识到他"被反对者所包围时"，他决定成立一个调查他的同学的委员会，用来审判他们，他"将担任法官"。亚当所扮演的角色迅速将他从班级中孤立出来，他将他们排除在正义之外，他们将他排除出他们的社会。[12] 在整部小说中最有分量的一个场景是亚当对他的三个同学的调查。当他告诉他们中的一个人，疾病缠身的左拉（Zora）对于国家的态度是"非常具有敌意的"。他没有得到任何回应。当他试图毁掉另一个同学成为教师的愿望时，他认为因为她太聪明了故而太危险了不适宜当教师，这名同学的回应是歇斯底里的尖叫，但是当亚当离开屋子的时候，她就停止了。"我希望有人会来和我说一声谢谢或者提意见（毕竟我们曾经对很多和他们类似的人很宽容），但是他们经过我的时候，好像我是瘟疫，或者更准确的说好像我并不存在。"[13]

下面两段回忆，是亚当在大学和法学院的回忆，描述了他越来越对现实不再抱有幻想。最初，亚当仍然是一个理想主义者，或许他更愿意去研究政治科学。"最初"他坚信他所接触到的马克思主义者们。他用"他们的语言说话"，"生活在社会革命偶像的阴影里"。[14] 亚当参加了一个社团，被安排参观一个工厂，了解一直在进行的政治审判的"含义"。在那时，他还没有意识到"政治审判是一个令人恐怖的游戏，在游戏的最后一幕中，身不由己的演员将被真正的行刑官吊死在真正的绞刑架上。"[15] 也正是在这一次，亚当和他的青年社团领袖爱娃有了第一次性关系。这被看作是他后来所意识到的他与国家之间距离的隐喻。亚当认为这次经验让他感到了孤独。这种混乱和迷茫的幻象在他的父亲被抓之后迅速成型。和我们之前提到的《审判》中的约瑟夫·K.的命运相联系，亚当的父亲被带走的时候，我们不知道他为什么被抓，以及他将被带到哪里去。亚当只能将他父亲的命运归结为某种骇人听闻的误判。他的叔叔古斯塔夫（Gustav）也只能建议他们要信任党，但是同时警告家人不要和社会中的任何人发生任何联系。因此，他的家庭成员将自己和社会中的其他人相隔离。具有讽刺意味的是，当亚当在通过逐字逐句研究刑法典试图找到父亲为什么被抓的原因时，他开始想成为一名律师。当然阅读刑法典并不能让亚当或者他的父亲更好地理解法律，但是亚当被作为社会与政治正义的象征和实现社会与政治正义的工具——法律所深深吸引："和大多数人一样，我认为法律更多的是模糊了正义的工具。令我惊奇的是，我意外地发现了一部法典。和其他同类的法典相比它是那么的完美，我无法对他的准确或者荒诞作出评价，而只能用自己的余生将它适用到我的生活中"。[16]

当他成为一名法律职业者后，亚当对法律的最初体验是完全陌生的。当他进入律师楼，在这里人们认为社会主义法律是社会主义祖国建设中的后备力量，亚当感觉自己回到了过去，在一个本应是新生活的地方，却没有感到一种新的开始。他的新同事看起来似乎生活在一个和亚当所生活的世界完全不同的世界里：穿着很好，良好的社交能力，相应的没有什么政治意识。[17]当他第一次直接接触到法学的时候，他得到了各种各样对于法学理论的回应。他最初的回答是对正义理论的轻蔑。自然和理性的法律哲学思想，例如维尔（Weyr）和康德所提出的观点看起来是毫无意义的抽象理论："谁会需要去思考纯粹的法律或者是效力最高的法规呢？"当然，这个问题本身就是一个极大的讽刺。[18]最终，亚当将会逐渐支持理性的或者康德的法律哲学，并将其作为克服他所曾经历的被疏离的恐惧的唯一方法。尽管这样，研究者们认为亚当关于 17

世纪捷克司法正义的研究被证明是亚当思想发展的重要转折点。关于实践中的法律，及其所具有的可能导致不幸发生的潜在权力，突然使得法律理论具有了意义。同样也是第一次，亚当意识到法律的权威和律师意味着什么：

163

> 他们所带来的灾难是人们所无法衡量的，而且除了少数的几个例外之外，没有任何案例被记录下来，因为和其他人不一样，他们拥有能够将自己所进行的暴行进行合法掩盖的权威性的力量。第一次我意识到我有一天也将成为其中的一员，尽管我从未想过这样。[19]

亚当通过阅读大量的书籍，看到了消除中世纪审判不公的可能：

> 在整个历史进程中，阶级斗争都被认为是在理性和非理性之间进行。逐渐地，理性取代了非理性，取代了那种倡导信仰和盲目服从，鄙视深思熟虑、妥协精神和其他人意见的非理性。

尽管这样，这是亚当所接受的一个特定的理由，也是他的社会理想所需要的：

> 因此，理性常常能找到从黑暗中走出来的路径；理性只能从沉思中产生，死而复生。只有现在我才接近于我论文所要阐释的主题。除了我所提出的理想模型，社会的精准运行是为了不给非理性留有任何存在的空间么？除了社会主义，理性的最高理想是什么呢？理性的最高成就又是什么呢？[20]

理性的偶然性，以及普遍的形而上学理性的不可获得性，是批判法学思想的主要观点。在罗尔森（约翰·罗尔斯，John Rawls）的分析中，一个社会最多能够"构建"一种理性，正是基于这种理性社会才得以生存。[21] 关于所争议的否定存在普遍理性概念可能性的观点首先是由康德提出，之后被黑格尔和海德格尔加以确认并明确阐释，成为批判法学思想反对普遍性的主要思想来源。这也是 20 世纪批判法学的主要论题。在与李奥（Lyon）教授的访谈中，亚当对普遍性的存在提出了质疑：

> 是的，当然，它常常是这样开始的。每个人都想要完美和纯洁，就好像存在着人们呼声越来越高的某些集体主义创造精神。尽管这样，它将很快发现自己已经远离地面，在云层中迷失，它忘记了它最初是在什么地方开始，它被束缚于什么地方。在这一点上，它仅仅能够看到它自己，并且迷恋自己的形象。事实上，它开始迷恋它自己的面孔，它自己的发展，它自己的语词，它自己的形式，它自己完美的逻辑判断。而那时恰恰是纯粹理性和正义概念，以及关于艺术、哲学和法理学绝对标准的理论提出的时候……如果这令我感到愉悦，我不觉得我努力追求绝对正义有什么错，但是我能欺骗自己这种正义是无法获得的。除非我想成为社会堕落的帮凶。我常常会记得在现实中根本没有正义或者法律。那么现实中究竟有什么呢？有的只是统治者颁布或多或少不正义的命令时，与其所做的妥协。

164

教授让亚当确信，法律和哲学是相互排斥的，而且"法律的实践或者导致愤世嫉俗，或者导致疯癫"，卡夫卡就是一个例子。亚当从来没有听说过卡夫卡，所以没有说什么。[22] 亚当对其学生时期经历的回忆以他父亲的审判和判刑结束。程序的性质，秘密的审判和裁决的宣读，"好像这是一个关于鞋子生产或者土豆收割的报告"，再一次强调了被告的疏离，以及被正义的排斥，亚当强烈地感受到了这一点。当然，如果他曾经听说过卡夫卡，可能会少一些惊奇。[23]

亚当作为律师的第一次经历是在一个他称之为"德隆"（the Hole）的地方，它位于国家遥远的东北部。在这里他感到完全被孤立，很孤独。主审法官是一个醉鬼，亚当唯一的同事很久以前就放弃思考任何

"他本应该去考虑"的事情，亚当认为是朋友的职员被发现是贪污犯。正是在这里亚当第一次经历了司法系统的腐败，而之后他成为了这一系统的一部分。主审法官和检察官要求他给一个人定罪，因为他是"敌人"之一。在检察官所使用的语言中，对于"他们和我们"有着非常明显的区分。除了承认被告仅仅做了他认为"正确"的事情，而且亚当知道审判是"不公正"的，他让这个人入狱三年半："我给一个受害者定了罪。我在辩护中所能说的唯一的话是我生活在真空中，缺乏勇气"。和亚当一起工作的麦格德琳娜（Magdalena）认为亚当越来越怀疑他自己。她说她"恨"他，因为他已经成为这个非正义系统的一部分："为什么？因为我曾经和她相爱过，我曾经对人们做过的事情，曾经对这个国家做过的事情。那么我在做什么呢？我在将它推进越来越深的虚无中，将它扔进黑暗中"。[24] 最终亚当离开了麦格德琳娜，唯一一个他认为他曾经爱过的女人。亚当经历得越多，理想也幻灭得更多，他越来越意识到他几乎什么都不知道，而现实中的事情是多么的复杂。他离开麦格德琳娜和德隆之后，返回布拉格重新开始法理学学习，仅仅是因为他无法接受自己的无知。正是在这种混乱的时候，亚当遇到了他的妻子，遇到了她混乱的家庭。他和阿琳娜（Alena）的对话生动地表现了亚当对于他作为人和作为律师的存在价值的幻灭。关于这一混乱时期的回忆是最含混不清的，这一时期亚当感到自己完全疏离于他曾经宣誓效忠的制度。[25] 亚当在英国的访问仅仅是为了确认他放弃了自己天真的想法。在和英美法理学学者的对话中，亚当逐渐意识到他并不理解基本的正义，仅仅了解政治意义上的正义。[26] 这次对自我的否定使得亚当撰写了一篇关于反对死刑的论文，这篇文章标志着他背离了社会的政治标准。这是一个具有讽刺意味的命运逆转，亚当因此被一个专门调查文章创作动机的党委审查，尤其是接受曾在多年前受其约束的老同学的审讯。[27] 回忆中的最后部分是他在密歇根游学，当亚当在 1969 年重返布拉格时他最终发现了一种新的生存哲学，这也是我现在想要展开论述的内容。

文本的法理学：个人的毁灭

上文我们所讨论的回忆性叙事所记述的故事揭示了作为律师的亚当的成长和毁灭。同时"当代"叙事反映了作为个体的亚当的毁灭，这一毁灭主要源自他对于孤独的敏感体验。当亚当作为调查官确认一个年轻人犯有谋杀罪，而不考虑他的无罪情节时，这一叙事被强化。尽管法理学，以及对亚当法理学思想形成产生重要影响的哲学和政治学之间的思想冲突，不像在"当代"叙事中那样明确，故事中同样有很多场景来强调小说的中心论题。虽然在"当代"叙事中没有描述亚当思想的发展演变，然而个人所体验到的毁灭甚至会更加压抑。在聆听一位朋友皮特（Petr）朗读他关于法律和政府的论文时，亚当对人类似乎无法避免的悲惨境遇尤为关注：

> 他们选举了议会，并且认真地推选了代表，但是议会一次又一次的宣战，将人民置于前所未有的绝望和无助中。因此，他们试图摆脱议会，积极推选新的领导者代替议会。然而，结果是什么呢？是陷入了更加严重的灾难中。[28]

正如批判法律理论学者所反复强调的，人类生存状况的历史是没有责任承担的历史。同时，人类社会的失败和亚当作为独立个体和作为律师的失败被并列在一起。在皮特的推动下，他谨慎地考虑了打破制度的可能性，但能够确信的是这将是徒劳的。在战争结束，当他回忆自己经历的时候，他痛苦地回想起曾经以为事情可能会有所改变的天真的乐观，他认为这是他一生中最大的错误。当他的朋友们仍然执着于可以改变什么的乐观想法时，亚当想的唯一的事情是"想知道一个人当他知道命运是无法逆转的时候他将怎样生活"。当他的朋友们留下来讨论伦理社会重建的时候，亚当决定离开。[29] 亚当逐渐意识到他所面临的两难处境时，他更加清晰地意识到他和被告卡伦（Karel）所处地位的相似性。亚当写给他兄弟的信件可能比卡伦的信件更具有颠覆性。[30] 小说所描述的罪其实是亚当的罪。

　　亚当对卡伦的审讯是小说中最具影响力的情景之一。审讯是在亚当自己背叛了他的妻子、同事和朋友，逃避他作为人应当承担的责任，放弃了他的身份，变得更加注重现实的时候进行的。在进行审讯的场景中，甚至亚当的爱人都在责备他在"帮助""维系他们令人厌恶的制度"。在审讯开始，克利玛直接突出了亚当自身的孤立，切断了亚当"与他曾经生活的世界的联系"。亚当和卡伦都是被相互疏离的，被所有人所疏离的。在审讯的对话中尤其凸显的是卡伦需要承担证明自己无罪的责任。卡伦需要证明自己的清白，而不是亚当证明卡伦有罪。制度理所当然地将被告排除在外。克利玛以质询的形式描述了亚当和阿历克斯（Alex）之间的事情，他通过这些进一步强调亚当和卡伦基于同样的行为都是有罪的，只是亚当独自感受到了背叛。当卡伦表示他是无辜的，并讲述事实真相的时候，亚当所意识到的是存在着"一个无法预料的破坏性的制度：目前他生命中那些看似重要的所有的一切都在被破坏。然而，事实上是他的生活在被破坏呢？或者相反，还是他关于生活的幻想在现实中破灭了呢……?"亚当意识到他目前的生活事实上是他没有承担自己的责任。但是现在，当面对卡伦案件所提出的敏感的、伦理意义上的两难困境时，亚当不能再逃避："现在不能再逃避问题了，太多的问题被搁置了。他或者必须决定要采取什么行为，或者将深陷泥潭。但无论怎样，他都不能代表他自己做出任何决定性的行为。刚刚发生的事情并不是他所为。"[31]

　　最有趣的段落之一是亚当和他的恋人之间的对话，这段对话揭示了一个双重的困惑：亚当被迫经历的事情所带来的两难困境，和任何法律制度中都存在的矛盾，即关于法官是否应当承担政治责任的两难问题。

　　"你就像其他人！那么你如何能够成为一名法官呢？"

"我根据法律判断人们的行为。"

"当你不知道我们应该怎样生活的时候，你是如何判断人们的行为呢？"

"我不喜欢那些自以为知道正确生活方式的人们。"

"你为什么不喜欢他们？"

"他们中的绝大部分人强迫其他人按照他们的方式生活。"

"但是这些强迫其他人按照他们方式生活的人其实什么都不知道。他们就和那些根据法律判断人们行为的人一样荒谬。"[32]

换句话说，为什么法官不应当做出政治决定？有理由认为政客们应当更加能干么？或许最重要的法理学问题是在字里行间。那么难道什么也没有发生么？当亚当从一个恋人到另一个恋人的时候，他更加强烈地感觉到这种疏离，当然也更加强烈地感受到正义存在的可能性的幻灭。

168　他意识到马克思（卡尔·海因里希·马克思，Karl Heinrich Marx）也存在着同样的疑问，然而这些困惑并没有让他感到困扰。[33]亚当逐渐质疑他指责别人的权利。他的妻子因他对自己的批评感到愤怒。根据亚当的观点，他批评她因为她对于他而言是一个"陌生人"。换句话说，任何裁判的行为只有在被评判的人是客观化的情况下才是可能的。亚当做裁判是因为它可以使他避免裁判他自己。这是一个逃避生活责任的机制。亚当意识到他在用整个生命来逃避责任。[34]在小说结束时，他回到了捷克斯洛伐克，这象征着自我肯定的最终行为。最后这一行为源自亚当意识到他的死亡在于他一直在逃避责任，这一行为的做出源自关于法律和生活的不同的哲学。

走向文本的"诗性伦理"

在某种意义上，本章最后这部分的目的是提出对前三小节基本假设的颠覆性观点：对两个被疏离角色的描述，作为律师的亚当和作为个人的亚当。同时克利玛将这一颠覆性的观点逐渐融入到小说中，并在最后的章节中清晰地表述出来。克利玛在最后章节中所提出的恰恰就是理查德·维茨伯格所提出的法律与文学研究的目的即"诗性正义"，运用文学文本去发现能够超越彼此疏离的生活状态的伦理基础。正如我在第一章中提到的，根据维茨伯格的观点，阅读文学能够使律师"看到其他人"。它在分析法理学所建立的鸿沟之上架起了沟通的桥梁，使得社会伦理得以重建。律师不仅是其他人的法官，也是裁判他或者她自己的法官。法律情境不能远离真实世界。正义从来都只能是社会的正义，而且首先正义从来都是商谈正义。在最后的分析中，法律理论不能还原为关于语言和语言使用的理论。简而言之，对于维茨伯格而言，"诗性正义，它所关注的是法律交流和被定义为'他者'的人们的生活困境，旨在复兴法律中的伦理成分"。[35] 维茨伯格的著作很大程度上源自英美法律学者对 1933~1945 年间重大事件直接回应所遭受的理论上的挫败。20 世纪前 30 年间唯一的实质性的理论回应是发生在实证法学权威学者和自然法学理论家之间的著名的哈特——富勒（Hart-Fuller）之争。[36] 他们都只关心在法律秩序中的主权的本质，都将国家社会主义德国作为他们论证的隐喻。根据实证主义法学家哈特的观点，国家社会主义法律是合法的，因为它是根据它自己的主权标准制定的，换句话说，无需考虑任何伦理因素。作为坚持自然法的律师，富勒认为纳粹的法律秩序只有当它是根据普遍的道德标准建立的，它才是合法的。

当西方法理学已有的理论已经无法解决现实问题的时候，学者们开辟了一个新的研究领域，而不是一次又一次地重复同样的立场。与此同时，在德国，很多法理学家，注意到哈特和富勒对 20 世纪 30 年代康德思想研究的权威学者古斯塔夫·拉德布鲁赫（Gustav Radbruch）的理论存在着误读，他们试图将其思想归入实证主义法学或者自然法学，这些德国法理学者指出整个辩论（哈特和富勒之争）是建立在对基础理论的错误理解之上的。如果哈特或者富勒想理解拉德布鲁赫，或者事实上是

169

作为整体的欧洲大陆的法理学传统，他们必须理解康德所产生的主导性的影响。任何人想要在中欧新的法律秩序中心重建伦理哲学，那么他们必须要重读康德。[37] 正是康德在《道德的形而上学》（*The Metaphysics of Moral*）中首先而且极具影响力地发展了关于建构性或者商谈性的伦理思想。从阿伦特，哈贝马斯，伽达默尔直至罗尔斯或者温里布（欧内斯特·温里布，Ernest Weinrib）的思想家们的理论都对康德所提出的观点表示了普遍的尊敬。正是康德提出道德律应当置于个人的内心，而不是置于其外。当海德格尔首先提出个人自我肯定的观点时，他是从自己对康德著作的阅读中发展出这一观点的。[38] 康德认为个人有权在社会需求的范围内形成关于自由的概念。差异化自由类别的存在是必要的，它同时保留了个人的自由和社会的自由，从而适应社交伦理的建立。[39] 当维茨伯格认为文学应该是重建基本的商谈性法律伦理的一种方式，他也是在支持回到康德。

170　　尽管在《审判中的法官》的最后章节中，亚当仍然陷入自我毁灭和自我怀疑的痛苦之中，他已经逐渐意识到一种对于他自己、他的国家及其法律制度的一种新的哲学必须围绕自由的概念和重构的伦理建立起来。换句话说，这必将是通过个人和社会之间交流的相互作用而形成的伦理重构的社会。这一认识是亚当在密歇根以及返回布拉格后的生活体验中形成的。在密歇根，亚当被学术自由和丰富多彩的文学作品所展现的可能性深深震撼。克利玛关注的是自由的本质和它与个人发展之间的相互影响。这一发展必须被认为是在一个具体社会语境中的发展："正是在那里（指社会语境中）我第一次认识到缺乏自由对人们是有害的，不仅阻碍了他们获得知识的路径，而且会毁坏他们的心灵，通过将他们的关注点转向他们自身而对他们进行奴役。"[40] 1969 年当亚当回到布拉格时，他发现自由可以重建社会，并且让自己获得新生。[41] 俄国人的到来更加强化了亚当对于自由的感受。当他所生活的社会的自由受到威胁时，他个人的自由也受到了威胁。这时的亚当舍弃了最终抛弃了他并且将他排斥在外的法律秩序，与之相对应这一法律秩序也排斥了其他人，并最终被人们所舍弃。它是一种象征，同时象征着彻底的幻灭和新的希望。这种象征使得加缪看到了"西绪福斯的幸福"。[42] 亚当逐渐适应了他不可更改的命运，并在这一过程中掌握了自己的命运：

> 他极为兴奋，他听到了在他之下的深渊中所发出的乐器的声音——有人开始弹奏相同的老旋律。令人惊奇的是，他意识到了巧合，尽管他在很久之前就发现人不能逃脱自己的命运，没有办法逃脱自己的生活……如果我们努力去做，人们可以期待站在巅峰之上，俯视他曾经在自己的旅途中所经过的大地，尝试辨认出大地上曾经未被人们所注意的景色；人们也能张开双眼看到我们曾经遗忘的天空……直到现在他意识到无论法律是多么完善，人对世界和人们多么成功的控制，人都不能够在世界上找到自由，除非在其自身发现自由的存在。而且，没有人能够赋予其他人道德理想，如果这一道德没有存在于他的灵魂之中，正如没有人能够解开其他人所担负的束缚，如果他自己不愿意放弃他自己制造的镣铐……他没有从任何人那里逃离，宣称放弃任何人，不想放弃任何人或者将任何人约束在自己的身边，尤其是他不想裁判任何人。[43]

克利玛提出了关于伦理的批判哲学，这一哲学最终瓦解了作为律师的亚当和作为个人的亚当之间的区别。最后的分析是一个康德式的伦理哲学。而这恰恰是怀特所宣称的商谈式伦理，理查德·维茨伯格认为能够在文学中找到的诗性伦理。关于克利玛的《审判中的法官》的研究是关于批判法学思想的起源和命运的研究。或许更重要的是，它也是一部不仅展现了法律伦理重构可能性，而且展现了其重构必要性的小说。[44]

171

注释

1. G. Steiner, *In Bluebeards Castle* (London: Faber, 1971), particularly 47–8 and 61.

2. 关于大屠杀在改革和文学法律研究中的重要性，参见 Richard Weisberg, *Poethics: and Other Strategies of Law and Literature* (New York: Columbia University Press, 1992), 127-87.

3. 这当然只是其中的一个观点。转向法律与文学研究是因为学者们意识到了通过"真正的体验"和隐喻所体现的法律情境的研究价值。参见 Weisberg, *Poethics*, x-xi. 有趣的是，那些对文学文本的运用持较为冷静态度的学者，例如波斯纳（Posner）坚持认为只有叙事文学能够传递"真实感"，能够呈现可以被有限地应用于法律讨论中的"真实"情境。参见 Posner, *Law and Literature: A Misunderstand Relation* (Cambridge, Mass.: Harvard University Press, 1988), particularly 1-21.

4. I. Klima, *Judge on Trial* (London: Vintage, 1991), 32-69.

5. *Ibid.*, 32.

6. *Ibid.*, 36.

7. *Ibid.*, 38.

8. *Ibid.*, 69.

9. *Ibid.*, 162.

10. *Ibid.*, 163.

11. *Ibid.*, 72.

12. *Ibid.*, 173-4.

13. *Ibid.*, 175-7.

14. *Ibid.*, 212-14.

15. *Ibid.*, 219-20.

16. *Ibid.*, 233-5.

17. *Ibid.*, 271-2.

18. *Ibid.*, 277. 他对康德的《纯粹理性批判》（*Critique of Pure Reason*）的摘要做了详细的笔记。而他对陀思妥耶夫斯基（Dostoevsky）的《罪与罚》（*Crime and Punishment*）的排斥具有反讽意味，"人们显然将这本书看作是一部法律著作"。

19. Klima, *Judge on Trial*, 278.

20. *Ibid.*, 280.

21. 约翰·罗尔斯（John Rawls）在法学学者中是"建构主义"新康德流派的最有影响的代表人物之一。他最著名的著作是《正义论》（*A Theory of Justice*, Oxford University Press, 1971）。然而，他最易于理解的论著可能是发表于 1980 年第 77 期《哲学研究》（*Journal of Philosophy*）第 515~

572 页的 "道德理论中康德的建构主义思想"（Kantian Constructivism in Moral Theory）。

22. *Judge on Trial*, 281–3.

23. *Ibid.*, 286–9.

24. *Ibid.*, 343.

25. *Ibid.*, 392–441.

26. *Ibid.*, 445–9.

27. *Ibid.*, 456–63.

28. *Ibid.*, 191.

29. *Ibid.*, 190–3.

30. *Ibid.*, 184–6.

31. *Ibid.*, 258.

32. *Ibid.*, 317.

33. *Ibid.*, 450–460.

34. *Ibid.*, 478–9.

35. Richard Weisberg, *Poethics*, 46.

36. H. Hart, "Positivism and the Separation of Law and Morals", *Harvard Law Review*, 71（1958）, 593–629 and L. Fuller, "Positivism and Fidelity to Law—A Reply to Professor Hart", *Harvard Law Review*, 71（1958）, 630–72.

37. See E. Wolf, "Revolution or Evolution in Gustav Radbruch's Legal Philosophy", *Natural Law Forum*, 3（1958）, 1–22. I. Ward, "Radbruch's *Rechtsphilosophie*: Law, Morality and Form", *Archiv fuer Rechts–und Sozialphilosophie*, 78（1992）, 332–54.

38. See D. Dahlstrom, "Heidegger's Kantian Turn: Notes on His Commentary on the *Kritik der Reinen Vernunft*", *Review of Metaphysics*, 45（1991）, 329–59.

39. See I. Kant, *The Metaphysics of Moral*, trans. M. Gregor（Cambridge University Press, 1991）, particularly 35–67 and 181–213.

40. *Judge on Trial*, 498.

41. *Ibid.*, 508–9.

42. See A. Camus, *The Myth of Sisyphus*（Harmondsworth: Penguin, 1975）, 111.

43. *Judge on Trial*, 535–6.

44. 并不令人惊讶的是《审判中的法官》的故事主题，例如克服个体的边缘化，将大屠杀作为个体被疏离化的隐喻，意识到自由和自我确信的力量以及排斥异己的法律体系对个体生活的侵入等，在克利玛的其他小说中反复出现，尤其是在《我的初恋》（*My First Loves*）和《爱与遗弃》（*Love and Garbage*）中。

第九章

安伯托·艾柯的《以玫瑰之名》

安伯托·艾柯所著的《以玫瑰之名》蕴含了丰富的法理学思想，首要的原因在于它的作者。安伯托·艾柯是意大利博洛尼亚大学（University of Bologna）的符号学教授，是符号学和语言哲学研究领域的权威专家。假如只有一个人知道文学理论和它的应用，那么这个人就是艾柯。正如我们在第二章中已经讨论过的，艾柯提出了通过"典型读者"（model reader）的理论来决定文本的使用。如果不考虑读者对文本的解读，他或许比任何其他人都更强调作者在建构读者中的重要性。因此，在创作《以玫瑰之名》的小说时，艾柯是在为他心中的典型读者写作。其次，小说的内容之所以非常丰富，是因为艾柯选择展现一系列准法律场景，同时辅之以关于哲学和法理学议题的持续讨论。艾柯有意识地展现了一个具体的法律叙事。如果我们认真地阅读这部小说，并能够感知小说所展现的真实历史，那么《以玫瑰之名》本身不仅体现了当代符号学和语言学理论，而且是一部反映中世纪法理学的力作。作为一名法律读者，如果我们不能从艾柯的小说中学习到什么，那么我们将无法从文学研究中学到什么。[1] 在本章的第一个部分，我将对本章所涉及的文本进行必要、简要地介绍。在第二部分中我将运用艾柯提出的读者模型来解读《以玫瑰之名》。在对小说的解读中，我将展现文本是如何通过其所蕴含的符号学、哲学和法理学的思想对读者加以限定。最后，在本章的最后部分，我认为艾柯的小说展示了法理学研究的一个具体的角度，而这也是当代文学的特点。

知识语境

《以玫瑰之名》的故事发生在 14 世纪，这是一个各种思潮风起云涌的时期。艾柯充分地利用这些思想所提出的可能的思维路径，对各种理论之间的相互影响进行了深刻的剖析。从基本理论观点上看，中世纪晚期的思想论争基本上是在苏格拉底思想（the Socratics）、托马斯主义（the Thomists）以及唯名论（the nominalists）等三种思潮间进行，即理性、神学启示和自由主义之间的论争。杰出的神学思想家圣·托马斯·阿奎那（St Thomas Aquinas）所提出的理性"适应"论和启示论是中世纪晚期神学和哲学的主导思想，他的思想也成为艾柯小说中主要的思想背景，我们将对其进行简要的分析。首先，我们需要了解小说的创作语境。和 20 世纪的案例学习截然不同，中世纪的学习依赖于文本和文本的使用。这不仅限制了学术的发展，而且人们认为这些文本，尤其是关于文本的注释提供了"最初思想的传播载体"。[2] 而规则正是围绕着手抄文本，尤其是《圣经》的手抄本，以及关于这些文本的注释形成的。在 13 世纪和 14 世纪著名的大学中，例如巴黎和牛津的大学，为了提炼文本中所蕴含的思想，学术研究都集中于文本"阅读"的方法，以及关于文本思想的公开"论争"。这一时期的经典"教科书"都是围绕着这一体系进行设计的，运用提问（*quaestiones*）或者归纳（*summae*）的方式来设计主观化的"辩论"（disputations）。这些解释专门用于解决或者协调众多《圣经》手稿中的内在矛盾。阿奎那的《神学大全》（*Summa Theologiae*）和《反异教大全》（*Summa contra Gentiles*）是方法论研究的代表著作。[3] 和其他学术研究一样，对文本的解读同样主要受到亚里士多德思想的持久影响。亚里士多德对中世纪哲学的影响是不可能被低估的。在中世纪阅读艺术中，严格的演绎推理一直居于主导地位。在《以玫瑰之名》中，威廉（William）修士反复使用了这种阅读方法，他不断地引用亚里士多德的思想作为权威恰恰反映了这一思想对中世纪思想的影响程度。演绎推理同样被作为威廉修士怀疑论导师的奥卡姆的威廉（William of Ockham）所广泛使用。尽管在 13 世纪和 14 世纪解释主义的方法论迅速发展，然而它仍然严格遵循了亚里士多德在《后分析篇》（Posterior Analytics）、《解释篇》（De Interpretatione）和《辩谬篇》（De Sophisticis Elenchis）中所提出的逻辑，这一逻辑在当时的学术研究中居于主导地位。[4]

理性主义对中世纪阅读理论产生了广泛的影响，成为中世纪神学理论重要的潜在理论威胁。用一位当代评论家的话来说，"《圣经》启示思想和希腊哲学之间的论争"推动了整个中世纪欧洲的学术发展。[5] 正如《论形而上学》（Metaphysics）和《论自然哲学》（Libri Naturales）中所体现的，亚里士多德的自然哲学思想最初遭到了很多抵制，尤其是教皇特使库尔松（Robert de Courcon）所颁发的著名法令，该法令禁止在 1215 年的巴黎大学中教授理性主义思想。[6] 这一法令立即受到了广泛重视，而且它的影响贯穿于《以玫瑰之名》的叙事始终。修士决定隐匿亚里士多德《诗学》（Poetics）的第二册，其实是一个隐喻，害怕它的流传会让读者违背库尔松的法令。然而，到 13 世纪末，这一法令已经失去了它的约束力。亚里士多德的著作不仅获得了日益广泛的传播，而且它们被著名的伊斯兰教和犹太教的哲学家，尤其是阿维斯纳（Avicenna）、阿维若斯（Averroes）和迈蒙尼德所解释梳理。关于认知推理极为重要的介绍性著作《认主学》（the Kalaam）是 13 世纪伊斯兰教哲学最为核心的论著，阿维斯纳和阿维若斯关于亚里士多德哲学思想的"评注"（Commentary），强调理性和神学启示之间具有不可调和性的思想，在西方受到了尤为普遍的推崇。在 13 世纪晚期，阿维若斯提出的体现在智力的潜力和创造力统一体中的人类推理能力应居于首要地位的教义，被西格（Siger）和柏修斯（Boethius）在巴黎宣讲。这一思想宣传如此广泛以至于在 1270 年和 1277 年，这两位学者先后被教皇约翰十六世（Pope John XXI）宣告为异端。事实上，尽管阿奎那公开质疑西格的极端立场，但阿奎那论著中关于反对任何推理的适应性所产生的影响的理论也被间接批评为是不恰当的。用一位当代评论家的话来说，中世纪神学是被逐渐瓦解的，"被各种观点质疑，受到论争支持，明显与信仰相违背"。而且在逻辑辩论中，这些辩论是不能通过寓言来进行解释的。最终，犹太教哲学家迈蒙尼德找到了一种能够让逻辑和信仰彼此相调和的理论资源。[7]

175　　　　然而，在研究阿奎那的宗教调和理论，以及他对迈蒙尼德理论的运用之前，还有最后一个研究视角需要关注。在《以玫瑰之名》全书中，威廉修士反复确认奥卡姆的威廉所提出的唯名论怀疑主义的影响。阿奎那一提出他的宗教调和主义理论，很多学者就开始质疑调和理论普世说的本质内容，其中或许唯名主义学者和持奥卡姆思想的学者的影响最大。奥卡姆学者事实上是坚持"原创思想"的学者，他们明确拒绝任何公认的知识，包括阿奎那的思想。鉴于阿奎那提出了一种看似逻辑上矛盾的调和理论，奥卡姆对人类的智慧持怀疑态度。在最后的分析中，他关于推理知识的最终立场或许比任何当代基督教学者更加接近于阿维若斯的观点。尽管如此，鉴于阿维若斯坚持理性主义，奥卡姆则支持偶然性，并且为此坚决地拒绝接受亚里士多德的形而上学理论。[8]在他关于中世纪美学的研究中，艾柯揭示了奥卡姆论著中对于存在主义潜在可能性的自觉觉醒，及其对唯名主义理论不可避免的影响。对于奥卡姆而言，他提出"创造事物"是"绝对偶然的"，遵从"不能持久的宇宙秩序"。世界上任何秩序或者统一体都是与事物本身相关的。个人的存在是完全偶然的。正如艾柯所确认的，奥卡姆是一个走在其时代前列的人，通过将故事中的主要人物与奥卡姆相连，艾柯对中世纪哲学中的怀疑主义立场进行了尤为深入的剖析，而这一立场和当代批判理论的立场是极为相近的，正如我们将要读到的，艾柯最终希望确证这一观点。[9]

　　　　得益于后见之明，我们可能很容易将奥卡姆与我们所熟悉的以卡尔·贾思博（Karl Jaspers）为代表的神学存在主义相联系。然而，在 13 世纪欧洲教皇权威之下，学者们很难将这一思想进行归类，只能将其认为是一种异端思想。专注于个人地位，以及所有人平等的思想，不仅赢得了许多异端教派的支持，而且赢得了很多有重要影响力的基督教派的支持，例如方济各修会（Franciscans），这些成为对罗马权威的一种真正的威胁。除了他们和平等政治之间的联系，正是方济各修会致力于扶贫济弱，使得其因此获封的勋爵更接近于为教皇所不能接受的异端角色。奥卡姆自己，小说中一个像修士威廉的方济各修会的修士，最终被教皇 176 宣告为有罪，并被迫和方济各修会的牧师（Minister General of the Franciscan Order）塞斯纳的迈克（Michael of Cesena）在 1328 年逃离阿维尼翁。迈克在《以玫瑰之名》中也被提到。通过阿德索（Adso），艾柯讲述了他所参加的在阿维尼翁的辩论，以及他之后的逃离。这些哲学与神学之间的争论是理论争论，而且事实上是小说的政治背景。通过从小说开始对典型读者的建构，艾柯直接设定了神学政治的语境描述。[10]

　　阿奎那极为成功地提出了将理性和天启论两种显然相互对立的思想相调和的理论。这种明显的不相容性直接指向了两个基本问题，造物者的本质和人脑思考的极限。这两个问题都源自亚里士多德的理性。为了维护基督教信仰的权威，对于阿奎那和任何其他基督教理论家而言，最重要的是首先要确认上帝创世的现实，并以此驳斥关于存在一个没有始终的永恒世界的观点；其次，确认将最高的、无可置疑的天启思想作为超越理性力量的认知理论，从而否定人类的理性认知能力。正如圣·奥古斯丁（St Augustine）所宣称的，这当然是一种公认的智慧，它在早期中世纪神学理论中居于无可争议的统治地位。阿奎那的哲学目的是寻求一种获得真理和福音的方式。当然，他因此拒绝在中世纪晚期哲学中出现的任何怀疑主义理论。与此同时，尽管他将亚里士多德的目的（telos）理论作为他哲学理论的核心，但他仍然将其作为上帝神圣天启力量的从属理论。这一观点是在奥古斯丁具有重大影响力的著作《神的光照学说》（Doctrine of Divine Illumination）中建立起来的，在这部著作中上帝被认为是所有理性的源泉，因此也是所有证明力的来源。上帝的存在一直是一种信仰，而不是思想，它被归纳为一句著名的格言：

"因此不要为了信仰而理解，而是信仰你所理解的；因为'只有信仰，你才会理解'。"[11] 阿奎那幼年受教于他的老师伟大的阿尔伯特（Albert the Great），他深深地受到了奥古斯丁的影响，因此事实上在最后的

177 分析中阿奎那从根本上仍是忠于奥古斯丁提出的基本理论框架。尽管如此，在 13 世纪中期，理性的挑战已经不断地被更新和加强，阿奎那不得不面对阿尔伯特所曾经面对的试图调和奥古斯丁和亚里士多德思想时所面临的难题。

阿奎那调和理论的核心是将所有人类理性的力量都通过永恒法归结于神圣的权威。尽管如此，他采用了一种截然不同的哲学方式推导出这一结论。最重要的是他认为理性和天启都是由完全不同的规则所约束的。根据这种思路，理性被认为是天启思想的补充方式，而不是对天启思想的挑战。根据阿奎那的观点，亚里士多德提出了促进上帝工作的独特的"工具"（instrument）。调和从来不是和解，因为并不存在任何概念冲突。理解这一点的关键在于了解这两种思想的概念定义。正如一位注释学者所注意到的，阿奎那是将亚里士多德的"目的伦理"（teleological ethics）作为"基督教伦理的基础结构"（substructure for Christian ethics）。[12] 和神学一样，理性拥有它自己的真相（truths）和本质（quidditas）。当然，正是阿奎那关于理性是启示录补充思想的观点体现了阿奎那已经远远不是要建立奥古斯丁的教义理论，而是通过这种方式来进一步推导出奥卡姆的唯名主义理论。通过将人类的智力列为只是学习的辅助性地位，和阿维若斯与奥卡姆一样，阿奎那认为人的智力是活跃的，具有创造性的。正如很多评注者们的研究表明，这一运动使得阿奎那比任何在他之前的基督教神学家都更接近于亚里士多德，尤其是接近于亚里士多德曾经提出具体证据本质的论著《尼克马可伦理学》（*Nichomachean Ethics*）中最著名的段落中的内容。[13] 最终，也正是这一内容论证了天启论和理性将作为一个"和谐的整体"互为补充，通过这一理论展现了亚里士多德思想的影响。因为没有真正正确的推理能够与天启论相违背，天启论因此只能通过描述来进行推理。理论结构仍然存在，但是

理论图景已经截然不同。[14]

　　阿奎那的法理学是这一调和理论的核心思想，这一思想完全源自他在《神学大全》第 90~108 个问题中所提出的法律和政治秩序的思想。[15] 艾柯关于《以玫瑰之名》第五天的记述以及这一部分内容所提出的法理学问题就是围绕着这些问题展开的。亚里士多德的影响或许是阿奎那政治理论中最明显的。尽管这样，在研究这一理论之前，首先有必要考察一下犹太哲学家和法理学家迈蒙尼德的思想，他对于亚里士多德思想的接受方式和阿奎那是相类似的。最近的研究一直在反复强调迈蒙尼德对于阿奎那的影响，尤其是对于他的法理学思想的影响。[16] 正是迈蒙尼德在他所著的《迷途指津》中首先谈及了理性和天启论之间互补关系的本质，而不是彼此之间单纯的屈从关系。[17] 迈蒙尼德提出了知性（cognition）的两个层次。第一个层次是天启的"预知"（recognition），第二个层次是理性的"认知"（cognition）。迈蒙尼德的《准则》（*The Codes*）正是依循这一理论互补关系而制定的。[18] 这两个层次的存在源自迈蒙尼德关于创世纪的描述，在第一册的第二章中，亚当被剥夺了他的"理性理解力"（intellectual apprehension），而且因为他所犯下的原罪，被抛入知性中。通过在《迷途指津》中第二册和第三册中对于互补的两种知性层次的集中论述，迈蒙尼德描述了理性在主导人类事务中所扮演的角色。因此，他所提出的法律因为是理性的，所以是自然的，所以绝不构成对于神圣的上帝法的挑战。它已经获得自然的形象："因此我认为尽管法律不是自然的，但它成为了自然的一部分。"[19] 换句话说，法律不是理性，而是天启的产物，只是它需要通过理性来获得。它的这种获得方式是因为神圣的上帝法的存在："法律是费尽心力所发现的来自上帝的正确意见……你必须知道法律所提出的指引是来自上帝，只要上帝是受尊崇的，法律就是神圣的。"[20] 法律不是被理性所质疑的，而是通过理性所认知的，它能够被判定为好与坏，但是不能被判定为真实或者虚假。[21]

　　阿奎那在建构他的理性和天启相调和的理论中，采用了相同的认知双层理论。而且，和迈蒙尼德一样，当然遵从了整个基督教学者的传统，阿奎那将创世纪作为他的圣经权威。[22] 关于知性的层次首先体现了将理性适用于道德和美德的论题的能力，其次这些规则至高无上、毫无争议的合法性通过上帝法所给予我们的是对这些法律毋庸置疑地接受。正如迈蒙尼德所进行的工作，哲学探究同时也是法理探究。在专门论述上帝存在的《神学大全》的第一个部分中，阿奎那对政府的自然秩序进行了深入的思考。[23] 他之所以对这一问题进行论述，是因为亚里士多德关于国家的设定是"理想化"的。对于阿奎那而言，上帝是"理想化"的，然而同时根据亚里士多德所提出的要求，以及中世纪政体的要求，需要将国家假定为理想的类型。[24] 阿奎那直接的解决方案是认为国家是上帝启示的产物，因此它以及它的法律和上帝创造它们的时候一样的完美。它们是好的还是坏的不是一个认知意义上的论题，当然也不是一个政治意义上反抗的论题。正如之前所提到的，这能够推出阿奎那备受吹捧的"自然法"的几乎确切的表述。[25] 阿奎那的政治学论著揭示了他所意识到的哲学和政治学思想，他认为哲学和政治学同时是政治规则：这一点在《以玫瑰之名》中被非常确切地加以强调。阿奎那所宣称的国家现世的和精神的权威被作为义务理论而提出。根据来自亚里士多德思想的启示，他认为，人类是一种政治动物，屈从于三重戒律（triplex ordo）：上帝法（Divine Law）、理性（reason）和政治义务（political obligation），这三个部分是一个和谐的统一体。人类必须参与政治，因为他通过参与获得美德，因此他必须要遵从宪法和依照宪法所制定的法律。遵从迈蒙尼德的思想，阿奎那声明政治是人的"自然"状态，一种人必须"进入"的生活。这个和谐统一体在"基督教共和国"（respublicana Christiana）中被理想化，和柏拉图、亚里士多德一样，阿奎那认为作为个人的善应与共同善相一致。[26]

《神学大全》中的第 90～第 97 个问题所表述的是阿奎那神学理论中关于裁判和神学之间关系的内容。这一点非常清晰地体现在第 90 个问题的假设中，在这一假设中阿奎那认为"法律的本质其实就是共同善中的理性仪式，是由看护社会和法律的上帝所制定的。"这是一个通过理性来理解，并且通过神圣权威来制定的共同善，被用于指称作为一个离散概念、被接受的法律的理性效力；"自然法是通过这样的事实来制定的，上帝将法律灌输到人类的思想中从而使人类能够自然而然地领悟它"。[27] 在第 91 个问题中，阿奎那提出了他的四种法律，并通过这四种法律建构了他的哲学和政治学理论：永恒法，它让人类意识到我们的理性来源于上帝的指导；自然法，它是"通过理性创造的永恒法的一个部分"；人类法，是对永恒法的理性理解；而上帝法存在的必要性在于人"注定是永恒天赐的结果"。"宿命"（destiny）一词是由奥古斯丁提出的。上帝法是整个结构的关键，因为不仅它描述了"宿命"，而且调整和约束着其他三种法律，这些内容在第 93~97 个问题中被展开论述。然而，永恒法的思想是在第 93 个问题中被展开论述的，在这一问题中哲学被认为与政治相关，因为它是将两个层次的认知理论作为相互分离的概念提出来的。所有法律，包括在第 95~97 个问题中亚里士多德派学者所提出的人类法和国内法都是源自永恒法。因此，在很多政治家看来，正是永恒法赋予了罗马教廷精神上、理论上以及在很多政治家眼中无可置疑的权威。[28] 阿奎那在《神学大全》的第一部分和第二部分中所提出的法理学思想，不仅仅提出了阿奎那所认为的司法秩序，而且提出了在政治和哲学之间的关键性联系。基本上，第 90~97 个问题建立起了中世纪晚期的基督教组织结构，而这一组织结构也正是《以玫瑰之名》要从理论上和政治上予以驳斥的。[29]

文本的阅读

当我们阅读一个被主要用于揭示传统分析方法不足之处的文学作品时，为了便于文学分析将文本分解似乎有悖常理。但与此同时，正如在第二章中所提到的，至少在某种程度上，文本的语用学研究能够证实这一研究方法的合理性。《以玫瑰之名》以七天的形式分为各个章节，因此本章的文本分析也将遵循这一章节划分方式。这种以时间为序的分析方法将通过让文本自己发展，并且展示它自身的局限性，从而有利于读者进入艾柯所设定的"文学游戏"中。从理论角度来看，它可以让本章的读者像现实文本的典型读者一样阅读这部文学作品。

第 一 天

正如艾柯随后进行的评述，"第一天"以很长的篇幅设定了整部小说基本的知识框架。威廉修士（Brother William）被我们在上文中所讨论过的学者们所提出的普遍的理论怀疑所困扰。根据阿德索（Adso）的观察，有时候威廉会发表演说，"对公认的观点表示出重大的怀疑，而对特别的事情显示出极大的尊重"，阿德索认为这些表现都表明他（这里指威廉）"不仅是英国人，而且是一个方济各修会的修士"。[30] 当然，在整部小说中，威廉被设定为一位对于已经建立的神学理论的严谨性持普遍怀疑态度的人。在威廉和阿博内（Abo）第一次会面时，威廉提出对理性绝对正确的观点表示怀疑，他们对于神学理论的质疑和不容置疑的两种截然对立的立场就被鲜明地展现了出来。阿博内对于恶魔所扮演的角色以及宗教审判者纯洁性的毫不置疑的相信，受到了威廉的挑战，他认为即使是宗教审判者也可能受制于恶魔。阿博内被威廉的观点弄糊涂了。然而，尽管威廉拥有更为丰富的信息资料，但他也存在着相似的困惑。他对科学和进化的兴趣，以及他对奥卡姆教导的严格遵从使他在潜意识中信奉托马斯的调和理论。不仅如此，威廉遵从这一调和理论，并将它作为分析人类法官不能评判罪恶问题的权威理论。[31] 但是，阿奎那尽管宣扬他的调和理论，却已经通过提出人类生存的偶然性观点，首先转向了奥卡姆的唯名主义，这也是威廉发现他正在转变的理论方向。威廉表示他是奥卡姆的一位密友，就如同他是罗杰·培根（Roger Bacon）的密友一样。第一天中午，在和乌贝尔蒂诺（Ubertino）一次漫长的讨论中，威廉提出他准备与被谴责为有罪的异端教派和解。乌贝尔蒂诺认为，在威廉准备就异端问题与教皇代表所进行的理论争辩中，正是威廉"在知识上的自负"不仅使神学，而且使威廉和他所代表的方济各修士们陷于极大的危险之中。[32]知识的角色，以及它对已经建立的神学所提出的挑战，不仅是这部小说的焦点，也是中世纪神学政治的主要斗争领域。

斗争的征兆是科学的发展。威廉被这些科学发展所深深地吸引。然而同时他也很谨慎。科学不仅是发展的动力，也是罪恶的潜在来源。当然，这对于知识而言也是同样适用的。在他和尼古拉斯（Nicholas）关于科学可能性的讨论中，威廉强调，和其他所有事物一样，科学是一种语言。语言本身并不危险，但是它们能够成为可能是危险的事物的伪装，这并不意味着"秘密严禁被揭示"，而是意味着"知识的学习应当决定什么时候和怎样"揭示秘密。[33]因此，知识学习被置于至高无上的重要地位。然而，如果威廉谨慎地使用科学，阿博内将不会那么担心。对于阿博内而言，和知识一样，科学代表着罪恶的"深渊"（abyss）。当然，知识也是罪恶。那么在小说中具有重大象征意义的图书馆，也是一个潜在的罪恶的居所。因此，阿博内将它锁着并使它成为秘密。图书馆，作为一个适宜语言的居所，被作为迷宫而建造，只有图书管理员能够进入：

> 只有图书管理员根据图书卷册的排列，以及它们不能获得的程度知道这些书中所记述的秘密，真相或者谎言。只有他决定如何，什么时候以及是否要将这本书借阅给索取这本书的僧侣；有的时候他会首先征询我的意见。因为并不是所有人都应该知道真相，不是所有的谎言都能够被一个虔诚的灵魂所辨识出来……正是那些拥有坚定和神圣信念的人们建造了这座修道院，甚至在充满谎言的书籍中将修道院维持了上百年，只有贤明的读者才会沐浴到一线微弱的神圣的智慧之光。[34]

人们已经获得的智慧就是智慧是危险的。

在书的第一页中，艾柯就提出了小说的两个基本主题，语言和哲学，他强调任何理论的学术研究同时是符号学的研究，而《以玫瑰之名》的典型读者将通过这两个主题来加以塑造。"世界"，根据修士威廉的观点，"像一部伟大的书在同我们对话"，因为上帝"和我们讲话"就是通过"一系列象征符号永无止境的排列"。艾柯在他的小说中所做的第一件事情就是让读者认识到阅读艺术和符号解码的重要性。阅读是一种生活体验。它不是读，而是要知道如何去读。[35] 关于第一天的记述浸透着象征主义和关于阅读实践的印象，即阅读实践的关键在于理解关于人类生存环境和生活体验的更广泛的论题将必然指向重要的典型读者。因此威廉的眼镜，他在第一天结束的时候极力向尼古拉斯介绍其用途的眼镜，成为小说中一个具有持久影响的象征。当他带着他的眼镜时，威廉不仅能够有效地阅读，而且能够更好地理解所阅读的内容。[36] 伴随眼镜和图书馆，艾柯在第一天的记述中提出了三个更为令人深刻的符号隐喻。首先是教堂门的象征意义，教堂门给阿德索留下了深刻的印象以至于"使他陷入了幻境中，甚至直到今天我都很难用语言来进行描述"。小说中所描述的对于人类存在的憎恶，对于神的审判和谴责的恐惧成为修道院内外生活的象征：

183

> 我意识到这种景象是在准确地讲述修道院里曾经发生的一切，讲述我们从修道院长含蓄的暗示中所了解到的内容。在之后的日子里，有多少次我回到那里凝视着教堂的门，确信我曾经经历了它所记述的那些事情。而且我知道我们努力通过那里是为了见证一场重要的神的大屠杀。[37]

艾柯关于中世纪符号象征的研究强调了这一描述可能会对中世纪人们思想所产生的巨大影响。

第二个是和萨尔瓦多雷（Salvatore）的相遇，一个陌生的、令人感到恐惧的人，讲一种不为人熟悉的、可怕的预言。事实上，正如阿德索所意识到的，萨尔瓦多雷讲的"所有语言，没有一种是可以沟通的语言"。萨尔瓦多雷谈论人们生存状况的可怕，以及人们因受到诅咒而不能发现导致这种状况的原因。然而，因为他所说的话没有人能够理解，他被排斥在社会之外，他的神学理论和他的存在都被认为是异端，并注定要因此受到伤害。即使是坚持科学理性主义的威廉，或者恰恰是因为这一点，也认为萨尔瓦多雷是外国人，并具有危险性。[38] 萨尔瓦多雷的性格代表了最为悲剧的生活哲学。最后，阿德尔摩（Adelmo）代表了与萨尔瓦多雷截然不同的形象。阿德尔摩是一个书稿彩饰的绘制者，是艾柯称之为中世纪"英雄"艺术家中的一位，因此也是对于传统基督教会最严重的威胁之一。[39] 在看阿德尔摩的插图时，阿德索的表情"一半是沉默的崇拜，一半是嘲笑"。豪尔赫修士（Brother Jorge）对于嘲笑者的鄙视，以及他和威廉关于这一问题的讨论被用于再一次强调诗歌和知识所代表的已知的威胁。威廉对亚里士多德诗学著作的引用只是为了进一步颠覆托马斯的调和理论。阿德尔摩被笑和诗歌所引诱堕落，被知识的虚荣以及最终被一个僧侣所引诱堕落，他因此而遭受痛苦："阿德尔摩……在他所绘制的僧侣中获得了如此的愉悦，以至于他看不到他们所要表明的最终的事物。而且他最终追随了所有，我是说所有……畸形的怪物所走的道路，上帝知道将如何惩罚他"。[40] 第一天的记述以豪尔赫修士在晚餐时背诵他所阅读《规定》（the Rule）的章节中笑的颠覆性罪恶，以及威廉试图通过逻辑推理找到进入图书馆的道路结束。[41]

184

第二天

相同的两个日益相关的主题，哲学和语言哲学再一次主导了第二天的记述。威廉作为侦探的第一次行动具有符号学意义，即寻找在雪地里和在阿德尔摩尸体卜遗留下来的痕迹。[42] 这一天最后的事件是威廉和阿德索迷失在图书馆的迷宫中，寻找使他们能够出去的"指示"。艾柯将图书馆描述为，像修道院自身一样，是无法通过语言和文本了解的象征物，以及因此所导致的人类处境的不确定性的象征物。修道院已经在它周围的地区散布了一种困惑的"气氛"。在一个有趣的段落里，威廉认为修道院可能不是一个"缩微世界"（*speculum mundi*），因为并不具有自己的形式，并且根据这一点他提出了自己的怀疑。这里所蕴含的涵义是修道院不能反映世界，因为它自身就存在着困惑，而且缺乏内在的理性，这正是托马斯的立场。另一方面，一种相反的观点认为修道院是人类生存状态不确定性的反映，这是唯名主义的立场。和其他典型读者一样，阿德索被留下来对模棱两可的涵义进行冥想。[43] 当图书馆被用于反映中世纪后期对知识的不确定的态度时，图书馆迷宫的隐喻被进一步延伸。根据威廉的观点，罗马教廷不妥协的态度导致知识被用于传播困惑，而不是启迪智慧。[44] 知识被形象和影像所隐藏，被公然反对解码的秘密符号所隐藏。图书馆正是通过同样的方式被保护起来。[45]

　　艾柯再一次通过威廉强调一种具有创造性，更为积极的语言被解放的可能，它将提升传教士（communicants，一种译法领受圣餐者）之间交流的可能性。威廉和本诺（Benno）之间，以及之后威廉和豪尔赫之间的争论是关于阿德尔摩提出的隐喻，这些争论揭示了对阿奎那关于圣经文本中隐喻运用分析的各种讨论。阿奎那认为只有在这个特殊语境中，隐喻能够被用于传递文本中的真理。豪尔赫采用了更为严格的托马斯主义立场："我们的上帝耶稣从没有讲过幽默或者寓言故事，仅仅讲过明确的隐喻，这些隐喻指引我们如何到达天堂。"追随阿奎那的思想，威廉为他关于隐喻使用的观点寻求一种亚里士多德式的权威解释，他认为这种使用方式能够简化理解，并有助于文本的阅读。他认为，笑是一个人"理性"的"记号"。豪尔赫认为这就是演讲，而演讲常常能引发罪恶。随着争论的发展，威廉进一步深入探究他的怀疑主义理论，他认为有时怀疑被接受为真理的内容是正确的。人类的理性被赋予了怀疑的能力。豪尔赫拒绝接受这一观点，他认为消除怀疑必须通过寻求权威的

185

表述。[46] 二者之间的根本分歧再一次回到了中世纪神学的核心问题，个人能否有权利质疑上帝，而且这种质疑是否能够挑战神学权威。豪尔赫代表了最为保守的罗马教廷的立场，而威廉的回应则代表了托马斯思想最后内容中唯名主义反对派的最为激进的立场：

> 上帝要求我们将我们的理性用于很多晦涩不清的事情中，这些事情是圣经让我们自由决定的。而当有人认为你应该相信一种观点的时候，你必须首先研究它是否能够被接受，因为我们的理性是上帝所创造的，任何让我们的理性能够愉悦接受的事情须能让上帝神圣的理性所接受，就这一点而言，对于上帝神圣的理性，我们只能通过我们以类比，以及常常以反证的推理过程来推导获得。[47]

"第二天"也重申和发展了关于神学政治的这些哲学争论的影响。修道院巨大的财富使得阿德索感到惊诧不已，也使得威廉感到同样的困惑。修道院院长不仅为此感到自豪，而且也是这些财富的守护者。对于他而言，"这是数个世纪以来虔诚和奉献的遗产，是这个修道院权力和神圣的象征。"[48]作为关于威廉和修道院院长阿博内之间讨论的评论者，艾柯通过阿德索进一步揭示了在方济各修士和教皇派之间的争论的本质，强调其本质的核心在于关于贫穷本质的认识。本笃会教士（Benedictines）是修道院中僧侣秩序的维护者，他们一直在协调争论的双方，努力避免出现教会的分裂。正如阿博内在他的修道院中努力保持其至高无上的权威一样，他强调教廷是社会中至高无上的权威，罗马教廷必须不惜任何代价维持它的现有地位。如果教廷支持方济各修士所主张的社会平等和经济平等，那么教廷的地位将很难维持。对于神圣教廷的最大威胁在于异端教派；民众的暴动"将危害到文明社会的秩序"，而且将无情地导致人类陷入极端悲惨的境地。当威廉畅谈世界上存在的人们的悲惨生活，并含蓄地提出教廷在导致这种人间悲剧发生的过程中扮演了帮凶的角色。阿博内驳斥威廉的观点，他认为如果真理不是在神圣的教

186

廷，那么真理会在什么地方？威廉简短地回应了对方长篇大论的演说：
"有的时候，不在任何地方。"[49]回答当然并没有排斥异端本身，而阿博
内同样没有提出排除异端的有力论据。

第 三 天

在第三天的记述中哲学和符号学的论题更加深入。在第二天威廉认
为修道院是有些难以捉摸的世界一个可能的微观缩影，在第三天威廉明
确地认为这一隐喻是适当的。威廉在制造他的新眼镜时更加确信这一隐
喻。[50]正如科学可以帮助威廉改善他的视力，科学也能够帮助解开错综
复杂的迷宫。[51]关于科学挑战的整个论题在"第三天"中被强化。正如
威廉用眼镜能够更近距离地阅读图书馆中的书籍，他因此感到有必要更
近距离地审视"普遍真理"的本质。在这本书的重要段落中，威廉向阿
德索详细地解释了科学所带来的挑战，以及他对于培根和奥卡姆著作的
兴趣。在做这些介绍的同时，威廉将哲学争论及其所产生的政治后果联
系起来。科学所支持的新自然主义哲学，以及与之相关的新兴人文主义
运动，将不可避免地挑战教廷至高无上的神学权威和政治权威。威廉同
意培根所提出的重组中世纪政治的要求，他评论道："因此我认为，既
然今天我和我的朋友们相信在人类事务的处理中不是教会而是人民需要
服从法律的规范，那么在将来智者的社会将必须提出这个新的，具有自
然哲学和积极神力的人类神学。"他同样明确地肯定了奥卡姆的影响。
187 奥卡姆关于"个人"判断力的关注，使得威廉对关于能够"重构世界
法"的科学可能性心存疑虑：

> 如果个人的感觉仅仅是认为相同的原因会导致相同的结果，这
> 一感觉是很难证明的……如果我不是制造出任何一种新的事物，我
> 就不能做任何一件事情，那么我如何能发现调整所有事物的普遍联

系呢？因为通过这一运动，我的手指和所有其他物品之间的所有联系都发生了改变。[52]

当然这一问题并不是源自奥卡姆或者培根。科学和自然主义理论的发展仅仅是强化了神学所面临的挑战。正如威廉所明确指出的：

> 你知道的，阿德索，我必须相信我的观点是有用的，因为我是通过经验获得的；然而，如果相信我的观点我必须假定存在着普世法。但我不能提到它们，因为普世法和既定秩序存在的概念将暗示着上帝必须服从于它们，而上帝是绝对自由的，因此如果上帝需要，只要他的一个简单的动作，他就能够改变世界。[53]

正如阿德索所喃喃自语的，威廉所提到的"新的知识"已经不可避免地通过阿德尔摩渗入到了修道院中。对于阿德索而言，这不啻于是一种讽刺；教会的权力是建立知识之上的，而因为知识它将失去它的权力。正如艾柯在他关于中世纪智识主义的记述中所强调的，在中世纪晚期，教廷垄断了对知识的保存。当阿德索思考学习本质的时候，他同时提到了学习本质及人们对于学习的需要，对学识的渴望不会因为书本被过度翻阅破损而停顿下来。[54]这种解构正是威廉所担心的。正如他想坚持哲学普遍性的存在一样，他极力想维护社会的整体性。正是这一点使得他去寻求（如果不是寻求与异端学说的妥协）与那些被教廷所边缘化的学者的理论认同，这些学者已经被错误的导入异端之罪中。这就是14世纪政治上的排斥主义。根据威廉的观点，异端其实是一种"错觉"：

> 对被驱逐者的矫正要求削减权力的特权，因此那些意识到他们被边缘化的被驱逐者不得不被贴上异端的标签，不论他们所遵从的教义是什么。对于他们而言，被他们的被驱逐所遮蔽，他们并不真正的信仰任何教义。这就是异端的错觉。每个人都是异端，每个人都是正统的。一个运动所宣称的信仰并不意味着什么，真正有意义

188

的是这一运动所带来的希望。所有的异端都代表一面真实的旗帜，一种排斥。抹掉异端，你将会发现那些被社会所蔑视的人。[55]

异端仍然必须要被消除。正如威廉强调指出的，异端导致了理性和正义的混乱和被抛弃。[56] 但是消除异端将不能消除异端存在的原因。"第三天"的最后一件事情是阿德索所受到的诱惑，这是一个明显与异端之罪可以相提并论的罪。对于阿德索而言，那个女孩就像是出现在亚当面前的夏娃（Eva），在屈服于这一诱惑的时候阿德索如果不是被人类所遗弃，也将被教会所遗弃。正如阿德索已经接受知识代表罪的"深渊"的观点，因此他认为性也是同样的"深渊"。在详述整个事件的时候，阿德索承认他在用早些时候描述异端行为的语言描述他的这种罪行。语言可以排除任何区别，即使曾经存在着区别。阿德索用焚毁异教徒迈克（Michael）的火刑作为隐喻来描述他所体验的性高潮，这就需要读者通过想象和创造性思维来重塑阿德索的形象。根据阿德索的观点，这是阿奎那"给我们上的一课"，而且任何被用于隐喻象征所使用的结果将是："它越公开地展示一个演讲，它就更加显示出不同的外观，因此不是通过表面上看到的文字，而是通过文字所暗含的隐喻来揭示它的真相。"当然，关键词是"它的"。[57]

第四天

女孩的象征意义在"第四天"被加以延续。事实上，她成为阿德索思想中某种更加神圣的事物形象："正如整个宇宙是一本由上帝所撰写的书籍，这本书中所有的一切都告诉我们造物者的至善……在那个早晨，整个世界通过女孩在告诉我这一切。"[58] 艾柯越来越多地将女孩和自然等同。阿德索认为他自己被天性的"欲望"和理性的命令所撕裂，因此他求助于阿奎那的调和理论，希望获得解释。[59] 随着天数的增加，小说中象征物的喻义被逐渐强化。在这一天结束时，根据对图书馆的调查，迷宫的关键在于对一系列字母的解码。[60] 在"第四天"中，关于教皇政治的讨论集中在教皇所代表的象征意义，乌贝尔蒂诺认为他代表了"没有宗教信仰的异教徒"和"伟大的波斯王"。乌贝尔蒂诺对教皇的批评直切要害。而且贝伦加（Berengar）认为，教皇约翰（Pope John）在"策划一些疯狂的事情，而不去听取那些可能改变教义的实质性的建议"，即策划通过重新翻译《基督启示录》（the Apocalypse）来施加影响。换句话说，教皇将宣布一部新的依据圣经的真理。正如威廉所评论的："这是一个测试，他认为是一个值得自豪的行为。他想真正成为那个决定天堂和人间的人。"迈克修士认为这一行为已经处于危险的边缘："更糟糕的，甚至是更为糟糕的是……一方面是一个疯狂的教皇，在另一方面上帝的子民，即使是尊崇上帝的神学家们，将很快宣称要自由的解释圣经。"[61]

　　阿德索是艾柯塑造典型读者主要的文本媒介。因此在第四天阿德索的犹疑不决更加使人感到不安。当讨论到贝伦加手指变黑可能的原因时，威廉用亚里士多德三段论的演绎推理嘲弄了阿德索盲目的信仰。阿德索承认，他"一直认为逻辑是一个通用的武器，而现在我意识到它的合法性如何取决于它的使用方式。既然我已经和我所意识到的主人在一起了，而且在未来将更加清楚地知道他的存在，那么当你使用逻辑的时候，它将非常有用，只是之后你不能依赖它。"[62] 随后，当威廉探讨理性推理的或然性本质时，阿德索逐渐意识到威廉在用它象征对于既定教义的挑战："在那时我理解我的主人的推理方法，它对于我而言，不同于哲学家所运用的推理方法。哲学家的推理首先是根据第一原则，以便他将自己的知识假设为神圣的上帝的知识。我理解这一点，当他没有一个答案的时候，威廉将会给自己提出更多这样的原则，每一个和其他都不相同。我对此感到很困惑。"由于阿德索依旧"渴望获得真相"，可以给予贝尔纳·古伊（Bernardo Gui）启发的真相，阿德索一度对他的主人很"绝望"，不再期待检察官古伊的迅速到来。[63] 当担任检察官的古

伊第一次出现在故事中的时候，他立刻认为女孩是一个巫婆，应当被猫
和公鸡所代表的象征物诅咒。阿德索很快不再盲目轻信古伊会竭力寻求
事实的真相。[64] 随着象征意象对文本读者的建构，艾柯对语言在阅读行
为和真理建构中的偶然性进行了越来越多的思考。"第四天"其实是一
关于语言理论的符号。威廉对韦南齐奥（Venantius）羊皮书的解码本身
就是关于文本和知识之间关系的隐喻。在和威廉讨论文本阅读本质的时
候，阿德索

> 意识到书籍并不经常提到书籍：似乎是它们彼此之间在进行讲
> 话。在这一比喻的启示下，图书馆对于我而言似乎是最令人困扰
> 的。这是一个充斥着上百年窃窃私语的地方，在一卷和另一卷的羊
> 皮书之间进行着令人难以理解的对话，一个不是被一个人的思想所
> 统治的、拥有权力的、活着的生命，承载着很多思想家秘密的宝
> 藏，并没有因为它们的创造者或者传递者的消亡而消亡。[65]

事实上这是语言的沙沙声。书中的任何其他段落都没有比它能更好
地将文本作为一个活的有机体来描述它的力量。之后，在图书馆中，威
廉更加深刻地体验到阿德索所提到的语言特质，以及他所认为的书写的
文字能够创造许多真理的观点："书不是为了被相信而撰写的，而是为
了被质疑。当我们研究一本书的时候，我们不能问自己它在说什么，而
是应该问它意味着什么，这是那些神圣的书籍注释者们早已经在思想中
清晰地意识到的问题。"[66]

第五天

第五天对于任何法律与文学研究而言都是最为有趣的一节，因为它
包含了辩论和审判场景。"第五天"所记述的现实行为与"第四天"和

"第六天"中更为理性的分析形成了鲜明的对比。当然，这并不意味着削弱对于文本符号学的重视。事实上，这一节的叙述是以阿德索对于门楣雕塑的评论开始的，这些雕塑使人心情舒畅，与那些在"第一天"令阿德索感到焦躁不安的雕塑形成了鲜明的对比，阿德索希望这是对即将进行的辩论的成功"卜卦"。[67] 这一辩论以对最近的教皇历史的冗长叙述开始，然后逐渐围绕财产和基督贫困的论题具体化。首先提出重要观点的是乌贝尔蒂诺，他提出了方济各派的案例。乌贝尔蒂诺直接进入他从圣经手抄本中翻译出的财产权的法理学论题。根据这些文本，乌贝尔蒂诺认为对于基督（Christ）和使徒们（Apostles）而言，有两种方式可以拥有商品。第一种是文明的和世俗的方式，第二种是对于自然界事物的先占：

> 正是凭借这一点，当诉诸帝国法官的时候，一个人在文明和世俗意义上能够以财产所有权对抗任何取得自己所有的物品的人……。然而，从另一个方面来看，出于共同的兄弟之间的善意，也可以暂时占有事物，正是以这种方式基督和他的信徒们以自然的权利拥有一些物品，他们所拥有的这种权利被称之为自然权利（ius poli），这是为了维持自然界而制定的天堂的法律，没有人类的干涉，它以财产的占有原因为辅助，而实在权利（ius fori）则是源自人类交往习惯的权力。就财产权而论，在物的第一次分类之前，和今天的其他物一样，它不归于任何人所有，谁取得了它就获得了它的所有权；在某种意义上，物对于所有人都是相同的，而只有在原罪之后，我们的祖先们开始划分物的所有权，并因此开始了我们所知道的世俗统治。[68]

教皇则极力抵制财产权分类的观点，这种观点使一种可能凌驾于罗马司法管辖权之上的普遍的财产所有权合法化。事实上，基督贫困所代表的事实是，作为上帝的儿子，基督拥有所有的一切。因此，世俗的权

191

威对所有的一切都拥有司法管辖权，至于类似这些的讨论，都源自经文中"罗马教皇，在关于信仰和道德的所有领域，能够撤销他前任的决定，甚至能够提出相反的主张。"

很快争论沦为对异端的各种指责和辩护，最终成为争论各方之间的争斗。虽然正如威廉向阿德索所指出的，从本质上来看，争论的各方都是在阿奎那所试图界定的论域内进行讨论，即关于上帝神圣的权威和世俗权威之间的相对司法管辖权的问题。[69]威廉的讨论正是在这些界定中进行。在最初开始的时候，他就强调"上帝已经给亚当和他的后继者们统治地球上一切的权力，只要他们遵守他神圣的法律，（通过这一点）我们能够推断出上帝也不是不愿意认为在地球上的所有事物中，人类应当是立法者，而且是有意义的法律存在的首要原因。"尽管这样，根据
192 这一点，威廉开始通过与世俗的基督教权威脱离，提出被认为是激进的政治观点：

> 很清楚，对于地球上事物的立法，因此也是对所有城市和王国所有事物的立法，和教会法不可剥夺的特权，即神圣的监管和管理是毫不相关的。对于他（这里应指教皇）而言，他的结论是以基督本人的行为作为支持，基督并没有亲自到这个世界来作出命令，而是通过他在这个世界所发现的具体条件来施加他的影响，至少恺撒的法律是这样的。基督并没有让他的使徒去发布命令或者进行统治，因此对于使徒们的后继者而言，去除任何世俗的或者强制性的权力是一件明智的事情。[70]

威廉以恺撒皇帝的立法反对教皇的立法，在这一观点的支持下，威廉又更加明确地提出，"如果教皇，主教和教士们不服从君主的世俗的、强制性的权力，君主的权威将受到挑战，随之而来根据上帝命令所形成的秩序将受到挑战，就像之前所证实的那样。在关于异端的争论不休的论题上，教廷可以警告异端他将使自己脱离'信仰的社会'，正如君主

能够谴责异端，如果他的行为'危害到了社会'，但是只有上帝能够审判异端。如果教廷试图盗用这一角色，那么基督教义将不再是一部关于自由的法律，而是一部'令人难以忍受的奴隶法'"。威廉的讨论，逐层递进，直接切入中世纪政治和哲学争论的核心论题，从政治和学术的角度揭示了对既定教皇地位的深刻挑战。[71]

这一争论之后是一个审判场景。在这一场景中，与威廉为异端和罪人的辩护形成直接的对比，宗教法庭的审判者古伊给雷米奇奥（Remigio）、萨尔瓦多雷和女孩定了罪。这一叙述以对"审判室"，即修道院教士房间的描述开始。古伊占据了大厅的中心位置，主导整个程序的进行。他首先以"某种正式的术语"对他作为审判官的角色进行介绍。古伊的角色是讯问者。这一角色使古伊恰恰处于陀思妥耶夫斯基、卡夫卡和加缪小说中地方预审官的地位。他将命令被告加入到这个语词的游戏中，从而发现他们罪的"线索"。审判总是语词问题。艾柯在本书的前几页中就已经对这一点加以强调。威廉放弃成为审判官，只是想避免"因一句话而怀疑整个事实"。[72]雷米奇奥轻易地屈服于古伊的审判使阿德索感到很惊讶。阿德索认为雷米奇奥所接受的长期的学术训练将使他能够更好地"用同样正式的语言回答正式的问题"。事实上，正如古伊愤怒地指出的，使用他的教派所教给他的"冷酷的、顽固的术语"，雷米奇奥非常善于进行这个话语游戏。[73]古伊和雷米奇奥所使用的"语言"与他和没有受到良好教育、缺乏经验的萨尔瓦多雷所使用的"语言"形成了鲜明的对比。对雷米奇奥，古伊使用了律师的术语，而对萨尔瓦多雷，古伊则使用了对话的方式，并因为萨尔瓦多雷的承认宽恕了他，与此同时通过使用律师术语对雷米奇奥进行了定罪。萨尔瓦多雷意识到成功仅仅依靠他的语言组织顺序，就不再努力为自己辩护。当然，雷米奇奥意识到他们中的任何一个人都不能通过语言使得自己免于被定罪。他们的语言是语言的异端。当雷米奇奥离开正式的讨论，试图解释事实真相的时候，他最终使自己陷于困境之中。[74]司法调查的过程，以及试图揭示真相的实践都受限于语言和古伊。这个"完美"的审判官，

193

随着被告的改变而改变语言的运用。而真正的谋杀犯马拉希亚（Malachi）虽然对他的行为撒了谎，但是因为他进行了象征性的宣誓，并且遵从了法庭的规定，他保全了自己的自由。然而，当雷米奇奥试图对他所陈述的事实发誓时，古伊却揭示了象征意义宣誓中的矛盾："你发誓，希望被赦免罪行，但是我告诉你，一个简单的誓言是无法说服我的！我能够要求一个、两个、三个、一百个，只要我想要我都可以要求。我知道得非常清楚，你们假使徒对为了不背叛教派而发伪誓的人是免罪的，因此你的每一个誓言都是你罪孽的新的见证！"正如古伊得意洋洋地指出的，雷米奇奥已经在语言上输掉了审判，一场他没有希望赢得的审判，"你只能必须承认。而且无论你供认或是不供认，你都会受到惩罚和判决，因为你将受到一个发伪誓的人应有的处罚！"[75]

对于雷米奇奥的审讯给古伊提供了一个扩大审判范围的机会，他再次提出方济会修士所提出的质疑，教皇对于世俗政权的权威问题。[76]修道院院长也意识到古伊要在他的教堂中试图审判"这个世纪所有的罪恶"。雷米奇奥让自己从语言的束缚中解放出来，而他曾经试图用语言来保护自己，他承认他过去是生活在"词语"和"幻想"之中。他承认他的异端思想事实上是源自"不合作主义"的实践。根据古伊的观点，这种"不合作主义"的核心思想在于认为俗人不必向那些"没有践行最初的基督使徒们所进行的全面自我净化和体验贫穷的教士"缴纳什一税。这是最终的异端思想，也是对教廷所提出的最直接的挑战，正如雷米奇奥所承认的，这一思想是建立在关于"贫穷"的"普遍法"之上。[77]然后，雷米奇奥被移交给了世俗的权威，以便让他能够完全认罪，从而能够给自己赎罪。古伊和威廉事实上都认为语言是唯一有效的救赎方式，尽管在威廉的眼中，雷米奇奥在为他关于贫穷的普遍法辩护的时候，他已经获得了自我救赎。这是一个永恒的真理，而且任何一方都不认为它能够因为人类的意志而改变。[78]这样由于语词的失败，雷米奇奥像一个被剥夺了讲话权利的人，只能像醉汉一样喃喃自语。之后他转而做了一个冗长虚假的认罪，古伊认为他的这种认罪恰如其分，因此是可信的，雷米奇奥以魔鬼的象征作为认罪的结束。最后，在他的欺骗中，雷米奇奥运用了适当的语言，说它适当是因为这是古伊所能够理解的语言，说它适当是因为这是古伊期望雷米奇奥所表达的语言。[79]

他结束讲话的时候，古伊提醒他的听众们，雷米奇奥自己只是异端思想的象征，而且异端思想能够通过查明其存在的六个"指示"或者符号从而被肃清。他强调，第六个符号在于对语言和理性的错误使用，而这两个误用总是能够在书面语中被发现，而这是异端思想最基本的传播工具。[80]考虑到修道院中隐藏着基督教世界中最大的图书馆，而图书管理员谋杀他的同事是为了保守这个秘密，这成了一个讽刺的结果。古伊的胜利恰恰证明了威廉关于审判者和审判所扮演角色的警告。正如他向乌贝尔蒂诺所做的评论，在这种情境中"每个语词"都能够被"歪曲"。[81]根据威廉的观点，对于正义的"欲望"在某种意义上和其他任何"欲望"一样危险和罪恶，因为这种欲望将依赖并且将激发对于权力的欲望。正义不必被拥有，而且对于正义的"被扭曲的欲望"将导致对正义的扭曲概念，以及扭曲的"正义"现实。这事实上也正是对于书籍的欲望所可能导致的结果，威廉怀疑正是这个原因导致书籍被禁锢在图书馆的塔楼之中。没有被阅读的书是罪，是对于书的歪曲："书的价值在于它被阅读。书是由谈论其他符号的符号组成，通过这些符号来讲述事物。如果没有人来阅读它，书所包含的符号将无法创造出概念，因此它只是垃圾。"[82]正如书籍承载着知识的财富，因此教廷试图隐藏知识所蕴含的解放思想的潜能。正如豪尔赫所强调的，最重要的财富是知识，知识就是力量。在豪尔赫看来，教廷就是履行上帝所赋予它的知识保护者的角色。教廷的角色就是压抑那些试图创造知识的任何努力。知识不是被创造的，而仅仅是被用于认知。豪尔赫重新确认传统神学中知识所扮演的角色是罪的衍生，从而为第5天发生的重大事件画上了句号。这一天威廉描述为"肮脏……充满了血腥和毁灭"。[83]第五天最终的受害者不是雷米奇奥，或者萨尔瓦多雷，而是知识自身。

195

第六天和第七天

~~~~~~~~✧~~~~~~~~

　　在一定程度上，小说"第五天"中的事件毫无疑问是小说的核心内容，也代表了小说的高潮。在这些重大事件发生之后，对于典型的法学读者而言，[84]"第六天"似乎没什么事件发生，也没有关于符号的评论。然而，"第六天"确实展现了一系列反映前一天事件的象征性的征兆。这一章描写了尼古拉斯的遗物，他曾经用来消除他自己对于修道院情况的疑虑，用来通过对于过去的确信来否认对于现在的不确定性，威廉认为这些遗物如果不是关于贫穷问题讨论的原因，就是关于这一讨论的缩影。[85] 或许更重要的是修道院院长关于修道院设计的评论，修道院事实上是作为象征着信仰和生命的建筑，他以权威的口吻确认修道院不仅是教廷处理自己事务的权威，而且也是处理人类事务的权威。根据阿博内的观点，戒指所代表的是一种"不可思议的语言"："是我权威的象征，也是我的责任所在。它不仅仅代表着一个誓言，它是用神圣的语词提醒我，它是我所必须守护的"。和修道院院长一样，戒指与当然应包括在内的图书馆，都象征着教廷是知识的保护者，不允许外人肆意窥探。戒指保护着知识不受到魔鬼的"诱惑"。事实上，修道院院长希望通过强迫阿德索在戒指所代表的教廷权威前发誓，对他在之前五天中所听到的、所了解到的事情保守秘密。正是威廉的介入使得阿德索没有在教廷权威之下保持沉默。修道院院长以严厉的斥责回敬威廉，认为他是一个顽固不化的"托钵僧"和"异教徒"。[86]

　　正是在"第六天"结束的时候，威廉终于破解了进入"非洲之角"（finis Africae）的通道密码，从而进入迷宫之内，并得到了它所保护的知识。第七天，最后一天，因此代表了小说最后的结局。它不仅仅是关于最后事件的记述，它代表了最后的分裂，在威廉看来，它反映了人类生活境况中不可避免的分裂。通往"非洲之角"的通道为最直接的困惑

196

提供了答案。但它没有为更大的问题提供答案。在房间中，他发现了豪尔赫，后者为他解释了图书馆和修道院院长所隐藏的秘密。威廉因此成功地解开了修道院中所发生的一系列神秘死亡事件的真相。尽管这样，他承认自己能够揭开一系列的谜团很大程度上是因为运气，因为他所采用的是一个"错误的模式"。威廉仅仅是幸运。[87] 推理没有给威廉提供答案，神同样也没有给他揭示答案。这就是为什么对于神秘问题的探究不能够解答困扰他的更为困惑的问题。在命运的安排下，威廉已经意识到修道院试图隐藏的具体知识是关于"笑"和对于书写的象征性符号的误用，这正是亚里士多德的《诗学》第二册中所记述的，而这部珍本被图书馆藏起来，突出体现了对于知识的压制。正如威廉所了解到的，《诗学》第二册是亚里士多德对文本作者和读者创造性与质疑能力的研究。对于豪尔赫而言，这一研究是对教廷知识权威的最大威胁。在他看来，亚里士多德所撰写的"每一本书"都将"破坏历经数百年积累起来的基督教知识的一部分"。亚里士多德的著作使人们质疑"语词的力量"。最危险的是，它使人们怀疑造物主的神谕和世界末日的存在。这是对隐喻的最终误用。现在所有人都在为圣经中所描述的所有事件寻求确实的证据。只有上帝的存在是人们确信无疑的。在豪尔赫看来，《诗学》第二册中所包含的符号学意义，"将会使上帝也成为被解释的对象，将会使人们跨过最后一道界限"。[88] 在质疑豪尔赫害怕这本书被人看到的理由时，威廉指出"你不能通过隐匿一本书而消灭笑"，威廉提出了一个关于文本使用的最根本的问题——读者能独立于文本而存在么？答案当然是"是的"，但是当读者在阅读文本的时候，他们不可避免地要受到文本内容的影响，这正是豪尔赫所担心的。这本书将影响它的读者，塑造它的读者。如果作品对政权执政者进行嘲讽，那么读者也同样会对政权执政者进行嘲讽。

　　在所有社会结构中，法律秩序遭受了最为严苛的嘲讽，因此典型的法律读者或许更能够理解豪尔赫论述的真实性。当然这是一个令人感到并不舒服的事实真相，而且它并不必然地意味着知识应当被压制。所有的真相都是令人感到不舒服的，而且正如威廉已经意识到的，人类生存的需要将要求他们必须不时地做出妥协。豪尔赫认为，"笑将使农民们不再恐惧"，而"法律是靠恐惧来实施的"。法律必须被无条件地遵守。从 14 世纪开始至今，这一法学理论都被认为是理所当然的，并被从霍布斯、边沁（杰里米·边沁，Jeremy Bentham）到哈特的法学思想家所推崇：令人感到不舒服，但这就是真理。亚里士多德的教导将世界翻转，导致法律缺位，从而使其陷入无序之中。正如柏拉图所承认的，在控制和自由之间，在国家和个人之间存在着法理学上的紧张关系。[89] 威廉对此毫不妥协。他认为，豪尔赫的观点代表的是魔鬼的立场，因为他所主张的是超越了人类认知能力之上的最终的真理。豪尔赫陷入由自己的知识自负所搭建的罗网之中。君主权威，如果不能运用亚里士多德的平衡理论来加以协调，同样是应当受到诅咒的。它同样是魔鬼的工作。[90]

198 　　图书馆的破坏可能被认为是代表了修道院藏匿知识的努力最终归于失败。然而，与此同时，图书馆的破坏也可能被认为代表了修道院的最终成功。威廉在极度愤怒中谴责豪尔赫虽然试图在救出《诗学》，但是这一行为"太晚了"，"亚里士多德的著作，或者这位老人去世之后所保留下来的其他文献，都已经被烧掉了"。阿德索"意识到整个迷宫就是一个巨大牺牲的燃料堆，都在等待第一个火星的迸出。"[91] 毁灭和混乱的气氛一直伴随这本小说的始终。作者对读者进行了构想，甚至塑造了读者的形象，但是并没有给作为读者的他/她提供任何答案，甚至没有给出任何建议。在阿德索的观念中，威廉和豪尔赫之间的斗争象征着善与恶之间的斗争。但是答案并不那样简单。豪尔赫的死和图书馆的被烧毁，没有给威廉留下任何解决问题的方案。他对阿德索的观察谴责了如此的幻想："或许那些热爱人类的人们的任务就是让人们笑出来，因为唯一的真理在于学习让我们从对于真理荒谬的热情中解放出来。"正如并不存在密谋一样，并不存在着真相。前七天都被用于搜寻不能被发现的事实。[92] 阿德索因为"自相矛盾的"论断而感到烦躁不安，试图在威廉探究真相发现的痕迹中找到某种联系。阿德索和威廉在最后相互间的交换中揭示了威廉所处情境中的基本的、不确定性的程度，当然这也代表了人类生活的不确定性："阿德索，我从没有怀疑过痕迹所代表的真相，它们是人类唯一可以探究自己在世界上的起源的线索。我所不能理解的是这些痕迹之间的关系……我固执地追寻秩序的表象，而我应该早就知道宇宙中根本不存在任何秩序"。并不是宇宙中不存在任何可以为人们所认识的秩序，而是根本不存在任何秩序。正如文本中所描述的痕迹，痕迹是生活中唯一的真相。至少对于威廉而言，它是一个令人感到困扰的真相，因为它直接对他已经接受的托马斯思想的核心内容提出了挑战："很难接受这样的观点，宇宙中并不存在着一个秩序，这一观点直接对上帝的自由意志和全能能力提出了质疑。因此，上帝存在自由意志的观点是我们的错误，或者至少是对我们自负的谴责"。即使看上去是无法避免的，但阿德索提出的支持性观点甚至更为糟糕。如果并不存在真相，那么也就不再存在任何"可能的和彼此交流的知识学习"。这是威廉最后的话："这里存在着太多的困惑……Non in commotione, non in commotione Dominus"。[93] 在小说的最后，艾柯仍然坚持不懈地努力论证这一点。小说可能已经完成了对于典型读者的模型构建，但至此《以玫瑰之名》这部小说的故事已经结束了。

文本的使用：艾柯对于自己作品的评论

为了回应人们对于《以玫瑰之名》的批判性和知识性的深度评价，在这本书出版三年之后，艾柯撰写了题为《关于〈以玫瑰之名〉的反思》的论文集。[94] 他强调，这本书并不是对小说文本做出的任何意义上某种确切的解释。他指出，小说创作完成后，确实不需要任何解释。人们对他的小说所提出的各种解释让艾柯更加确信他的这一观点。艾柯继续指出，这些解释在不同程度上获得了读者的认同，是因为他所看到的所有关于小说的解释，无论是否与作为作者的他的本意相吻合，都有它们自身的合理性。[95] 在谈到这一观点的时候，在《反思》一书中艾柯通过论文强调了他关于文本写作和阅读的基本立场。首先，他强调了典型作者和典型读者在文本创作和文本评价中的角色。艾柯指出，他选择中世纪作为故事的发生背景，确实是因为他认为这是学术研究兴盛的时期，便于他更好地构思和创造他的典型读者。讲好一个故事，而且人类是天生"讲故事的人"，解释的创作者，首先最重要的是尽可能细致地"创造一个世界"。作者常常是在构建一部小说。[96] 类似的，尽管他没有做出这部小说是否是一部"开放的"或者"封闭的"小说的任何明确说明，艾柯仍然强调了他的创作意图，尤其是在对第一天的描述中。在这一天，他对 14 世纪的哲学、符号学和政治学的历史进行了大量的描述，从而更好地设定了他的典型读者。正如评论者所指出的，艾柯的目的当然是展现一个开放的文本，从而试图"创造出"一个读者，而不是一个单纯的已经存在的读者。艾柯希望在整部小说中都存在着作者和读者之间持续进行的对话。艾柯在小说中进一步论证了读者多样性的论断，批判性的或者非批判性的，他指出他想通过阿德索来讲述故事中的系列事件。由于阿德索不理解任何事情，因此读者可以从这一点出发来界定自己对于"人情世故"的了解程度。阿德索始终是因为不了解人情世故而感到困惑，而另一方面威廉则因为精于人情世故而感到困惑。[97]

根据艾柯的解读，小说中第二个持续进行的对话是在文本和更早编撰的文本之间。书籍常常是关于其他书籍的解读。根据艾柯的观点，任何书籍都将是谈论其他书籍的。[98] 换句话说，书是文学的符号。这也是对于艾柯作品的探讨最新得出的结论，这一观点认为小说本身就是一个"符号"，和阿德索一样，读者在小说中通过解读符号受到教育。[99] 艾柯承认，他讲述的是历史。这也是他的创作初衷。更准确地说，他是作为历史学家来进行写作，他所创作的文本是嵌于历史与现实之间。[100] 因此，被精心设定的读者是在进行历史性的阅读。正如很多评论家们所指出的，这需要大量的关于中世纪符号学的知识。这不仅仅因为艾柯对于符号学很感兴趣，而且因为符号学在中世纪哲学和神学中居于非常重要的核心地位。正如一位评论家最近指出的，符号学是一个"神学学科……，是从神学知识中分离出来的学科"。[101] 更确切地说，这一观点肯定了艾柯关于中世纪符号学的研究。[102] 在艾柯对小说的定位方面，他的神学创作总是历史性的，是对他自己神学立场的历史性诠释，这是他作品的特点。

　　艾柯最早是进行中世纪艺术研究的。在他的著作《中世纪的艺术与美》（*Art and Beauty in the Middle Ages*）中，艾柯发表了一系列的论文，中世纪美学的发展逐渐忽略体系化，而更倾向于实践性研究。事实上和所有事情一样，中世纪美学和符号学的故事，是关于经典哲学和神学之间相互调和的故事，是理性和神启之间相互调和的故事。用艾柯的话来讲，自古以来就存在着来自尘世快乐的需求和对超自然力量的追寻之间的矛盾。[103] 苏格拉底曾指出，美是内在的，是一种关于和谐的表达。尽管如此，经典作品所展示的是一种抽象的美。艾柯认为，阿奎那的理论基本调和了上述两者之间的关系，而且也是最有影响力的理论。阿奎那提出物质的美体现了一种由"上帝之手"所创造的抽象的美。因此，人们所已知的事物展现出来的美是一种客观的美。这种客观性源自一种中世纪符号学理论，这当然也是阿奎那所提出的理论体系中最具影响力的内容之一。阿奎那将符号学抽象化，认为自然界的事物并不具有任何隐喻的特质。因此，在圣经中象征主义的使用仅仅是受到文本自身，以及文本所构建的典型读者的影响。他认为，因此圣经应当逐字逐句地按照字面意思进行解读，而不是阅读文字的隐喻含义，这一观点对当时公认的圣经研究理论进行了颠覆，并对早期的中世纪形而上学理论予以毁灭性的冲击。[104] 根据这一观点，美学是建立在一种苏格拉底式"形而上学确定性"基础之上的，而不是某种诗学理论之上。尤其重要的是，阿奎那强调美的实用性。一个事物的"完美"在于它的有用性。在提出这个论断时，阿奎那提到了他当时的心情，"非常想去确证美和有用性之间的关系"。[105]

　　尽管这样，阿奎那调和论的思想立刻受到了唯名主义学者的质疑，

201

其中最为著名的学者是奥卡姆派（Ockhamites）。根据艾柯的介绍，正是神父威廉所提出的来自唯名主义理论的质疑，使得艾柯将故事的背景设置在了14世纪，而不是13世纪。小说中调和理论的重要性是不应被低估的。艾柯认为，奥卡姆派第一个提出了关于符号学的系统理论，他认为符号学是哲学的重要补充，是"被用于获取个人知识"的关于符号研究的系统理论。[106] 小说中的符号学内容凸显了中世纪符号学，尤其是奥卡姆的符号学理论的重要意义。从某种意义上而言，《以玫瑰之名》本身已经成为了一个关于符号学的符号。奥卡姆派认为，造物的绝对偶然性体现了艺术逐渐从普遍性向特殊性的转变。随着犹太教文化和伊斯兰教文化影响的逐渐扩大，以及迈蒙尼德和阿维若斯等学者的诗歌创作，这种转变也日益加强。"艺术家的兴起"体现了托马斯主义调和理论的衰落，因为它直接对当时公认的阿奎那理论提出了质疑。艺术不再被认为是对于宗教的威胁，也不再是为了满足宗教自身的需要。艺术只是为了艺术，"英雄"的诗人则成为挑战早期中世纪精神倍受青睐的人物形象。[107]

202   艾柯关于中世纪艺术和符号学性质的研究在他的论著《符号学和语言哲学》（*Semiotics and the Philosophy of Language*）中被重新提出，在这部著作中，他再次强调"中世纪思想家"理论中常常出现的模糊性，这一模糊性是由于苏格拉底-托马斯综合理论之间的矛盾以及所出现的唯名主义和诗学的挑战所产生的。阿奎那对象征性符号密码的破解和他对圣经的逐字解读在当时就受到了来自犹太教思想和奥卡姆诗学思想的影响。根据艾柯的观点，这些质疑和调和理论的研究结果是对文本的推崇，是文本而非作者由符号组成，需要通过符号解码的方式被诠释、被解读。符号创造了文本，文本通过符号被阐释。换句话说，中世纪符号学和哲学研究的巨大变革为当代符号学研究奠定了基础，而这主要是艾柯和我们所运用的一种实践性的符号学理论。[108] 艾柯著作中中世纪符号学和美学的重要性是不能低估的。艾柯认为它们是解读当代阅读和理解理论的关键。因此，他将它们作为他的两部小说《以玫瑰之名》和《傅科摆》（*Foucault's Pendulum*）的主要语境。在《中世纪艺术与美学》

这本著作的结论中，他强调指出，"中世纪美学的还原式重构"不仅对它自身而言非常重要，而且对理解中世纪和当代社会也是非常重要的。[109] 艾柯小说中典型的批判阅读者完全是根据这一理念来设计的。

作者和文本之间的关系

艾柯在泰纳（Tanner）的第三场演讲中，当论及关于他的小说的一系列过度阐释评论，他通过重新强调文本的有限影响力来加以论证："在作者难以预测的创作意图和读者充满争议的阅读目的之间，文本内容的指向是显而易见的，它直接批驳了任何缺乏论证的阐释"。[110] 那么，我们怎么才能确认对一个文本的解释是确切的呢？当然，我们可能无法做出那样的确信。但是，正如艾柯所指出的，任何解释只是一种解释，仅仅作为解释而具有一定的合理性。对于典型的批判法律读者而言，文本已经对可能的解释进行了限制。对文本的解释不再是具有无限多的可能性。因此，上述解释是依据文本提出的解释，这也是任何解释能够宣称的最能够获得确信的观点。在《反思》一书中，艾柯认为他是以一部侦探小说的形式来构筑他的故事情节的，因为"哲学的基本问题（和心理学的基本问题类似）和侦探小说的基本问题是类似的：谁是罪犯？"为了寻求一个答案，我们试图在一系列事件中找到某种理性的逻辑。[111] 正如我们前文所提到的，在"第七天"这章结尾的时候，阿德索和威廉就所发生的事情进行了最后的信息交换。最终哲学研究成为了侦探小说，它不仅仅是对秩序的探究，而且是关于正义和罪的讨论。当然，这正是最初由阿奎那提出，之后由奥卡姆所宣称的：神学是哲学。这一论断在《反思》一书的最后甚至被着重强调指出："人们对道德论题非常地迷恋，撰写著作对道德问题进行讨论，而真正的事实可能将证明我们都是有罪的。"[112] 如果允许我们提出相关的佐证，或许我们可以阅读艾柯最新出版的小说《傅科摆》。贯穿于《傅科摆》这部小说最重要的主题和《以玫瑰之名》的主题是类似的，尤其是对于作为符号的书籍的调查，为了进行对比，小说回溯到中世纪符号学的研究，以及这些研究对于当代生活的指向。《傅科摆》中主要的"情节"不仅在故事叙事中，而且在生活中都缺乏情节。这本书的一个分主题是对圣堂武士（The Templars）的审判。现代调查是通过对圣堂武士所留下的文字解码的各种尝试来进行的。然而，审判自身的记述似乎和符号系统一样神秘而充满了不确定性。最终茫然的卡萨本（Casaubon）意识到：

> 一个充满了沉默，矛盾，难题和愚蠢行为的审判。愚蠢行为是最明显的，因为它们是无法解释的，它们总是碰巧是一些难题。在那些平静的日子里，我意识到形成难题的原因其实是愚蠢的。在我所观察到的另一个夜晚，我断定最糟糕的难题是那些通过疯狂来掩饰自己的问题。但是，现在我已经逐渐意识到整个世界就是一个难题，一个没有任何危害的难题，它只是因为我们总是认为它有一个潜在的真理而疯狂地尝试要解释它的行为而变得更加糟糕。[113]

卡萨本和他的朋友们试图寻找的"潜在的真理"最终被卡萨本的妻子认为是荒谬的，她发现难以解释的"圣堂武士的记录"事实上是洗衣房的清单。在《傅科摆》中对真相的探究和威廉在《以玫瑰之名》中的行为都是依循具体情况而定。回应威廉神父最后的评论，迪奥泰利维（Diotallevi）指出，"通过对一个错误文本的煞费苦心地重建来探究真相"。[114] 卡萨本最后的评论是为了强调小说的基本主题："我已经理解了。我的平静和我的胜利在于我确信没有什么需要我去理解。而且我在这里，他们在一直寻找我，认为我拥有了他们一直所希望拥有的神明的启示。如果其他人拒绝并且继续质疑，那么理解是不够的。"[115]

我认为，这回应了加缪在他关于《西绪福斯的神话》的评论中所得出的结论。西绪福斯的工作是无用的，然而我们仍然可以认为西绪福斯是"幸福"的。[116] 因为西绪福斯已经找到了一个能够继续躲避卡萨本之

204

类人的稳妥办法，也就是，能够长久躲避像威廉这样的人的方案，这也是 20 世纪文学所一直在寻求的稳妥方案。学者们意识到这一方案的存在，并在这一方案被分离的过程中，加缪提出了卡夫卡所创作的人物约瑟夫·K.，认为在现代文学中卡夫卡的创作是独树一帜的。在法律与文学学者所引用的大量文学作品中，关于存在的焦虑是最为普遍的内容，正如我们已经提到的，理查德·维茨伯格所指出的，人类社会的疏离已经成为一个普遍的主题。[117] 我们常常认为人类社会的疏离仅仅是 20 世纪的现象，为了避免我们在这样的假想中艰难地生活，威廉神父帮助我们消除了这一疑虑。回溯 14 世纪的历史，历史似乎仅仅是"充斥着党派争斗、希望和绝望的历史。"[118] 威廉在"第七天"结尾最后的评论使他扮演了和加缪的英雄西绪福斯和克莱蒙斯，卡夫卡的约瑟夫·K.，以及陀思妥耶夫斯基的拉斯科诺夫一样的角色，诅咒生活在一个不存在真相的世界里，他们要做的并不是在真与假之间进行判断，而是在幸福与不幸福之间进行选择。艾柯为典型读者提出的恰恰就是这个论断，这是最终的论断，正如加缪、卡夫卡和陀思妥耶夫斯基所做的一样。对于这个解释的最终确认或许就是阿德索所作出的。在《以玫瑰之名》的序言中，阿德索带有预见的评论道，他怀疑威廉在坚持探究真相的过程中，并没有信心确认这个真相就是他能够承认的真相。甚至是最聪明的人也会因"自相矛盾"而迷惑不解。[119] 在阿德索对他所记述的事件的最后评论中，他再一次强调了这个基本的结论：

> 　　我读这个名单越多，我将更加确信这是巧合的结果，并不包含着任何信息。……我越重复这些事件中的故事，就越不想去探究在这些依次发生的事件中是否存在着某种预定的设计，这些事件之间是否彼此存在着联系。对于这个年岁已高的修士，一个濒临死亡的老朽，不想知道他所写的这封信是否包含某些隐含的秘密，或者更多，很多，或者根本没有秘密，是一件很难的事情。[120]

205

注释

1. 参见 T. Colletti, *Naming the Rose: Eco, Medieval Signs, and Modern Theory* (Ithaca: Cornell University Press, 1988), 31. 在期刊《文摘》(*SubStance*) 的第 14 卷中探讨了这部小说的跨学科研究的可能性。

2. See J. Marenbon, *Later Medieval Philosophy* (London: Routledge, 1991), 9.

3. See Marenbon, *Medieval Philosophy*, 7-26, 他对中世纪智识主义进行了详尽而通俗易懂的介绍。

4. *Ibid.*, 35-49.

5. J. Roberts, *A Philosophical Introduction to Theology* (London: SCM, 1991), 78.

6. See Marenbon, *Medieval Philosophy*, 14-16 and 54-5.

7. *Ibid.*, 58-74 and 106-8, and Roberts, *Theology*, 106-7.

8. See Marenbon, *Medieval Philosophy*, 170-88.

9. U. Eco, *Art and Beauty in the Middle Ages* (New Haven: Yale University Press, 1986), 88-9.

10. Eco, *The Name of the Rose* (London: Minerva, 1992), 48-52.

11. See Roberts, *Theology*, 95-104.

12. *Ibid.*, 109.

13. Aristotle, *Ethics* (Harmondsworth: Penguin, 1976), 1094b, 12-28, at 64-5.

14. See Marenbon, *Medieval Philosophy*, 74-8 and 116-30, and F. Copplestone, *Aquinas*, (Harmondsworth: Penguin, 1955), 63-9.

15. 关于阿奎那神学哲学的法理学主旨和正义问题, 以及对推理智识的问题的处理, 参见 Marenbon, *Medieval Philosophy*, 116-17.

16. 关于阿奎那和迈蒙尼德的研究论文参见第 6 册《犹太法律年报》(*Jewish Law Annual*), 以及马尔文·福克斯 (Marvin Fox) 的论文 "迈蒙尼德和阿奎那关于自然法的研究" (Maimonides and Aquinas on Nature Law), *Dine Israel*, 3 (1972), v-xxxvi.

17. 尤其是在第 2 部分中, 参见 Maimonides, *The Guide to the Perplexed*, trans. M. Friedlaender (London: Dover, 1956), 145-250. 同时参考: S. Schwarzschild, "Moral Radicalism and 'Middlingness' in the Ethics of Maimonides", *Studies in Medieval Culture*, 11 (1978), 65-94.

18. See I. Twersky, *Introduction to the Code of Maimonides* (New Haven: Yale U-

niversity Press, 1980), 457.

19. Maimonides, *Guide*, Book 2 chapter 40, at 232-4.

20. *Ibid.*, Book 3 chapter 29, 317-20.

21. 迈蒙尼德在《迷津指南》的最后一章最后一段, 即第 396-397 页又回到了这一主题。

22. See Aquinas, *Summa Theologiae*, T. McDermott, ed. (London: Methuen, 1991), 83-149.

23. *Ibid.*, particularly 152-63.

24. See Copplestone, *Aquinas*, 199-242. 库珀斯通 (Copplestone) 在这本著作的第 206-207 页对阿奎那和亚里士多德提出的自然政治秩序中的规范伦理的核心思想进行了强调。

25. See E. Damich, "The Essence of Law According to Thomas Aquinas", *American Journal of Jurisprudence*, 30 (1985), 79-96.

26. 关于阿奎那对政府本质的最明确的表述, 参见阿奎那的《论君主政府》 (*Treatise on Princely Government*), 该文被收录在《阿奎那: 政治论著精选》中, 参见 *Aquinas: Selected Political Writings*, ed. A. D'Entreves (Oxford: Blackwell, 1987), 2-42. 以及德·安崔维斯 (D'Entreves) 在本书介绍中第 15~33 页的评述。同时可以参考: *Summa*, Questions 92-96, at 283-4 and 290-2. 关于个人利益和公共利益之间的一致性, 参见柏拉图的《共和国》(*Republic*, Harmondsworth: Penguin, 1974) 中的第 5 卷, 第 196~224 页。

27. Aquinas, *Summa*, 280-1.

28. *Ibid.*, 281-94.

29. See Copplestone, *Aquinas*, 243-64.

30. Eco, *Rose*, 28.

31. *Ibid.*, 29-31.

32. *Ibid.*, 57-63.

33. *Ibid.*, 86-8.

34. *Ibid.*, 35-8.

35. *Ibid.*, 24-5.

36. *Ibid.*, 86-7.

37. *Ibid.*, 40-5.

38. *Ibid.*, 46-7.

39. Eco, *Art and Beauty*, 114.

40. Eco, *Rose*, 78–80.

41. *Ibid.*, 95–7.

42. *Ibid.*, 105–6.

43. *Ibid.*, 120.

44. *Ibid.*, 176.

45. *Ibid.*, 165–6 and 172.

46. *Ibid.*, III. 关于艾柯对于阿奎那思想的研究，参见 Eco, *Art and Beauty*, 63.

47. Eco, *Rose*, 130–2.

48. *Ibid.*, 142–3.

49. *Ibid.*, 146–53.

50. *Ibid.*, 196.

51. *Ibid.*, 214–5.

52. *Ibid.*, 206–7.

53. *Ibid.*

54. *Ibid.*, 184–5. 艾柯关于学习运动的评述，参见 *Art and Beauty*, 94–119.

55. Eco, *Rose*, 201–3.

56. *Ibid.*, 192.

57. *Ibid.*, 245–8.

58. *Ibid.*, 279.

59. *Ibid.*, 281–4.

60. *Ibid.*, 312–15 and 320–1.

61. *Ibid.*, 294–8.

62. *Ibid.*, 261–2.

63. *Ibid.*, 304–6.

64. *Ibid.*, 328–32.

65. *Ibid.*, 284–6.

66. *Ibid.*, 314–17

67. *Ibid.*, 336–7.

68. *Ibid.*, 341.

69. *Ibid.*, 341–7.

70. *Ibid.*, 352–6.

71. *Ibid.*

72. *Ibid.*, 64.

73. *Ibid.*, 370–3.

74. *Ibid.*, 374-6.

75. *Ibid.*, 378 and 381.

76. 阿德索认为"贝尔纳想要的东西很清楚。他并不关心谁杀了其他的僧侣，他想知道的是雷米奇奥是否在一定程度上同意皇帝的宗教专家们提出的观点。"See *Ibid.*, 381-2.

77. *Ibid.*, 382-5.

78. *Ibid.*, 385-6.

79. *Ibid.*, 386-8.

80. *Ibid.*, 389-90.

81. 因此，威廉努力地劝谏乌贝尔蒂诺不要为他在阿维尼翁的案子再进行辩护。但正如阿德索所看到的，乌贝尔蒂诺没有听从威廉的警告，也因此付出了生命的代价。*Ibid.*, 391-2.

82. *Ibid.*, 396.

83. *Ibid.*, 396 and 399-400.

84. 的确，第六天和第七天的记述明显都很短。

85. *Ibid.*, 423-5.

86. *Ibid.*, 444-8.

87. *Ibid.*, 470-1.

88. *Ibid.*, 471-3.

89. 柏拉图试图调和国家和个人之间的不同需求，参见他的著作《共和国》中的第 5 部分。

90. Eco, *Rose*, 374-5.

91. *Ibid.*, 484-9.

92. *Ibid.*, 491.

93. *Ibid.*, 492.

94. U. Eco, *Reflections on the Name of the Rose* (London: Secker and Warburg, 1985)。

95. Eco, *Ibid.*, 1-7.

96. *Ibid.*, 13-14 and 23.

97. *Ibid.*, 34 and 47-53. 同时参见科拉提（Colletti）在《给玫瑰命名》（*Naming the Rose*）中的评论，第 12~38 页。

98. Eco, *Reflections*, 20.

99. 这是科拉提（Colletti）的观点。See *Naming the Rose*, 12-13 and 34-8. 艾柯自己并不认为阿德索是被培养成为保护古代禁止传播知识的人。然而，艾柯的这一观点可能是错误的。

100. Eco, *Reflections*, 66-7 and 74-5. 艾柯在第75页做了如下的评述："我想创作一部历史小说"。

101. Colletti, *Naming the Rose*, 20-3.

102. *Ibid.*, 12-13, 20-6 and 34-8. See also W. Stephens, "Ec[h]o in Fabula", *Diacritics*, 13 (1983), 51-64.

103. Eco, *Art and Beauty*, 2-10.

104. See particularly *Ibid.*, 17-26 and 52-64. 同时参见艾柯关于阿奎那的地位的重述，参见 Eco, "Two Models of Interpretation", *The Limits of Interpretation* (Bloomington: Indiana University Press, 1990), 14-6.

105. Eco, *Art and Beauty*, 78-9 and 106-10.

106. Eco, *Reflections*, 26. 同时可以参考科拉提在《给玫瑰命名》(*Naming the Rose*) 的第26页的评述，认为艾柯所提出的小说的符号学基本上是承袭了奥卡姆派的思想。

107. Eco, *Art and Beauty*, 87-114.

108. U. Eco, *Semiotics and the Philosophy of Language* (London: Macmillan, 1984), 147-63.

109. Eco, *Art and Beauty*, 118-19.

110. Eco, *Interpretation*, 78.

111. Eco, *Reflections*, 54.

112. *Ibid.*, 81.

113. U. Eco, *Foucault's Pendulum* (Picador: London, 1990), 95.

114. *Ibid.*, 459.

115. *Ibid.*, 640-1.

116. A. Camus, *The Myth of Sisyphus* (Harmondsworth: Penguin, 1975), III.

117. 参考理查德·威茨伯格关于"愤懑"的论文，这一主题的研究是基于对加缪和陀思妥耶夫斯基的作品的分析和探讨的基础上形成的。参见 Richard Weisberg, *The Failure of the Word: The Lawyer as Protagonist in Modern Fiction* (New Haven: Yale University Press, 1984).

118. Eco, *Rose*, 198.

119. *Ibid.*, 14 and 18.

120. *Ibid.*, 501.

参考文献

Adams, S. , "Eliza Enthroned?: The Court and Politics", in C. Haigh ed. , *The Reign of Elizabeth I* (Athens: University of Georgia Press, 1987) , 55–57.

Adelson, J. , "The Political Imagination of the Young Adolescent", *Daedalus*, 100 (1971) , 1013–50.

Aquinas, St Thomas, *Aquinas: Selected Political Writings*, ed. , A. D, Entreves (Oxford: Blackwell, 1987).

Summa Theologiae, ed. T. McDermott (London: Methuen, 1991).

Arendt, H. , *The Human Condition* (University of Chicago Press, 1958).

The Life of the Mind (New York: Harcourt Brace Tovanovich, 1871).

Aristotle, *Rhetoric* (Cambridge University Press, 1909).

Ethics (Harmondsworth: Penguin, 1976).

Atwood, M. , *The Handmaid's Tale* (London: Virago, 1987).

Bacon F. , *The Advancement of Learning*, J. Johnson, ed. (Oxford University Press, 1974).

The Essays, ed. J. Pitcher (Harmondsworth: Penguin, 1985).

Balkin, J. , "Deconstructive Practice and Legal Theory", *Yale Law Journal*, 96 (1987) , 743–86.

"The Promise of Legal Semiotics", *Texas Law Review*, 69 (1991) , 1831–52.

Barroll, L. , "A New History for Shakespeare and His Time", *Shakespeare Quarterly*, 39 (1988) , 441–64.

Barthes, R. , *The Rustle of Language* (Oxford: Blackwell, 1986).

Battenhouse, R. , " King John: shakespeare's Perspectives and Others", Notre Dame English Journal, 14 (1982), 191-215.

Bellamy, L. , Gulliver's Travels (London: Harvester Wheatsheaf, 1992).

Bennington, G. , Jacques Derrida (University of Chicago Press, 1993).

Berry, R. , "Richard III: Bonding the Audience", in J. Gray, ed. , Mirror up to Shakespeare (University of Toronto Press, 1984), 114-27.

Bevan, B. , King Richard II (London: Rubicon Press, 1990).

Blake, K. , Play, Games and Sport: The Literary Works of Lewis Carroll (Ithaca: Cornell University Press, 1974).

Blanchot, M. , La Part du Feu (Paris: Gallimard, 1949).
"Thinking the Apocalypse: A Letter from Maurice Blanchot to Elizabeth David", Critical Inquiry, 15 (1989), 475-80.

Blythe, J. , Ideal Government and the Mixed Constitution in the Middle Ages (Princeton University Press, 1992).

Bonsignore, J. , "In Parables: Teaching Through Parables", Legal Studies Forum, 12 (1988), 191-210.

Bornstein, D. , "Trail by Combat and Official Irresponsibility in Richard II", Shakespeare Studies, 8 (1975), 131-41.

Brockbank, P. , Brockbank on Shakespeare (Oxford: Blackwell, 1989).

Brown, L. and Gilligan, C. , Meeting at the Crossroads: Women's Psychology and Girl's Development (Cambridge, Mass. : Harvard University Press).

Burckhardt, R. , "Obedience and Rebellion in Shakespeare's Early History Plays", English Studies, 55 (1974), 108-17.

Burden, D. , "Shakespeare's History Plays: 1952 - 1983", Shakespeare Survey, 38 (1985), 1-18.

Burgess, G. , The Politics of the Ancient Constitution (London: Macmillan, 1992).

Burns, J. , Lordship, Kingship, and Empire (Oxford: Clarendon, 1992).

Calderwood, J. , "Commodity and Honour in King John", University of Toronto Quarterly, 29 (1960), 341-56.

Cameron, D. ed. , *The Feminist Critique of Language: A Reader* (Routledge, 1990)

Camus, A. , *The Myth of Sisyphus* (Harmondsworth: Penguin, 1975). *The Outsider* (Harmondsworth: Penguin, 1983).

Candido, J. , "Thomas More, the Tudor Chronicles, and Shakespeare's Altered Richard", *English Studies*, 2 (1987), 137–41.

Cardozo Studies in Law and Literature, volume 5.

Carroll, W. , "Language, Politics and Poverty in Shakespearian Drama", *Shakespeare Survey*, 44 (1991), 17–24.

"Desacralization and Succession in *Richard III*", *Deutsche Shakespeare–Gesellschaft West Jahrbuch* 1991, 82–96.

Chamallas, M. , "Consent, Equality, and the Legal Control of Sexual Conduct", *Southern California Law Review*, 61 (1988), 777–862.

Chambers, A. , "The Reader in the Book", in A. Hunt, ed. , *Children's Literature* (London: Routledge, 1990), 91–114.

Champion, L. , *Perspective in Shakespeare's English Histories* (Athens: University of Georgia, 1980).

"'Answer to this Perilous Time': Ideological Ambivalence in *The Raigne of King Edward III* and the English Chronicle Plays", *English Studies*, 69 (1988), 117–129.

Cixous, H. and Clement C. , *The Newly Born Women* (Manchester University Press, 1985).

Clare, J. , "The Censorship of the Deposition Scene in *Richard II*", *Review of English Studies*, 41 (1990), 89–94.

Colletti, T. , *Naming the Rose: Eco, Medieval Signs, and Modern Theory* (Ithaca: Cornell University Press, 1988).

Cook, N. , "Shakespeare Comes to the Law School Classroom", *Denver University Law Review*, 68 (1988), 387–411.

Coppletone, F. , *Aquinas* (Harmondsworth: Penguin, 1955).

Cornell, D. , "Toward a Modern/Postmodern Reconstruction of Ethics", *University of Pennsylvania Law Review*, 133 (1985), 291–380.

"Institutionalization of Meaning, Recollective Imagination and the Potential for Transformative Legal Interpretation", *University of Pennsylvania Law Review*, 136 (1988), 1135-229.

The Philosophy of the Limit (London: Routledge, 1992).

Coveney, P., Introduction to M. Twain, *Huckleberry Finn* (Harmondsworth: Penguin, 1985).

Cowan, L., "God Will Save the King: Shakespeare's *Richard II*", in J. Alvis and T. West, eds., *Shakespeare as a Political Thinker* (Durham: Carolina Academic, 1981), 63-81.

Coward, R., "This Novel Changes Women's Lives: Are Women's Novels Feminst Novels?" in E. Showalter, ed., *The New Feminist Criticism: Essays on Women, Literature and Theory* (London: Virago, 1986), 225-39.

Curren-Aquino, D., ed., *King John: New Perspectives* (Newark: University of Delaware Press, 1989).

Dahlstrom, D., "Heidegger's Kantian Turn: Notes on his Commentary on the *Kritik der Reinen Vernunft*", *Review of Metaphysics*, 45 (1991), 329-61.

Damich, E., "The Essence of Law Accroding to Thomas Aquinas", *American Journal of Jurisprudence*, 30 (1985), 79-96.

Danica, E., *Don't* (London: Women's Press, 1988).

Day, G., " 'Determined to prove a villain': Theatricality in *Richard III*", *Critical Survey*, 3 (1991), 149-56.

Delgado, R. and Stefancic J., "Norms and Narratives: Can Judges Avoid Serious Moral Error?", *Texas Law Review*, 69 (1991), 1929-83.

Derrida, J., *Of Spirit: Heidegger and the Question* (University of Chicago Press, 1987).

"Force of Law: The Mystical Foundation of Authority", *Cardozo Law Review*, 11 (1990), 921-1045.

"Before the Law", in D. Attridge, ed., *Arts of Literature* (London: Routledge, 1992).

Dollimore, J. and Sinfield, A. , eds. , *Political Shakespeare: New Essays in Cultural Materialism* (*Manchester University Press*, 1985).

Dunlop, C. , "Literature Studies in Law Schools", *Cardozo Studies in Law and Literature*, 3 (1991), 63-110.

Dworkin, A. , *Mercy* (London: Arrow, 1990).

Dworkin, R. , "Law as Interpretation", *Texas Law Review*, 60 (1982), 527-50. *Law's Empire* (Cambridge, Mass. : Belknap, 1986)

Eagleton, M. , ed. , *Feminist Literary Criticism* (London: Longman, 1991).

Eagleton, T. , *The Rape of Clarissa* (Oxford: Blackwell, 1982).
Literary Criticism: An Introduction (Oxford: Blackwell, 1983).

Eco, U. , *The Role of the Reader* (London: Hutchinson, 1981).
Semiotics and the Philosophy of Language (London: Macmillan, 1984).
Reflections on the Name of the Rose (London: Secker and Warburg, 1985).
Art and Beauty in the Middle Ages (Newhaven: Yale University, 1986).
The Limits of Interpretation (Bloomington: Indiana University, 1990).
Foucault's Pendulum, (Picador: London, 1990)
Interpretation and Overinterpretation (Cambridge University Press, 1992).
The Name of the Rose, (London: Minerva, 1992).

Elliot, J. , "Shakespeare and the Double Image of *King John*", *Shakespeare Studies*, 1 (1965), 56-72.
"History and Tragedy in *Richard II*", *Studies in English Literature*, 8 (1968), 253-71.

Elton, G. , *Policy and Police: The Enforcement of the Reformation in the Age of Thomas Cromwell* (Cambridge University Press, 1972).
The Tudor Constitution (Cambridge University Press, 1982).
"Parliament", in Haigh, ed. , *The Reign of Elizabeth I* (Athens: University of Georgia Press, 1987), 79-100.

Englard, H. , "Research in Jewish Law: Its Nature and Function", *Mishpatim*, 7 (1975-6), 34-65.

Eskridge, W. ," Gadamer/Statutory Interpretation ", *Columbia Law Review*, 90 (1990), 609–81.

Estrich, S. , "Rape", *Yale Law Journal*, 95 (1986), 1087–184.

Real Rape (Cambridge Mass. : Harvard University Press, 1987).

Farias, V. , *Heidegger and Nazism* (Philadelphia: University of Pennsylvania Press, 1989).

Feldman, S. , "The New Metaphysics: The Interpretive Turn in Jurisprudence", *Iowa Law Review*, 76 (1991), 661–99.

Ferry, L. and Renaut, A. *Heidegger and Modernity* (University of Chicago Press, 1990).

Filmer, R. , *Patriarcha and Other Writings*, ed. J. Somerville (Cambridge University Press, 1991).

Fish, S. , *Is There a Text in this Class?*: *The Authority of Interpretive Communities* (Cambridge Mass. : Harvard University Press, 1980).

Doing What Comes Naturally: Change, Rhetoric, and the Practice of Theory in Literary and Legal Studies (Oxford University Press, 1989).

Fiss, O. , "Objectivity and Interpretation", *Stanford Law Review*, 34 (1982), 739–63.

Foot, M. , Introduction to J. Swift, *Gulliver's Travels* (Harmondsworth: Penguin, 1985).

Fortescue, J. , *The Governance of England* (Oxford: Clarendon, 1885).

De Laudibus Legum Angliae (Cambridge University Press, 1942).

Foucault, M. , *The History of Sexuality*, 3 vols. (London: Penguin, 1979–88).

"What is an Author?", in J. Harari, ed. , *Texual Strategies: Perspectives in Post-Structuralist Criticism* (Ithaca: Cornell University Press, 1979), 141–60.

"Maurice Blanchot: The Thought from the Outside", in *Foucault/Blanchot* (New York: Zone, 1987).

Fox, M. , "Maimonides and Aquinas on Natural Law", *Dine Israel*, 3 (1972), v–xxxvi.

French, A. , "The World of *Richard III*", *Shakespeare Studies*, 4 (1968), 25-39.

Fromm, E. , *Man for Himself* (London: Routledge, 1960).

Frug, J. , "Argument as Character", *Stanford Law Review*, 40 (1988), 867-927.

Fuller, L. , "Positivism and Fidelity to Law—A Reply to Professor Hart", *Harvard Law Review*, 71 (1958), 630-72.

Gabel, P. , "Reification in Legal Reasoning", *Research in Law and Sociology*, 3 (1980), 25-38.

"The Phenomenology of Rights—Consciousness", *Texas Law Review*, 62 (1984), 1564-98.

And Kennedy, D. , "Roll Over Beethoven", *Stanford Law Review*, 36 (1984), 1-52.

Gadamer, H. -G. , *Truth and Method* (London: Sheed and Ward, 1975).

Philosophical Hermeneutics (Berkeley: University of California, 1977).

Gardner, M. , ed. , *The Annotated Alice* (Harmondsworth: Penguin, 1970).

The Annotated Snark (Harmondworth: Penguin, 1974).

Gaudet, P. , "The 'Parasitical' Counselors in Shakespeare's *Richard II*: A Problem in Dramatic Interpretation", *Shakespeare Quarterly*, 33 (1982), 142-54.

Getman, J. , "Voices", *Texas Law Review*, 66 (1988), 577-88.

Gilead, S. , "Magic Abjured: Closure in Children's Fantasy Fiction", in P. Hunt, ed. , *Literature for Children: Contemporary Criticism* (London: Routledge, 1992), 80-109.

Goetz, W. , "The Felicity and Infelicity of Marriage in *Jude the Obscure*", *Nineteenth Century Fiction*, 38 (1983-4), 189-213.

Gohn, J. , "*Richard II*: Shakespeare's Legal Brief on the Royal Prerogative and the Succession to the Throne", *Georgetown Law Journal*, 70 (1982), 953-73.

Golding, W. , *Lord of the Flies* (London: Faber, 1954).

Goode, J. , "Feminism, Class and Literary Criticism", in K. Campbell, ed. , *Critical Feminism: Argument in the Disciplines* (Buckingham: Open University Press, 1992), 123-55.

Goodrich P. , *Reading the Law*: *A Critical Introduction to Legal Method and Techniques* (Oxford: Blackwell, 1986).

Languages of Law: *From Logics of Memory to Nomadic Masks* (London: Weidenfeld, 1990).

"Critical Legal Studies in England: Prospective Histories", *Oxford Journal of Legal Studies*, 12 (1992), 195–236.

Green, R. , "The Golden Age of Children's Literature", in P. Hunt, ed. , *Children's Literature* (London: Routledge, 1990), 36–48.

Greenblatt, S. , *Shakespearean Negotiations*: *The Circulation of Social Energy in Renaissance England* (Berkeley: University of California Press, 1988).

Greer, C. , "The Deposition Scene of *Richard II*", *Notes and Queries*, 196 (1952), 492–3.

"More about the Deposition Scene of *Richard II*", *Notes and Queries*, 198 (1953), 49–50.

Grennan, E. , "Shakespeare's Satirical History: A Reading of *King John*", *Shakespeare Studies*, 11 (1978), 21–37.

Gurr, A. , "*Richard III* and the Democratic Process", *Essays in Criticism*, 24 (1974), 39–47.

Guy, J. , "The Henrician Age", in J. Pocock, ed. , *The Varieties of British Political Thought* 1500–1800 (Cambridge University Press, 1993).

Habermas, J. , "Work and *Weltanschauung*: The Heidegger Controversy from a German Perspective", *Critical Inquiry*, 15 (1989), 431–56.

Hamilton, D. , "The State of Law in *Richard II*", *Shakespeare Quarterly*, 34 (1983), 5–17.

Shakespeare and the Politics of Protestant England (Louisville: University of Kentucky, 1992).

Harriss, G. , "Political Society and the Growth of Government in Late Medieval England", *Past and Present*, 138 (1993), 28–57.

Hart, H. , "Positivism and the Separation of Law and Morals", *Harvard Law Review*,

71 (1958), 593-629.

Hartigan, E. , "From Righteousness to Beauty: Reflections on *Poethics and Justice as Translation*" *Tulane Law Review*, 67 (1992), 455-83.

Heath, S. , "Male Feminism", in M. Eagleton, ed. , *Feminist Literary Criticism* (London: Longman, 1989).

Heidegger, M. , *Being and Time* (Oxford: Blackwell, 1962).

Poetry, Language, Thought (New York, Harper and Row, 1971).

"On the Essence of Truth", in D. Krell, ed. , *Basic Writings* (New York: Harper and Row, 1978).

"The Self-Assertion of theGerman University", *Review of Metaphysics*, 38 (1985), 467-480.

"Facts and Thoughts", *Review of Metaphysics*, 38 (1985), 481-502.

Heilbrum, C. and Resnik, J. , "Convergences: Law, Literature and Feminism", *Yale Law Journal*, 99 (1990), 1913-53.

Heninger, S. , "The Sun-King Analogy in *Richard II*", *Shakespeare Quarterly*, 11 (1960), 319-27.

Hildebrand, E. , "Jane Austen and the Law", *Persuasions*, 4 (1982), 34-41.

Hinton, R. , "English Constitutional Theories from Sir John Fortescue to Sir John Eliot", *English Historical Review*, 75 (1960), 410-25.

Hirsch, E. , *Validity in Interpretation* (New Haven: Yale University Press, 1967).

Hirshman, L. , "Bronte, Bloom and Bork: An Essay on the Moral Education of Judges", *University of Pennsylvania Law Review*, 137 (1988), 177-231.

Hobbes, T. , *Leviathan* (Harmondsworth: Penguin, 1985).

Hodges, E. Perry, "Writing in a Different Voice", *Texas Law Review*, 66 (1988), 629-40.

Holderness G. , *Shakespeare Recycled: The Making of Historical Drama* (London: Harvester Wheatsheaf, 1992).

Hollindale, P. , "Ideology and the Children's Book", in P. Hunt, ed. , *Literature for Children: Contemporary Criticism* (London: Routledge, 1992), 19-40.

Honnold, J. , "Hirshman, Bronte, and Hawthorne on Law, Abortion and Society: Brava and Addendum", *University of Pennyslvania Law Review*, 137 (1989), 1247-250.

Hornsby J. , *Chaucer and the Law* (London: Pilgrim, 1988).

Hotine, M. , "*Richard III* and *Macbeth*-Studies in Tudor Tyranny?", *Notes and Que-ries*, 236 (1991), 480-6.

Hoxie, F. , "Towards a "New" North American Legal History", *American Journal of Legal History*, 30 (1986), 351-7.

Hoy, D. , "Interpreting the Law: Hermeneutical and Poststructuralist Perspectives", *Southern California Law Review*, 58 (1985), 135-76.

"A History of Consciousness: from Kant and Hegel to Derrida and Foucault", *History of the Human Sciences*, 4 (1991), 261-81.

Hunt, P. , ed. , *Children's Literature* (London: Routledge, 1990).

Criticism, Theory and Children's Literature (Oxford: Blackwell, 1991).

ed. , *Literature for Children: Contemporary Criticism* (London: Routledge, 1992).

Hurstfield, J. , "The Politics of Corruption in Shakespeare's England", *Shakespeare Survey*, 28 (1975), 15-28.

Hutchinson, A. , "Of Kings and Dirty Rascals: The Struggle for Democracy", *Queens Law Journal*, 17 (1984), 273-92.

"From Cultural Construction to Historical Deconstruction", *Yale Law Journal*, 94 (1984), 209-37.

Dwelling on the Threshold (Toronto: Carswell, 1988).

"The Three 'Rs': Reading/Rory/Radically", *Harvard Law Review*, 103 (1989), 555-85.

Irigaray, L. "Women's Exile. Interview with Luce Irigaray", in D. Cameron, ed. , *The Feminist Critique of Language: A Reader* (London: Routledge, 1990), 80-96.

Islam, S. , *Kipling's "Law"* (London: Macmillan, 1975).

Ives, E. , "Shakespeare and History: Divergences and Agreements", *Shakespeare Survey*, 38 (1985), 19-35.

Jackson, E. , "Catherine MacKinnon and Feminist Jurisprudence: A Critical Appraisal", *Journal of Law and Society*, 19 (1992), 195-213.

Jehlen, M. , "Archimedes and the Paradox of Feminist Criticism", *Signs*, 6 (1981), 575=601.

Jensen, P. , "Beggars and Kings: Cowardice and Courage in Shakespeare's *Richard II*", *Interpretation*, 18 (1990), 111-43.

Jewish Law Annual volume 6.

Kant, I. , *The Metaphysics of Morals trans.* M. Gregor (Cambridge University Press, 1991).

Kantorowicz, H. , *The King's Two Bodies: A Study in Medieval Political Theology* (Princeton University Press, 1957).

Kaplan, C. , *Sea Changes: Culture and Feminism* (London: Verso, 1986).

Kastan, D. , " 'To Set a Form upon that Indigest': Shakespeare's Fictions of History", *Comparative Drama*, 17 (1983), 1-15.

"Proud Majesty Made a Subject: Shakespeare and the Spectacle of Rule", *Shakespeare Quarterly*, 37 (1986), 459-75.

Kelly, D. , "Elizabethan Political Thought", in J. Pocock, ed. , *The Varieties of British Political Thought* 1500-1800 (Cambridge University Press, 1993).

Kelly, H. , *Divine Providence in the England of Shakespeare's Histories* (Cambridge, Mass. : Harvard University Press, 1970).

Kelly, M. , "The Function of York in *Richard II*", *Southern Humanities Review*, 6 (1972), 257-267.

Kenyon, J. , *The Stuart Constitution* (Cambridge University Press, 1966).

Kiernan, V. , *Shakespeare: Poet and Citizen* (London: Verso, 1993).

King, J. , "Queen Elizabeth I: Representations of the Virgin Queen", *Renaissance Quarterly*, 43 (1990), 30-74.

Kinkead-Weeks, M. and Gregor, I. , *William Golding: A Critical Study* (London: Faber, 1967).

Kinney, A. , "Essex and Shakespeare versus Hayward", *Shakespeare Quarterly*, 44 (1993), 464-6.

Kipling, R. , *The Jungle Books* (Harmondsworth: Penguin, 1989).

Klima, I. , *Judge on Trial* (London: Vintage, 1991).

Knights, L. , "Shakespeare's Politics: with Some Reflections on the Nature of Tradi-
tion", *Proceeding of the British Academy*, 43 (1957), 115–32.

Koffler, J. , "Forged Alliance: Law and Literature", *Columbia Law Review*, 89 (1989),
1375–93.

Kolodny, A. , " Some Notes on Defining a ' Feminist Literary Criticism ' ", *Critical
Inquiry*, 2 (1975), 75–92.

  "A Map for Misreanding: Or Gender and the Interpretation of Literary Texts", in E.
  Showalter, ed. , *The New Feminist Criticism: Essays on Women, Literature and the
  Theory* (London: Virago, 1986), 46–62.

  "Dancing Through the Minefield: Some Observations on Theory, Practice and
  Politics of a Feminist Literary Criticism" in E. Showalter ed. , *The New Feminist
  Criticism: Essays on Woman, Literature and Theory* (London: Virago, 1986),
  144–67.

Kress, K. , "Legal Indeterminacy", *California Law Review*, 77 (1989), 283–337.

Laclos, C. , de, *Les Liaisons Dangereuses* (London: Ark, 1970).

Lacoue-Labarthe, P. , "Neither Accident Nor Mistake", *Critical Inquiry*, 15 (1989),
481–4.

  Heidegger, Art, and Politics (Oxford: Blackwell, 1990).

Lander, J. , *The Limitations of English Monarchy in the Later Middle Ages* (University
of Toronto Press, 1989).

Lane, M. , *The Tale of Beatrix Potter* (Harmondsworth: Penguin, 1985).

Lanier, G. , "From Windsor to London: The Destruction of Monarchial Authority in
Richard II", *Selected Papers from the West Virginia Shakespeare and Renaissance Asso-
ciation*, 13 (1988), 1–8.

Leaman, O. , *An Introduction to Medieval Islamic Philosophy* (Cambridge University
Press, 1985).

Leclerc, A. , "Woman's Word", in D. Cameron, ed. , *The Feminist Critique of Lan-
guage: A Reader* (London: Routledge, 1990), 74–89.

Levin, C. , "The Historical Evolution of the Death of John in Three Renaissance Plays", *Journal of the Rocky Mountain Medieval and Renaissance Association*, 3 (1982), 85–106.

Llewellyn, K. and Hoebel, F. , *The Cheyenne Way* (Norman: University of Oklahoma Press, 1941) .

MacCaffrey, W. , *Elizabeth I: War and Politics* 1588 – 1603 (Princeton University Press, 1992).

MacKenzie, C. , "Paradise and Paradise Lost in *Richard II*", *Shakespeare Quarterly*, 37 (1986, 318–39).

MacKinnon, C. , *Feminism Unmodified* (Cambridge, Mass. : Harvard University Press, 1987).

Towards a Feminist Theory of State (Cambridge, Mass. : Harvard University Press, 1989).

McNeir, W. , "The Masks of Richard the Third", *Studies in English Literature*, 11 (1971), 168–86.

Maimonides, M. , *The Guide to the Perplexed*, trans. M. Friedlaender (London: Dover, 1956).

Manheim, M. , "The Four Voices of the Bastard", in D. Curren–Aquino, ed. , *King John: New Perspectives* (Newark: University of Delaware Press, 1989), 126–35.

Mann, S. , "The Universe and the Library: A Critique of James Boyd White as Whiter and Reader", *Stanford Law Review*, 41 (1989), 959–1009.

Marcuse, H. , *Eros and Civilization* (Boston: Beacon, 1955).

One–Dimensional Man (Boston: Beacon, 1964).

Marenbon, J. , *Later Medieval Philosophy* (London: Routledge, 1991).

Melchiori, G. , "The Corridors of History: Shakespeare the Remaker", in E. Homigmann, ed. , *British Academy Shakepeare Lectures*, 1980 – 1989 (Oxford University Press, 1993), 165–83.

Meron, T. , *Henry's Wars and Shakespeare's Laws* (Oxford: Clarendon, 1993).

Merrix, R. , "The Phaeton Illusion in *Richard II*: The Search for Identity", *English*

Literary Renaissance, 17 (1987), 277-87.

Michelfelder, D. and Palmer, R. , eds. , *Dialogue and Deconstruction: The Gadamer-Derrida Encounter* (Albany: SUNY, 1989).

Millett, K. , *Sexual Politics* (London: Virago, 1977).

Moi, T. , *Sexual/ Textual Politics* (London: Routledge, 1985).

ed. , *A Kristeva Reader* (Oxford: Blackwell, 1986).

Moore, M. , "The Interpretive Turn in Modern Theory: A Turn for the Worse?", *Stanford Law Review*, 41 (1989), 871-957.

Morris, C. , *Political Thought in England: From Tyndale to Hooker* (Oxford University Press, 1953).

Myers, M. , "Missed Opportunities and Critical Malpractice: New Historicism and Children's Literature", *Children's Literature Association Quarterly*, 13 (1988), 41-3.

Nokes, D. , *Jonathan Swift: A Hypocrite Reversed* (Oxford University Press, 1985).

Norris, C. , *Derrida* (London: Fontana, 1987).

Orgel, S. , "Making Greatness Familiar", in S. Greenblatt, ed. , *The Power of Forms in the English Renaissance* (Norman: University of Oklahoma Press, 1982), 41-8.

Ornstein, R. , *A Kingdom for a Stage* (Cambridge, Mass. : Harvard University Press, 1972).

Orwell, G. , "Politics v Literature: An Examination of *Gulliver's Travels*", in *The Penguin Essays of George Orwell* (Harmondsworth: Penguin, 1968).

Page, W. , "The Place of Law and Literature", *Vanderbilt Law Review*, 39 (1986), 408-15.

Parker, M. , "*The Slave of Life*" (London: Chatto and Windus, 1955).

Patterson, R. , *Degree of Guilt* (London: Hutchinson, 1993).

Paul, L. , "Enigma Variations: What Feminist Theory Knows About Children's Literature", *Signal*, 45 (1987), 186-201.

Pearlman, E. , "The Invention of Richard of Cloucester", *Shakespeare Quarterly*, 45

(1992), 410-29.

Peck, L., "Kingship, Counsel and Law in early Stuart Britain", in J. Pocock, ed., *The Varieties of British Political Thought* 1500-1800 (Cambridge University Press, 1993), 80-115.

Peller, G., "The Metaphysics of American Law", *California Law Review*, 73 (1985), 1152-290.

Philias, P., "The Medieval in *Richard II*", *Shakespeare Quarterly*, 12 (1961), 305-10.

Phillips, R., *Aspects of Alice* (Harmondsworth: Penguin, 1974).

Piaget, J., *The Moral Judgement of the Child* (London: Routledge Kegan Paul, 1932).

Plato, *Republic* (Harmondsworth: Penguin, 1974).

Pocock, J., *The Ancient Constitution and the Feudal Law* (Cambridge University Press, 1957).

ed., *The Varieties of British Political Thought* 1500-1800 (Cambridge University Press, 1993).

Posner, R., "The Ethical Significance of Free Choice: A Reply to Professor West", *Harvard Law Review*, 99 (1985), 1431-48.

"Law and Literature: A Relation Reargued", *Virginia Law Review*, 72 (1986), 1351-92.

Law and Literature: A Misunderstood Relation (Cambridge, Mass.: Harvard University Press, 1988).

Potter, A., "Shakespeare as Conjuror: Manipulation of Audience Response in *Richard II*", *communique*, 6 (1981), 1-9.

Potter, B., *The Complete Tale of Beatrix Potter* (London: Warne, 1989).

Prior, M., *The Drama of Power* (Chicago: Northwestern University Press, 1973).

Rackin, P., "The Role of the Audience in Shakespeare's *Richard II*", *Shakespeare Quarterly*, 36 (1985), 273-81.

Ranald, M., "The Degradation of *Richard II*: An Inquiry into the Ritual Backgrounds", *English Literary Renaissance*, 7 (1977), 170-96.

Rawls, J. , *A Theory of Justice* (Oxford University Press, 1971).

"Kantian Constructivism in Moral Theory", *Journal of Philosophy*, 77 (1980), 515-72.

Redmond, L. , "Land, Law and Love", *Persuasions*, 11 (1989), 46-52.

Reese, M. , *The Cease of Majesty* (London: Edward Arnold, 1961).

Richler, M. , *St. Urbain's Horseman* (London: Vintage, 1971).

Richmond, H. , *Shakespeare's Political Plays* (New York: Random House, 1967).

Ricoeur, P. , *The Rule of Metaphor* (London: Routledge and Kegan Paul, 1978).

Hermeneutics and the Human Sciences (Cambridge University Press, 1981).

"On Interpretation", in A. Montefiore ed. , *Philosophy in France Today* (Cambridge University Press, 1983), 175-96.

Rigby, E. , "Children's Books", in P. Hunt, ed. , *Children's Literature* (London: Routledge, 1990).

Roberts, J. , *A Philosophical Introduction to Theology* (London: SCM, 1991).

Robinson, L. , "Treason Our Text: Feminist Challenges to the Literary Canon" in E. Showalter, ed. , *The New Feminist Criticism: Essays on Women, Literature and Theory* (London: Virago, 1986), 105-21.

Rohde, D. , "Feminist Critical Theories", *Stanford Law Review*, 42 (1990), 617-38.

Rorty, R. , *Contingency, Irony, and Solidarity* (Cambridge University Press, 1989).

Objectivity, Relativism and Truth: Philosophical Papers Volume 1 (Cambridge University Press, 1991).

Essays on Heidegger and Others: Philosophical Papers Volume 2 (Cambridge University Press, 1991).

Ross, C. , *Richard III* (London: Metheun, 1981).

Rossiter, A. , "The Structure of *Richard the Third*", *Durham University Journal*, 31 (1938), 44-75.

Sacchio, P. , *Shakespeare's English Kings: History, Chronicle and Drama* (Oxford University Press, 1977).

Sahel, p. , "Some Versions of Coup d'éat, Rebellion and Revolution", *Shakespeure*

Survey, 44 (1991), 25–32.

Said, E. , *The World, the Text, and the Critic* (London: Vintage, 1983).

Sanger, C. , "Seasoned to the Use", *Michigan Law Review*, 87 (1989), 1338–65.

Sartre, J. -P. , *What is Literature?* (London: Methuen, 1967).

Schalow, F. , *The Renewal of the Heidegger–Kant Dialogue* (Albany: SUNY, 1992).

Schoenhaum, S. , "*Richard II* and the Realities of Power", *Shakespeare Survey*, 28 (1975), 1–13.

Schroeder, J. , "Feminism Historicized: Medieval Misogynist Stereotypes in Contemporary Feminist Jurisprudence", *Iowa Law Review*, 75 (1990), 1135–217.

Schwarz, M. , "Sir Edward Coke and 'This Scept' 'red Isle': A Case of Borrowing", *Notes and Queries*, 233 (1988), 54–6.

Schwarzschild, S. , "Moral Radicalism and 'Middlingness' in the Ethics of Maimonides", *Studies in Medieval Culture*, 11 (1978), 65–94.

Seymour–Smith, M. , *Rudyard Kipling* (London: Macmillan, 1990).

Shakepeare, W. , *Richard II*, ed. P. Ure (London: Routledge, 1966).

King John, ed. E. Honigmann (London: Routledge, 1967).

Henry VI part 3, ed. A. Cairncross (London: Routledge, 1969).

Richard III, ed. A. Hammond (London: Routledge, 1981).

Sherman, B. , "Hermeneutics in Law", *Modern Law Review*, 51 (1988), 386–402.

Showalter, E. , *A Literature of Their Own: British Women Novelists from Bronte to Lessing* (Princeton University Press, 1978).

ed. , *The New Feminist Criticism* (London: Virago, 1986).

Simmons, J. , "Shakespeare's *King John* and its Source: Coherence, Pattern, and Vision", *Tulane Studies in English*, 17 (1969), 53–72.

Simon, E. , "Palais de Justice and Poetic Justice in Camus's *The Stranger*", *Cardozo Studies in Law and Literature*, 3 (1990), 111–25.

Singer, J. , "The Player and the Cards: Nihilism and Legal Theory", *Yale Law Journal*, 94 (1984), 1–70.

Smart, C. , "Law's Power, the Sexed Body, and Feminist Discourse", *Journal of Law and Society*, 17 (1990), 194–210.

Smith, J. , "The Coming Renaissance in Law and Literature", *Journal of Legal Education*, 30 (1979), 13-26.

Somerville, J. , *Politics and Ideology in England* 1603-1640 (London: Longman, 1986).

Speck, W. , *Swift* (London: Evans, 1969).

Spivak, G. , "French Feminism in an International Frame", in Eagleton, M. , ed. , *Feminist Literary Criticism* (London: Longman, 1991), 83-109.

Steiner, G. , *In Bluebeard's Castle* (London: Faber, 1971).

Stevens, W. , "Ec[h]o in Fabula", *Diacritics*, 13 (1983), 51-64.

Stirling, B. , "Bolingbroke's 'Decision' ", *Shakespeare Quarterly*, 2 (1951), 27-34.

Stokes, M. , *Justice and Mercy in Piers Plowman* (London: Croom Helm, 1984).

Sutton, A. , " 'A Curious Searcher for our Weal Public': Richard III, Piety, Chivalry and the Concept of the 'Good Prince' ", in P. Hammond ed. , *Richard III: Loyalty, Lordship and Law* (London: Alan Sutton, 1986), 58-90.

Swift, J. , *Gulliver's Travels* (Harmmondsworth: Penguin, 1985).

Theilmann, J. , "Stubbs, Shakespeare, and Recent Historians of Richard II", *Albion*, 8 (1976), 107-24.

Thomas, B. , "Reflections on the Law and Literature Revival", *Critical Inquiry*, 17 (1991), 510-37.

Tillyard, E. , *Shakespeare's History Plays* (London: Peregrine, 1962).

Townsend, J. , "Standards of Criticism for Children's Literature", in P. Hunt, ed. , *Children's Literature* (London: Routledge, 1990), 57-70.

Traister, B. , " The King's One Body: Unceremonial Kingship in *King John*" in D. Curren-Aquino, ed. , *King John: New Perspectives* (Newark: University of Delaware Press, 1989), 91-98.

Traugott, J. , "The Yahoo in the Doll's House: *Gulliver's Travels* the Children's Classic", in C. Rawson and J. Mezciems, eds. , *English Satire and the Satiric Tradition* (Oxford University Press, 1984), 127-50.

Treitel, G. , "Jane Austen and the Law", *Law Quarterly Review* 100 (1984), 549-86.

Tuck, A. , *Richard II and the English Nobility* (London: Edward Arnold, 1973).

Tuck, R. , *Philosophy and Government* 1572 – 1651 (Cambridge University Press, 1993).

Tucker, N. , *Suitable for Children? Controversies in Children's Literature* (Brighton: Sussex University Press, 1976).

The Child and the Book: A Psychological and Literary Exploration (Cambridge University Press, 1981).

Tushnet, M. , "Following the Rules Laid Down: A Critique of Interpretivism and Neutral Principles", *Harvard Law Review*, 86 (1982), 781–827.

"Critical Legal Studies and Constitutional Law: An Essay in Deconstruction", *Stanford Law Review*, 36 (1984), 632–47.

"An Essay on Rights", *Texas Law Review*, 62 (1984), 1363–403.

Twain, M. , *The Adventures of Huckleberry Finn* (Harmondsworth: Penguin, 1985).

Twersky, I. , *Introduction to the Code of Maimonides* (New Heaven: Yale University Press, 1980).

Unger, R. , *Knowledge and Politics* (New York: Free Press, 1975).

Passion: An Essay on Personality (New York: Free Press, 1984).

Van de Water, J. , "The Bastard in*King John*", *Shakespeare Quarterly*, 11 (1960), 137–46.

Vaughan, V. , "*King John*: A Study in Subversion and Containment", in D. Curren-Aquino, ed. , *King John: New Perspectives* (Newark: University of Delaware Press, 1989), 62–75.

Voznesenskaya, J. , *The Women's Decameron* (London: Minerva, 1986).

Waith, E. , "*King John* and the Drama of History", *Shakespeare Quarterly*, 29 (1978), 192 211.

Walker, A. , *The Color Purple* (London: Women's Press, 1983).

Walter, J. , "A 'Rising of the People'? The Oxfordshire Rising of 1956", *Past and Present*, 107 (1985), 90–143.

Ward, I., "Radbruch's *Rechtsphilosophie*: Law, Morality and Form", *Archivfuer Rechts-und Sozialphilosophie*, 78 (1992), 332–54.

"Natural Law and Reason in the Philosophies of Maimonides and St Thomas Aquinas", *Durham University Journal*, 86 (1994), 21–32.

Warnicke, R., "More's*Richard III* and the Mystery Plays", *Historical Journal*, 35 (1992), 761–78.

Watkin, T., "Hamlet and the Law of Homicide", *Law Quarterly Review*, 100 (1984), 283–310.

Watkins, A., "Cultural Studies, New Historicism and Children's Literature", in P. Hunt, ed., *Literature for Children: Contemporary Criticism* (London: Routledge, 1992), 173–95.

Weinrib, E., "Legal Formalism: On the Immanent Rationality of Law", *Yale Law Journal*, 97 (1988), 949–1016.

Weisberg, Richard, *The Failure of the Word: The Lawyer as Protagonist in Modern Fiction* (New Heaven: Yale University Press, 1984).

"Text into Theory: A Literary Approach to the Constitution", *Georgia Law Review*, 20 (1986), 946–79.

"Coming of Age Some More: 'Law and Literature' Beyond the Cradle", *Nova Law Review*, 13 (1988), 107–24.

"Family Feud: A Response to Robert Weisberg on Law and Literature", *Yale Journal of Law and the Humanities*, 1 (1988), 69–77.

Poethics: and Other Strategies of Law and Literature, (New York: Columbia University Press, 1992).

Weisberg, Robert, "The Law-Literature Enterprise", *Yale Journal of Law and the Humanities*, 1 (1988), 1–67.

Wells, R., *Shakespeare, Politics and the State* (London: Macmillan, 1986).

West, R., "Authority, Autonomy and Choice: The Role of Consent in the Moral and Political Visions of Franz Kafka and Richard Posner", *Harvard Law Review*, 99 (1985), 384–428.

"Submission, Choice, and Ethics: A Rejoinder to Judge Posner", *Harvard Law*

Review, 99 (1985), 1449-56.

"Jurisprudence as Narrative: An Aesthetic Analysis of Modern Legal Theory", *New York University Law Review*, 60 (1985), 145-211.

"Jurisprudence and Gender", *University of Chicago Law Review*, 55 (1988), 1072.

"Communities, Texts, and Law: Reflections on the Law and Literature Movement", *Yale Journal of Law and the Humanities*, 1 (1988), 129-56.

Narrative, Authority, and Law (Ann Arbor: University of Michigan Press, 1993).

White, J., *The Legal Imagination* (Boston: Little, Brown and Co., 1973).

"Law as Language: Reading Law and Reading Literature", *Texas Law Review*, 60 (1982), 415-45.

When Words Lose Their Meaning: Constitutions and Reconstitutions of Language, Character and Community (University of Chicago Press, 1984).

Heracles" Bow: Essays on the Rhetoric and Poetics of Law (Madison: University of Wisconsin Press, 1985).

Justice as Translation: An Essay in Cultural and Legal Criticism (University of Chicago Press, 1990).

Williams, P., "Alchemical Notes: Reconstructing Ideals from Deconstructed Rights", *Harvard Civil Rights-Civil Liberties Review*, 22 (1987), 401-37.

Wolf, E., "Revolution or Evolution in Gustav Radbruch's Legal Philosophy", *Natural Law Forum*, 3 (1958), 1-22.

Wolin, R., *The Heidegger Controversy* (New York: Columbia University Press, 1991).

Womersley, D., "The Politics of Shakespeare's *King John*", *Review of English Studies*, 40 (1989), 497-515.

Woolf, D., "The Power of the Past: History, Ritual and Political Authority in Tudor England", in P. Fideler and T. Mayer, eds., *Political Thought and the Tudor Commonwealth* (London: Routledge, 1992).

Wooton, D., *Divine Right and Democracy* (Harmondsworth: Penguin, 1986).

Worden, B., "Shakespeare and Politics", *Shakespeare Survey*, 44 (1991), 1-15.

图书在版编目（ＣＩＰ）数据

　法律与文学：可能性及研究视角 ／（英）伊恩·沃德著；刘星，许慧芳译. -- 北京：中国政法大学出版社，2017.1

　ISBN 978-7-5620-7046-7

　Ⅰ. ①法… Ⅱ. ①伊… ②刘… ③许… Ⅲ. ①法律－关系－文学－研究 Ⅳ. ①D90-059

　中国版本图书馆CIP数据核字(2016)第323568号

出 版 者　中国政法大学出版社
地　　址　北京市海淀区西土城路 25 号
邮寄地址　北京 100088 信箱 8034 分箱　邮编 100088
网　　址　http://www.cuplpress.com (网络实名：中国政法大学出版社)
电　　话　010-58908289(编辑部) 58908334(邮购部)
承　　印　固安华明印业有限公司
开　　本　650mm×960mm　1/16
印　　张　21.250
字　　数　296 千字
版　　次　2017 年 4 月第 1 版
印　　次　2017 年 4 月第 1 次印刷
定　　价　59.00 元